穿行于
基础教育森林

教育实践沉思对话录

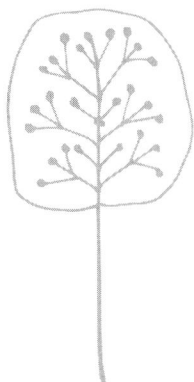

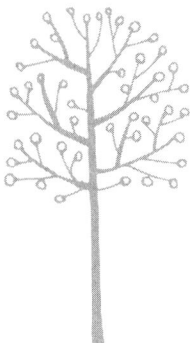

于漪　黄音——

著

华东师范大学出版社

两代教师的对话

教育,是一生的牵挂

教师,是一生的职业

于　漪　　　　　　教育，既是生命的演绎，也是生命力量的涌动和生命自觉的传承。忆往昔，看今朝，自省自励，回归初心，追求教育真谛。

黄　音　　　　　　历史形成的教师精神不能丢掉。人是要有精神支撑的，有理想信念，祖国风云在胸中激荡，就会精神焕发，生机盎然。

目录

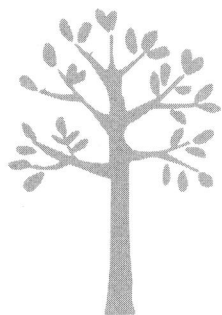

引　言

　　"十年树木，百年树人"，中国这句古话足以说明"树人"的艰辛，"树人"的高难度。就基础教育而言，树人的工作就是给人打基础，把根扎正、扎牢、扎深，助他一辈子青枝绿叶，生意盎然。这份工作不仅影响个人的成长，更影响家庭、民族、国家的未来，貌似平凡，实质伟大。基础教育由于其普及性，面广量大，犹如茂密的森林，广袤辽阔，品种繁多，高耸低垂，各尽其性，各呈其态，朝晖夕阴，气象万千。在这片绿意葱茏、美景如画的森林中，一代代护林人为之奉献毕生精力，我也是其中小小的一员。

　　担任过中学和中等师范学校的任课老师，担任过中学和中等师范学校的班主任、教研组长、年级组长、教务副主任，还担任过十年有余的师范学校校长。教过高中历史，最后落户于语文学科。教过师范生、高中生、初中生，听过小学各门课，接触过各个层面的学生。

　　暑期支教赴边疆及贫困地区，黑龙江大庆，湖南省土家族自治州吉首。远程教育上海与内地、新疆开通，首场主讲，与当地教师互动交流。参加教育部中学语文教学大纲、语文课程标准及各套语文教材的审查，主持或参加各层面语文中青年优秀教师的培训，参加省市或全国众多的学生语文活动。

　　一个甲子以来，穿行在基础教育森林中，风雨兼程，奋力向前。而今驻足回望，仍然心潮澎湃，情丝万缕。学生的健康成长、个性发展，教师的专业精湛，潜能发挥，教育质量的全面、持续提升，依旧是我一辈子的牵挂。

　　沉思数十年的教育实践，利弊得失互现，愧意常涌向心头，真是有说不尽的千言万语，万语千言，谈论就从这儿开始吧。

教育教人成人

　　教育，是一个颇具争议性的概念（An Essentially Contested Concept）①。它是生命与生命的对话，作为一项"教人成人"的实践活动，它是复杂的、系统的。无论是"成人者"，抑或是"受教者"，都在教育实践中履行着不同的"知"和"觉"；无论是"成人之道"，还是教育过程中的"成己修为"，最终以"止于至善"为目的。教育，是一个充满生命力的温暖的词汇，它记录着人类"求好的历程与结果"②。

　　因此，在教育的语境中，生命间的对话演绎着教育事业的富饶。它既是一种教化，又是一种熏陶；既是美的历程，也是善的结果；既是和谐的交响曲，也是错落斑斓的万象之趣；既是对历史的凝望思辨，也是现实的审慎前行。

　　"天命之谓性"，人非生而知之，因此需要教化、引导。就宏观角度看，教育是人类生活永恒承担并付诸实践的历史责任，如此人类历史才有可能不断地开展及进步可言，因此教育可说是人类特有的一项有目的的活动。就微观角度看，经过教育过程中

---

① Peters, R. s: Democratic values and educational aims. In Peters, R. S. Essays on educators. London: George Allen and Unwin Ltd, 1977.

② 欧阳教. 教育的概念分析，黄光雄主编：教育概论，台北：师大书院，1990.

师生教学相长的活动之后,受教者才有可能从天生的"自然人"变化气质而成为有教养的"文化人",进而实现"人之所以为人"的教育理想。[①] 人被赋予"天道精神",人道秉承天地之道,教育在引导人们不断提升自我、完善自我的过程中,要"率人性","成人道"。因此,秉承中国传统文化的精神,教育应该是"人道"与"天地之道"的贯通。

《中庸》中有这么一段话:"惟天下至诚,为能尽其性;能尽其性,则能尽人之性;能尽人之性,则能尽物之性;能尽物之性,则可以赞天地之化育;可以赞天地之化育,则可以与天地参矣。"天地化万物,以气成形,又将理赋予人与物,终成为人物之性。因此,唯有"志诚"之人,才能发挥自己的天性,继而助他人实现天性,进而让万物实现天性,"尽性"而后赞助天地化育为物。

天地化生和养育人和万物的形体与先天本性,而如朱熹所言,"天人所为,各自有分",他提出"天能生物,而耕种必用人;水能润物,而灌溉必用人;火能熯物,而薪爨必用人。裁成辅相,须是人做,非赞助而何?"因而,人需"修己"、需"善群",还需"裁成辅相,赞天地之化育"。[②]

大自然生生不息,教育也是生机盎然的图景。基础教育工作不仅影响了一个人的成长,更影响着家庭、民族、国家的未来。忆往昔,看今朝,自省自励,回归初心,追求教育真谛。

---

① 贾馥著,杨深坑主编.教育学方法论[M].南京:江苏教育出版社,2008.
② 黎靖德.朱子语类[M].北京:中华书局,1985.

第一章
一种精神焕发的教育景象

人民教师,被赋予"人民"的名义。

聆听
心语

于漪老师从教 50 周年的会议上,国家总督学柳斌曾题赞词:育人,一代师表;教改,一面旗帜。

当课堂普遍存在"满堂灌"的现象时,她已意识到教师的角色不是"演员",课堂也不是教师展现口才、锻炼思维的场所,课要让学生听得懂、感兴趣、主动学,打破"一言堂"的局面;当语文教学过度关注语言文字的工具性与实用性时,她已认识到语文除了语法、文法外,还有传承文化、陶冶性情的功能,坚持工具性与人文性的统一,以文化人、以文育人;当学生的课外时间被平庸的教辅挤占,考试评价被标准答案统治时,她已叩问教育,究竟是该"育分",还是"育人"? 当西方的教育理念、教育模式不断冲击和

挑战中国本土教育时,她已审慎思考,提出借鉴是取其精华,明辨而后选择,同时不忘将我国优秀的文化基因植根课堂。

她是一位再普通不过的人民教师,经历了一种精神焕发的教育景象,体验了教育春天的来临,是什么促使她在饱受"文革"带来的煎熬与痛苦后,仍不曾懈怠,不忘初心?教师承担着培养下一代的责任和使命,传承千百年来中国知识分子居安思危的忧患意识,传承厚重的家国情怀,不管风吹雨打,都坚韧不拔,跟着时代前进的步伐不断勇于创新。

人民教师,被赋予"人民"的名义,理当如此。

时代机遇，生命释放活力

黄：作为一名青年教师，我对近 40 年来教育发展的历史、语文教育发展的历史知之甚少甚浅，想向您这位老教师请教。

翻阅以往语文刊物，2004 年一本杂志上有关于"那一代"的专题，称您为"一个曾经的偶像"，进行评论、批评。您为什么会成为教师"偶像"的呢？"新生代"为什么要对您（不仅是您一人，还有另外两人）进行批判呢？十几年过去了，尽管您已经退休，但是仍然活跃在教育阵地上，对这个问题今日您是怎样认识的？

于：对"那一代"的评论，我能够理解。事物总是向前发展的，语文教育事业也如此。长江后浪推前浪，应该是一代更比一代强。至于说到"偶像"问题，我认为那不是某一个某几个人很特别，很了不起，把它放在特定的历史背景下来考察，就会更客观，更符合事物的本来面目。

1976 年 10 月"四人帮"被粉碎，但十年动乱对教育所造成的灾难仍比比皆是。特别是"知识越多越反动"的愚昧思想，仍然笼罩在教育领域，笼罩在中学语文界。再加上文化教育还有"两个估计"箍在头上，说新中国成立后的 17 年，教育战线是资产阶级专了无产阶级的政，是"黑线专政"；知识分子的大多数，世界观基本上是资产阶级的，是资产阶级知识分子。教师明知学生学习科学文化的必要与重要，但恐惧心理未消除，不敢抓，不能抓，憋着一股劲用不出力气。

是"解放思想，实事求是"如一阵春雷，扫除阴霾，让广大教师生命释放出活力。1977 年 9 月，邓小平同志恢复领导职位出来工作，首先抓教育和科学，最早讲教育战线解放思想，发表了《教育战线的拨乱反正问题》，充分肯定了 17 年教育工作成绩，砸开了套在教育工作者头上的枷锁，教育的春天来到了，中学语文教育的春天来到了。

思想产生巨大力量。许多专家、学者聚集到上海，共同讨论十年动乱对语文教学的伤害与摧残，研究如何医治创伤，提高语文教学质量。教学第一线语文教师也是群情激奋,不仅憧憬未来语文质量的美景,更是想自己能为振兴语文教育事业做出奉献。由于生命活力释放,一时间,语文教育事业可谓是百废俱举。如成立中学语文教育研究学会,编写适合本校本地区本省市教情学情的语文教材,试验并实践各自的语文教育理念。课堂教学改革更是风起云涌,听、说、读、写,各有主旨,百花齐放。紧接着语文教学大纲与国家的教材建设拉开大幕,民间的语文杂志、语文报纸也如雨后春笋大量涌现,语文生态环境可说是欣欣向荣。

推动语文教学改革的直接动力大概要算吕叔湘先生的文章了。他于 1978 年 3 月 16 日在《人民日报》上发表《当前语文教学中的两个迫切问题》,抨击中学语文教学效果很差,少、慢、差、费程度严重,中学毕业生语文水平低,“要好好研究如何提高语文教学的效率,要在较少的时间里取得较好的成绩”。这篇文章在全国引起了很大的反响,且不说那时教学质量差的根本原因,也不必去追究十年动乱对语文教学的深层次的破坏,但希望改变教学不如人意的迫切,符合师生、包括家长的期望。由于这一动力的推动,教育包括语文教学就出现了上述朝气蓬勃的局面。

黄:思想产生巨大力量。看来那个时代“解放思想”是给教师带来最大的时代机遇,人人都可发挥主动性、积极性迎接改革教学的挑战。当时,您已是中年教师,是怎么想又是怎么做的?

于:我是一名“文革”中受到很大冲击的教师,特别感受到教育春天的温暖和春天来临的不易,当然是精神焕发,全身心投入。现在想来,那时自己是热情大于理性,愿望高于学术。目标是明确的,需努力提高学生理解和运用祖国语言文字的能力;依据是自己的认识与经验,无系统学理可言。途径从课堂教学改革入手,具体目标是 10 个字:“冲破满堂灌,改变一言堂。”为什么定这样的目标呢?“文革”以前我一直教高中,上课追求“一清如水”,自以为只要把课文讲得一清二楚,学生就理解了,语文水平也会与日俱增,不断提高。有位性格敦厚的学生曾一本正经地对我说:“你的课很好听,我很喜欢,可惜我不会。”这句话对我触动很大,促使我认真思考;我不是演员,是教师,“好听”有什么用?要教会学生才是教学正道。我第一次真切地感觉到课堂被我这个教师“独霸"了,是自己在训练口才,训练思维,问几个问题不过是摆饰摆饰而已。也就是在此时,我第一次从心里涌出了对学生的歉意。课堂是学生学习语文、训练语文能力的场所,我侵占了他们的时间与空间。于是,在上世纪 60 年代初我就试着改革课堂教学,着力调动他们学习语文的主动性,做学习的主人。可是好景不长,没几年就发生了"文化大革命",有一个阶段连语文课都取消了,成为"政文课",或"革命文艺课"。但我这块心病未能放下,总想探出一条路来。而今,迎来了大好时机,我当然要重拾旧梦,为提高学生学语文的质量而继续探路。

黄:当时有不少老师自编教材,您为什么不编呢?

于:当时也有好几位老师包括媒体问过这个问题,我是这样回答的;人对自己要有清醒的认识,由于自己的学术功底、文化底蕴、社会视野、语言文字规律探究所限,完全没有这个能力。教材是教学的依据,学生学习知识、培养能力、获得心灵成长养料的珍宝,思想须有高度,文化须有厚度,绝不是选择一些文章汇聚起来就符合学生成长的规律,怎么组合,须有科学依据,不能贬低它的作用,只作为学习语言文字的一个例子。为此,我只做力所能及的事,试着改革课堂教学。我不过是众多改革者中的普通一员。

放飞梦想,追求美好

黄:民间自发致力改革的人也许为数不会太多,就全国而言,当时能否形成气候?

于:你也许难以想象当时语文教材语文教学大交流的盛况。只要是讨论中学语文教改、传播教改认识与做法,无论是政府部门还是民间组织,包括语文报刊媒体举办,参加会议的语文教师往往以"千"来计数。那种热情,那种期盼,那种人满为患的场面,站立的，坐在台阶上的，全神贯注的表情，至今历历在目，犹如眼前。语文教师可爱啊可敬。

教育改革大潮来临，有识见有追求的校长认识到师资队伍建设的重要，创造机会让有改革愿望、有潜力可发挥的中青年教师外出观摩、学习。从东海之滨到青藏高原，从沿海到内地，为追求语文专业的美好而人员作如此大流动是前所未有的。看来是研究语文教学，实际上通过讲课、听课、评课、讲座、研讨，更是各地文化与教育的大交流，结识了许多同伴，切磋琢磨，互学互补，推进了改革。至于语文教材中语法是继续使用"文革"前的"暂拟语法体系"，还是重新确立新的教学语法体系，讨论，争辩，集全国各派著名语言学家，包括耄耋之年的语言学大家王力先生也多次出席，可见学术气氛之盛。

其实，当时物质条件还是比较艰苦的。交通不是很方便，有些县城里出来的老师，车船等更是不方便，要辗转好几天。但我看到的都是面带笑容，兴冲冲的，不以为苦。因为心里揣着梦想，总想自己教学中能有所作为，出差学习、交流，正是放飞自己的梦想。

我身在学校上课，几乎每天被来自全国各地的语文教师感动着。有的年已过半百，两鬓斑白，进取心不减。一天清晨，我去观摩教室察看上课需用的粉笔、黑板擦是否放好。突然学生座位上躺着的一位老师站立起来，他已头发斑白，说来听课的，从郊县崇明摆渡来的。早晨乘船来不及，昨天晚上到的。住旅馆要钱，看教室门未关闭，就凑合着躺一躺。那是初秋，校园里草木多，蚊子多，这一夜怎么过得啊？我无言答对，只能深深地向他致敬意致谢意。有远自西北的、青海的、新疆的，课后他们常对我叙说路途辗转几天几夜的辛苦，但他们又会欣喜地嚷："太高兴了，能出来开开眼界，看看人家怎么上课，回去也要改，心里甜着呢！"有的小县城来的青年教师，海岛来的青年教师，与我成为忘年交，常有音信往来。各年龄层次语文教师对课改的向往，对从教自立自强的追求，给我以很深的教育。那个年代不要说学校无财力供应参观、听课的老师午餐，就是瓶水也供应不起。经常的情况是烧一桶开水供应就算是礼待了。物资贫乏，精神力量无穷，从老师们身上我源源不断吸取到努力向前的动力，故而一直心存感激。

诸多偶然，形成"传奇"

黄：对我们年轻人来说，那时物质匮乏的艰难确实难以感同身受了，但老师们对教育、对专业的热切追求是精神财富，值得珍视，应该学习。在众多教师中，您怎么会成为"偶像"的呢？一开始，我就问了这个问题，您还未回答。

于：其实。我已经回答了你的问题，时代的催生，改革的大潮。就我个人而言，又是天赐良机，给了我广为交流的平台。

那时，教师蕴含的教育激情如地火奔腾爆发出来，寻求提高语文教学效率的佳径。在文化贫瘠、教育疮痍的土地上，哪个地方、哪所学校、哪位教师，教学中有一丝亮点，许多教师就不辞辛苦，争先恐后地去听课、研讨，以期获得有益的启迪。"特级教师"是那个年代的"稀有之物"，有限的平台演绎无限的希望，自然格外受到关注。

1978年年底，首评特级教师，我竟然被评上，细想起来纯属偶然。在1978年全国教育工作会议上，邓小平同志提出："要采取适当的措施，鼓励人们终身从事教育事业。特别优秀的教师，可以定为特级教师。"根据邓小平同志的讲话，教育部、国家计划委员会制定颁发了《关于评选特级教师的暂行规定》，在全国开始了评选特级教师的工作。最早只从报纸上看到北京评出三名小学特级教师的喜讯，人数少而又少，觉得很神圣，从未与自己挂钩。

一天，突然接到区委办公室电话，说区委高书记要来学校，接我去市政府大礼堂开会，说我评上特级教师了，要参加颁发证书的仪式。首届评审，无需个人申报，故我全然不知，天上掉下如此大的馅饼，太意外了，真是又惊又喜。那时，上海市中学各学科教师共评出8名，其中7名均来自市重点名校，唯独我从教的学校是经济基础十分薄弱的工业区里的区重点，名不见经传，尽管当时也有人来学校听我的课，到学校开座谈会，但纯属寻常，听课是家常便饭，不以为意。

为何会受到如此青睐？我分析了原因。

　　首先，"文革"中被冲击、被批斗，我没有趴下，躺倒不干，也没有敷衍推诿，混日子。"劳改队"放出来后，我仍然振奋精神做工作。支撑我的理念是：教育更要花力气抓，要把人教出个"人"的样子，弘扬人性，驱散兽性，要有道德有良知。为此，尽心尽力，把一个个乱班带好，获得学生家长的认可。

　　其次，经常为学生的长远着想，不满足于眼前的"太平"。77届是全校最乱的年级，我被调任做年级组长。我既抓纪律的整顿，也抓科学文化知识的学习，我认为在一个文盲半文盲充斥的国家是不可能建成社会主义的，我坚信青少年成长中总是有求知的愿望，一旦被激发就会产生良好的学习效果。学生小，不知事，做老师的须教在今天，想到明天，为他们日后的发展着想。求学的黄金时代被耽误，以后怎么补，也是有这样那样的破绽。为此，我不仅面上抓教学秩序，上好课，还把各班级有求知愿望的学生组织起来学习。为了避免"文革"中"知识越多越反动"的大棒，我们从学理论开始，第一本学的是《共产党宣言》。一句一句讲，学的是理论，教的是文化，五年下来，打了一点底子。1977年恢复高考，这些学习种子编成两个班，100％考取高等学校，有的数学考满分，年级也被评为市先进集体，媒体作了报道。

黄：这也是几年的辛苦，很不容易。作为一名教师，在那个年代还能想到学生未来的发展，是对学生充满爱心的反映。

于：二三十年后，这些学生来看我，还满怀感激地说："当时不理解您为何抓得我们这么紧，现在才体会到学习真正改变了人生的命运。"

　　再次，是媒体的传播。为了营造教育拨乱反正的新气象。1977年10月，上海与北京同日首次电视直播中学语文课。一周前，一位不相识的电视台同志来听课，随即通知要我上电视直播课，并说自己是导演。当时无统一教材，教什么，自选，自由度很大。我从被禁阅的图书馆绑捆的书堆里找出了高尔基的《海燕》，当时的想法是用以表达"乌云终究遮不住太阳"的信念，和身心解放的欢乐。那时刚有九英寸电视机，电视媒体是新鲜事，用以直播教师上课更是前所未有。好事落在我的头上，显然是救急，也是十分偶然。我虽然有点紧张，还是把担子挑了下来，再说，那时电视节目很少，足球比赛就是最好的观赏节目了。电视受众多,影响比文字媒体范围要广,这恐怕也是一个原因。

其实,这些事许多教师都可以做,也可以做得更好,我只是际遇,被偶然选中。此后,全国各地的语文同行源源不断地来听课,就形成了一定的影响。

黄: 在那种情势下,敢于让同行专家来听课也是不简单的,您主要凭借什么?

于: 改革的勇气,开放的心态,不怕出丑。尽管我对语文教育的性质、功能、教材、教法、评价等认识十分肤浅,对其中的规律有的似乎还是暗室,两眼漆黑,难以分辨,但有改革的勇气,对课堂教学实践的追求还是明确的。"教"一定要在学生的"学"上起作用,让教材"活"起来,把无声的文字变成有声的语言,以其中蕴含的思想情感撞击学生的心灵,让学生"动"起来,动眼、动耳、动口、动手,更动心,享受到学习的快乐。教师全身心投入,导、帮、扶、赞,课有磁场,是师生共奏的交响曲。

上课也好,听课也好,目的都在寻求提高语文质量,惠泽莘莘学子,心态开放,就能说真话,听净言。为此,我不怕出丑,被听之课全是家常课,没有任何课前操练。我社会兼职多,只教一个班,"文革"中批判我的罪状之一就是借班上课,给别人制造了困难。教师上课各有所长,各有所短,借班演练,无形之中给别人制造了不便,不仁道,为此再不借班上课。

课从来不十全十美,常伴随着问题,缺陷,不足,乃至错误,我本着实事求是的态度与同行交流,不讳过,不掩失,求其真,也许这获得了同行的包容与认同。再说,每节课都有老师听,少则二三十人,多则数百人,粗略算一算,被听的公开课2 000余节,这种格局的形成是时代的赐予,历史的偶然,我是深受益者,应尽毕生之力让偶然性为必然性开辟道路。

"偶像"、"传奇"之说对我是一种提醒,一种鞭策。特级教师须是"师德表率,育人楷模,教学专家",我以此为高悬目标,边干边学,边学边干,不断自我反思,自我否定,自我修为,认真缩短"实"与"名"的差距,走一条老老实实学做特级教师的路。

抚今思昔,启迪良多

黄:从您讲的教育故事来看,当年呈现的教育景象确实给人的印象是精神焕发。经过四十年来的改革开放,教育领域与全国其他领域一样,发生了历史性的变革,取得的成就举世瞩目。而今,我们又步入中国特色社会主义新时代,有质量的发展机遇更大,以往走过的路还能不能给我们以有益的启迪呢?

于:历史不能割断,经验也好,教训也好,都是继续发展、开拓前进的宝贵财富,教育如此,学科教学应一样,抚今思昔,从中可获得颇多教益。

精神焕发来自教师职业担当的觉醒和语文专业需求的自强。这种觉醒、这种自强来自于内心的驱动力,把迅速治愈社会的创伤放在心上,把国家建设对早出人才、多出人才的急需放在心上,把再穷再难也不能耽误孩子的成长放在心上,这种家国情怀,这种教育自觉是很可贵的。那时,无职称评定,无众多奖项评判的羁绊,用四个字来形容,就是简单、纯粹。简单得很充实,纯粹得很少有功利之心,有的是对于语文专业的满腔热情,对语文改革的非凡勇气,对语文教学质量提高的执着追求,聚焦于培养学生扎实的语文能力,为他们早日成才打下良好的基础。追求的就是那么明确,那么单一。而今,价值多元,文化多元并存,对教师的诱惑多种多样,有些人追求的东西太多,甚而移位。如果审视一下以往走过来的路,也许会有几分清醒。

教师觉醒与自强的原动力来自于党和国家的领导人邓小平同志解放思想、实事求是的伟大思想。它不仅是教育领域拨乱反正的指导思想,更是如强劲的春风,吹开了人们内心的封闭,创造了奉献祖国事业的能量。今日,进入新时代,教师更要激情似火,有新思考、新作为,用新理念指导自己的教育实践。

黄:历史形成的教师精神不能丢掉。人是要有精神支撑的,有理想信念,祖国风云在胸中激荡,就会精神焕发,生机盎然。

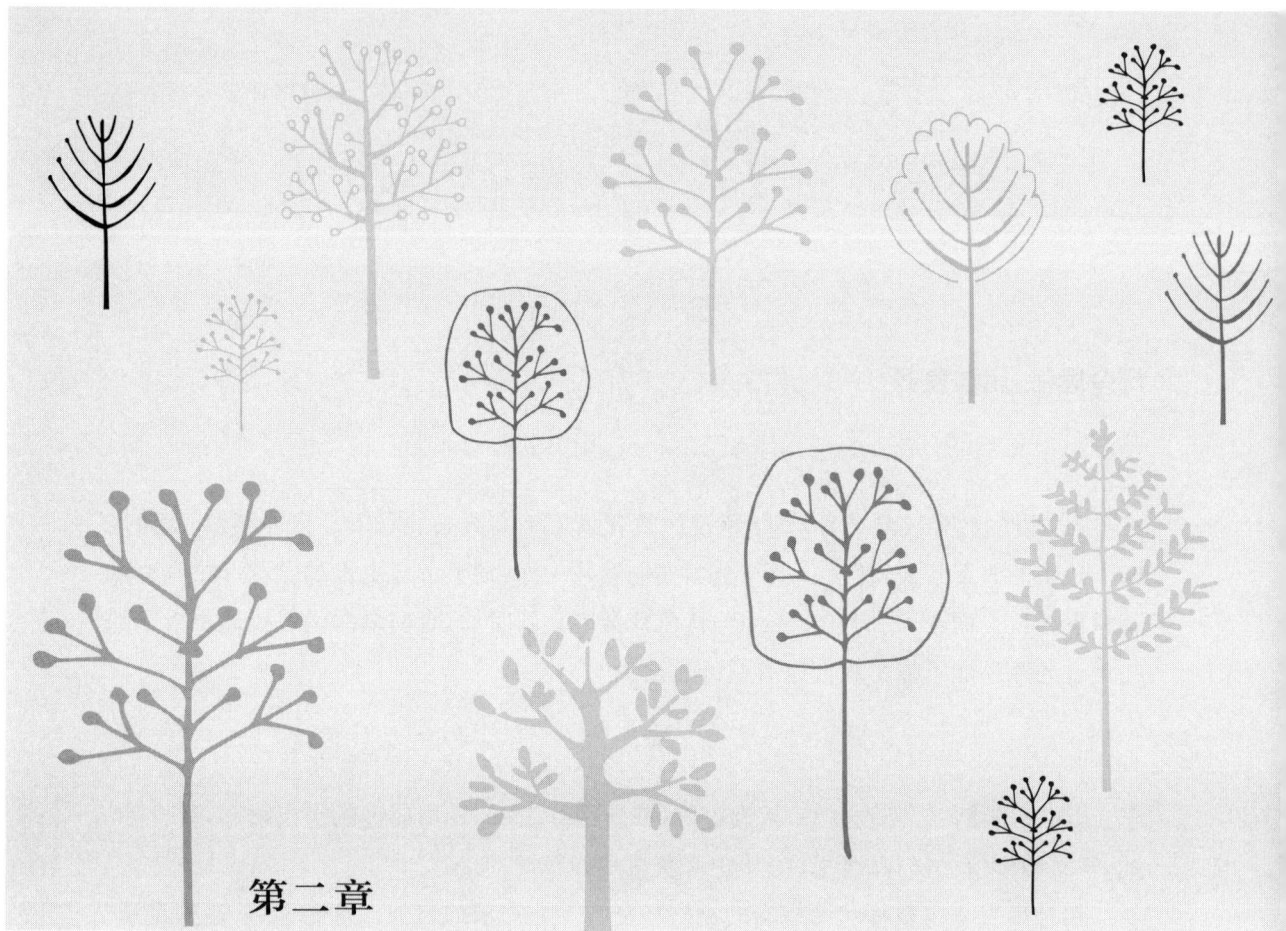

第二章

五彩斑斓的学生世界

眼中有人,心中有人,是教育"以人为本"最直接的表达。

**聆听
心语**

"做人"难,"教做人"也难。

面对学习困难、不合群、调皮爱闯祸的学生,有的教师因束手无策而苦闷不堪,有的教师在"师爱"和"爱不起来"间徘徊不定,有的教师心灰意冷而冷漠处置。

学生是学习的主体,也是自我认知的主体。教师对学生的评价会影响学生的自我认知,如果教师一直只将成绩视为学生优劣评判的单一标准,那孩子也会将成绩好坏视作自我评价的唯一砝码。

人是有灵性的。"每一个人都是一个宇宙",教师视学生为"万物之灵"的"灵",内涵丰富。它既是师生间平等关系的表达,也是对学生主体性、独立性、主动性和能动性

的认知与尊重，更是对学生稚拙、粗糙、不完美的包容与理解，智慧地引导学生不断求真、求善，提升学习品质和人生境界。

眼中有人，心中有人，是教育"以人为本"最直接的表达。做到"有教无类"，不能把一部分学生放在阳光下，而另一些则成为视线的死角，选择性地忽略；做到"因材施教"，欣赏差异，引导每一个个体更好地发展，不做千篇一律没有性灵的躯壳。

教育的出发点是"培养人"。而"真正的教育"是促使灵魂的转向，实现人生境界的提升，引导学生从蒙昧无知的童子到成为现实人生意义价值的奉献者。

理解了教育的出发点和目标，教师的"心结"自然纾解，就能看到千差万别的五彩斑斓的学生世界。

学生是"万物之灵"

黄：课堂教学改革的聚焦点是学生、是人，我认为从教者的第一要务是研究学生、研究人。而这项研究又必须有正确的理念指导。有人说，教育是一个颇具争议性的概念。它是生命与生命的对话，作为一项"教人成人"的实践活动，它是复杂的，系统的，您是怎样认识的？

于：世界上对教育的阐释多种多样，但"教人成人"、"人之完成"的界定比较得到认同。

德国教育家雅思贝尔斯认为"教育是人们灵魂的教育，而非理智知识和认识的堆积"，是"一棵树摇动另一棵树，一朵云推动另一朵云，一个灵魂唤醒另一个灵魂"。我们对"教人成人"的看法是：无论是"成人者"，抑或是"受教者"，都在教育实践中履行着不同的"知"与"觉"；无论是"成人之道"，还是教育过程中的"成己修为"，最终都以"止于至善"为目的。教育，是一个充满生命力的温暖的词汇，它记录着人类"求好的历程与结果"。

"受教者"是学生，了解学生，研究学生，首先就要给他们定位，要站在中国传统文化的高度为他们定位。《尚书》："惟天地，万物父母；惟人，万物之灵。"自然生长出万物，人为万物之灵。中国有"天地人三才"之说，认为人与天地同等重要。荀子说："天有其时，地有其财，人有其治，夫是之谓能参。"天有其时，能够长出万物；地有其财，能够养育万物；人有其治，能够管理和参与万物的变化，而动物不能，故天地人三者同等重要。而人为万物之灵。

黄：人为什么能成为万物之灵？是不是因为人具有灵性？"灵性"是不是指有思想、有精神生活？

于：你说得对。"灵性"内涵丰富,主要是指有思想有精神生活。人是肉体生命与精神生命相结合的高级生命体,在万物之中最具主体性,也最具能动性。

西方基督教文化、印度文化均认为生命是由现实之外的另一个世界,即"神的世界"掌控的,一神或多神掌控,安排命运。中国文化认为,现实世界中一切生命都是这个现实世界生成的,非"神"所控。"天地合气,万物自生","夫妇合气,子自生矣"。(《论衡》)人的生命不是由外力——"神"掌控,人的主体性、独立性十分突出。家庭、社会的连续性靠一代代人的"薪继火传",因而"教人成人"的教育意义特别重大。

黄：您提出学生都是"万物之灵",真意何在?

于：至少想说明三个问题。一,每名学生都是具有独立性的人,他们的成长发挥不是靠外力掌控,而是主体的自我认识,自我生长。他们不是"物品",不是"工具",任你使用,而是有主动性、能动性的万物之灵——人。二,就人的本质而言,年长的"师"与年少的"生"是平等的,都是万物之灵,年长者对年少的学生应尊重、爱护,有悲悯之心。三,闻道有先后,年少的学生幼稚、粗糙、不完美,是未长成的常态,不能苛求,关键在年长的教师要练就敏锐的洞察力,发现他们身上闪光的东西,真心实意地欣赏、品评、激励。

在教育实践活动中,我们往往忽略学生身上"万物之灵"的"灵",对他们的主体性、独立性、主动性、能动性考虑甚少,尊重不够,而是以考试标尺、分数多少论高低。"灵"的内涵非常丰富,考试分数怎能囊括?丢失了对"万物之灵"的尊重,必然出现种种误判,还有什么优质教育可言?

陶行知先生在上个世纪写的《学问之要素》中就指出:"学生是学习人生之道的人。学以厚生则可;学以伤生是断断不可的。天才是做学问的根据……但是天才,有时很不容易看出来。时机未到,天才隐在里面,专靠主观、武断,以致差之毫厘,失之千里的,是常有的事。"我们所熟知的陶先生讲的"你的教鞭下有瓦特,你的冷眼里有牛顿,你的讥笑中有爱迪生。你别忙着把他们赶跑。你可不要等到坐火轮、点电灯、学微积分,才认识他们是你当年的小学生",也是同一个意思。这些教育诤言都在提醒与劝导教师须有正确的教育态度与教育方法。

黄：我认为教师的"主观"、"武断"、"教鞭"、"冷眼"、"讥笑"等表现，其实质是对学生万物之灵的"灵"缺少认识、缺少理解，缺少对学生主体成长规律的尊重。儿童、少年、青年有自我生长的内在动力，在合适的阳光、雨露环境中，会自我调节、自我修正、自我发展。教师无论如何不能把学生当作无灵性的"物"来看待，把他们看成是固定不变的。至于把他们作为谋取升学榜排名功利的"工具"，则是丢失了办学者、从教者起码的善良。

于：说得很对。树立"人"的观念，尊重学生是有灵性可塑造的人是教育学生的前提。

教育的出发点与终极目标

黄：教育要以人为本。记得英国教育家怀特海说："学生是有血有肉的人，教育的目的是为了激发和引导他们的自我发展之路。"可是，在教育实践中常出现移位状况，课程、考试、成绩等成为重中之重，人却相当程度被丢失了，怎么会这样呢？

于：重物轻人、重技轻人，是常有的事。作为执教者、办学者，这个问题不真正透彻理解，并狠下功夫去做，不管怎样包装，甚至鼓吹，很难实现货真价实的教育优质，很难让学生真正深受其益。

　　教育，说到底就是"培养人"三个大字。尽管语言表述不尽相同，但就本质而言，古今中外莫不聚焦在"人"的培养、"人"之完成上。《易经》"蒙"卦的卦辞说："匪我求童蒙，童蒙求我。"意思是："不是我求蒙昧的童子学习，而是蒙昧的童子求我施教。"多么了不起，古老的《易经》已经把教育看作是学生自身成长的需要，可见学生在教育中的主体地位、中心地位。在西方，"教育"一词起源于拉丁文的词根，原义是"引出"的意思。柏拉图在其《理想国》名著中，借其老师苏格拉底之口，用"洞穴中的囚徒"这个隐喻，阐释了"引出"的真正含义。教育就是把人，把人的灵魂、精神引出洞穴，引向真理世界，从黑暗引向光明，达到真实之境。也就是说，"真正的教育"是促使灵魂的转向，并用力将灵魂往上拉,达到高处的真实之境。这种灵魂的转向,实际上就是人生境界的提升。从蒙昧无知的童子到现实人生意义价值的奉献者,出发点与追求的终极目标十分明确。《大学》开宗明义第一句就是"大学之道,在明明德,在亲民,在止于至善"。学子学习的目的就是彰显内心的善性,不断自新,达到"至善"的境界。教育就是以学生为本的原则,引导他们去除蒙昧无知,追求真、善的目标。近现代教育家众多,对此问题均有论述。如法国思想家卢梭希望通过自然主义的教育培养"自由发展的人"。我国的陶行知先生致力于培养手脑并用"真人","千教万教,教人求真;千学万学,学做真人"。教育领域类似的观点不胜枚举,都聚焦在以学生为本。

当代我们就此问题的论述与措施,更是以国家文件形式发布、下达,显示其庄严与重要。1985 年 5 月颁布的《中共中央关于教育体制改革的决定》明确指出:"在整个教育体制改革的过程中,必须牢牢记住改革的根本目的是提高国民素质,多出人才,出好人才。"1993 年 2 月《中国教育改革和发展纲要》明确指出:"坚持以人为本,全面实施素质教育是教育改革发展的战略主题,是贯彻党的教育方针的时代要求,其核心是解决好培养什么人,怎样培养人的重大问题,重点是面向全体学生,促进学生全面发展,着力提高学生服务国家、服务人民的社会责任感,用于探索的创新精神和善于解决问题的实践能力。"1999 年 6 月《中共中央国务院关于深化教育改革全面推进素质教育的决定》明确指出:"实施素质教育,就是全面贯彻党的教育方针,以提高国民素质为根本宗旨,以培养学生创新精神和实践能力为重点,造就'有理想、有道德、有文化、有纪律'的德智体美等全面发展的社会主义建设者和接班人。"近五年来,更是强调教育最根本的任务就是要完成好、履行好立德树人的职责,培养造就中国特色社会主义建设者和接班人。坚持以人为本,德育为先,始终坚持正确的政治方向,培育和践行社会主义核心价值观。坚定理想信念,实现全面发展,把自己的人生追求同国家发展进步、人民伟大实践结合起来。把这些要求前后联系起来看,以学生为本的观点不仅一脉相承,而且随着现实的挑战与时代的需求,认识更为深化,内涵更为丰富。

黄：教育以人为本，应该说是清楚明白，无可争议，为什么实践中还会出现种种问题？

于：我之所以反反复复强调以学生为本，就是因为树立起正确的教育理念十分不容易，要在复杂的情况下坚守就更加不易，须有远见胆识和相当的勇气。教育，与社会的方方面面、与千千万万家庭紧密相连，受诸多因素的制约，有客观条件的限制，有不同领域不同层次人的主观认识施加的影响。正确的、错误的，实事求是的、夸大其词的，纠缠，纠结，干扰不断。要正确的教育理念通行无阻，一竿子到底，未免有几分天真。要不断强调，总结经验教训，特别是从教训中提高认识，方能悟得教育的真谛。

之所以在教育实践中丢失以学生为本的原则，原因也很复杂，有的是进入认识误区，有的是思想方法问题，也有功利之心的蒙蔽。老师心中全无学生，大概是极少数、极个别的。口中说学生，心中也想到学生，有教好学生的愿望，但往往停留在抽象的概念，或了解一些学生的共性特点，具体鲜活的个性特征则不甚了了，不作深入研究。一年两年教下来，有的连学生的名字都叫不出来。教材是"实"，学生被"虚化"了，抓住了物，丢失了人，教育效果可想而知。心中有学生，但只有部分学生，成绩好的，学习尖子，挑剔，选择，见分不见人，忘却了基础教育是国民素质教育，为国民素质奠基，有教无类，无选择性。以部分代整体，不可能做到以学生为本。有的认为自己是传播知识的，哪管学生那么多闲事，何必"包打天下"；有的认为对学生好，按自己拟定的规格要求学生，不能越雷池一步。凡此种种，皆忘却了学生是活泼泼的生命体，都是独一无二的，都有自我发展的内在需求，要尊重，要了解。见物不见人，见分不见人，被职称、考评、荣誉种种功利绑架，必然偏离教育的本真，侵蚀教育的价值。

回归教育本真，将以学生为本作为教育行为的不二准绳，摒弃种种不当与错误，方能创造促进学生充分成长的新气象。

黄：理念树立有难度，以正确的理念指导自己的教育言行，难度系数更大，确实要经历相当的磨练，而且要勤于反思，正误对照，不断领悟。

相同是现象，差异是常态

黄：学生世界五彩斑斓，老师对学生的了解有时会大而化之，只知其一，不知其二，误判的情况很多，与学生所思所想对不上号。

于：你说的有道理。所谓"大而化之"，是对所教班级学生的情况"毛估估"。如：什么学年段，年龄特征大致如何，同学之间关系怎样，学习状态有何特点，等等，基本上在"共性"圈子里转，把共性作为教育教学的依据。班级教育当然要抓共性，因其中寓含着一定的育人规律，生理的、心理的、求知的、活动的……有不少的相同与相似，但如若满足于此，基本上还是在学生外部世界飘，不是缺少针对性，就是失之于肤浅。

　　世界上没有两片相同的叶子，更何况是人？每个学生有他自己独特的世界，由他自己独特的所思、所想、所做、所行。学生的遗传基因、生存条件、成长环境不同，他们的性格、脾气、智力、情感、兴趣、爱好、内在需求就有差异，乃至显著差异。而种种差异构成了学生世界的丰富多彩。别说不同年龄的差别，就是同龄人，也千差万别。问题在我们常忙于教学业务、囿于管理琐事，很少静下心来识别、研究。粗疏的，而不是精细的；凝固的，而不是发展的；成人的，居高临下的，而不是以学生立场，平起平坐来观察、思考，教育出现大而化之就不足为怪。教育家陈鹤琴先生早就指出："儿童不是'小人'，儿童的心理与成人的心理不同样，儿童的时期不仅作为成人之预备，亦有他的本身的价值，我们应尊重儿童的人格，爱护他们的烂漫天真。"

黄：老师常以成人的眼光来看待学生，其实"小人"想的跟成人不一样。举个例子说，我读小学时，放学爷爷接我回家需要爬楼梯，开始，爷爷和我爬得一样快，慢慢就被我赶超了，再后来，我会先爬到一层平台上，再以一个胜利者的姿态折返到楼梯中央"接"爷爷。大人以为我是孝心，其实我这样做不是为了表现孝心，而是显示一个百米飞人的骄傲和自豪。

于：其实，老师也是从"小人"走过来，回顾过往的步履，体味童心的稚嫩，行为的粗疏，异想天开的可爱，有助于放下身段，走进学生世界。要调动自己的感觉器官，多接触学生。眼看、耳听、口说、手触，更要用心，体会、体验、思考，拆除师生之间的"隔"——壁垒，真心实意成为朋友，甚至忘年交。进入他们的世界，才会真正看到多姿多彩的风景，沉浸在惊讶、惊喜、惊愕、惊叹之中。有的女学生直率，她一张口，你就可以看到她的喉咙，心里不藏着半点东西，和她在一起，无形中会受到她喜怒哀乐的感染。有的学生很内敛，脸上常常没有表情，与年龄不相称。尽管不表露，但胸中仍有风云，某个细节在不经意中触动了心灵，也会或皱起眉头，或绽开笑意，甚至用语言道出心意。教师要用敏锐的目光迅速捕捉。有的学生喜欢热闹，有的喜欢独处；有的喜爱独立自主，有的依赖性特强，千姿百态，千差万别。那种蓬勃生机，那种浓郁春意，不进入那个世界难体会一二。有时，学生的一句话、一个动作、一个故事、一次行动，会让你享受人间的温情，记一辈子，稍稍回忆，心里还是甜的。有名15岁的小女孩对老师很依恋，课后常到我办公室说这说那，我总是热情相伴。一天中午，她拿了一包东西来，郑重其事对我说："这是秘密，不要告诉同学。"打开一看，原来是绣品，五彩的，各种各样的小动物。她在我耳边轻声轻气说："我12岁时奶奶教我绣花，我的针总是插不对，奶奶说心要静，神要定，给这个人看，那个人看，怎么绣得好？不在别人面前显摆，就有灵气。3年了，我一直不给别人看。今天我实在熬不住了，拿给您看，我相信我的灵气不会丢。您看看，我绣得好不好？"我很感动，感谢她的信任，感谢她的悄悄话，我认真仔细地看，赞扬她的针脚细，针脚齐，一定会越绣越好，越绣越美丽，更有灵气。她高兴地把绣品包好，带着满足跳跳蹦蹦离开。孩子的纯真、贴心，真得好好品味。对老师而言，犹如一帖心灵净化剂，帮助掸掉世上尘土的污染。

黄：真让人感动，童心纯真、可爱。您带过不少乱班，接触过一些思想言行差错比较多的同学，他们的情况相同吗？怎么认识他们呢？

于：有的很不相同，即使有的看似相同，其实差异很大。相同是现象，差异是常态。他们也是孩子，同样有他们的世界。拿两名学生来说，都犯有逃学、抽烟、打架、欺侮弱小的毛病，但深入了解，很不一样。一名男生家庭条件较好，但重男轻女，把儿子捧上天，姐姐妹妹全要听他使唤。等沾染上坏习气，管不住了，又棍棒教育，甚至放弃，赶出家门。一味溺爱，造成不良后果。另一名男生家境差，父母无管教子女能力，放羊，他跟着周围三朋四友干坏事，听人唆使。行为受大脑支配，关键在要了解他们为什么要这样做，读懂了他们的想法，对他们才会有比较完整的正确的认识。前一个逃学有时是觉得老师教得不好，无兴趣；抽烟是由于好奇，看烟又不是糖，为什么那么多人抽？原来可以"扎台型"，手指间夹一根；打架有时是为了打抱不平，有时是碰了他的尊严。在家里唯我独尊惯了，身上有傲气。后一个是"讲义气"，无是非观念，叫做坏事认为是看得起他，可以"两肋插刀"，给他抽包香烟就"感恩戴德"，缺少自尊。后一个比前一个陷得程度要深得多，坏事的边界也大得多。了解了他们大脑中的"密码"，才能进行针对性的教育。而且要充分肯定并善于运用他们自身的积极因子——如心地比较善良，不刁滑，承认自己身上的问题，想做好人，做好学生，助他们树立自信，勇敢地克服缺点，努力清除身上的不良习气。深入了解的目的是为了找准教育的依据，引领他们走向美好。学生是发展的、变化的，可塑性很大的，经过较长时间的沟通、交流、教育、感化，终于有了显著改变，健康起来，美丽起来，连兴趣爱好都有了很大的改变。

黄：学生世界的斑斓，老师出了很大力气。

于：学生的表现是多方面的，他们的智能也是各具特点的，各有所长，也各有不足，教师千万不能以一言一行妄加判断，挫伤学生的自尊。但是，教师又必须目光精细，有些看来是不大的事，背后支配的却关系到性格或思想品德，如不深入了解，及时指出，会成为健康成长的障碍。这类事往往发生在表现良好、学习优秀的学生身上。他们的缺点、不足，往往比较隐蔽，教师不易觉察，即使觉察，也常过分宽容。响鼓还要重槌敲。树上发现了害虫，要早捉、勤捉，学生思想品德、性格脾气，有了"虫"，同样要早捉、勤捉，保护他们正常发育，健康成长。

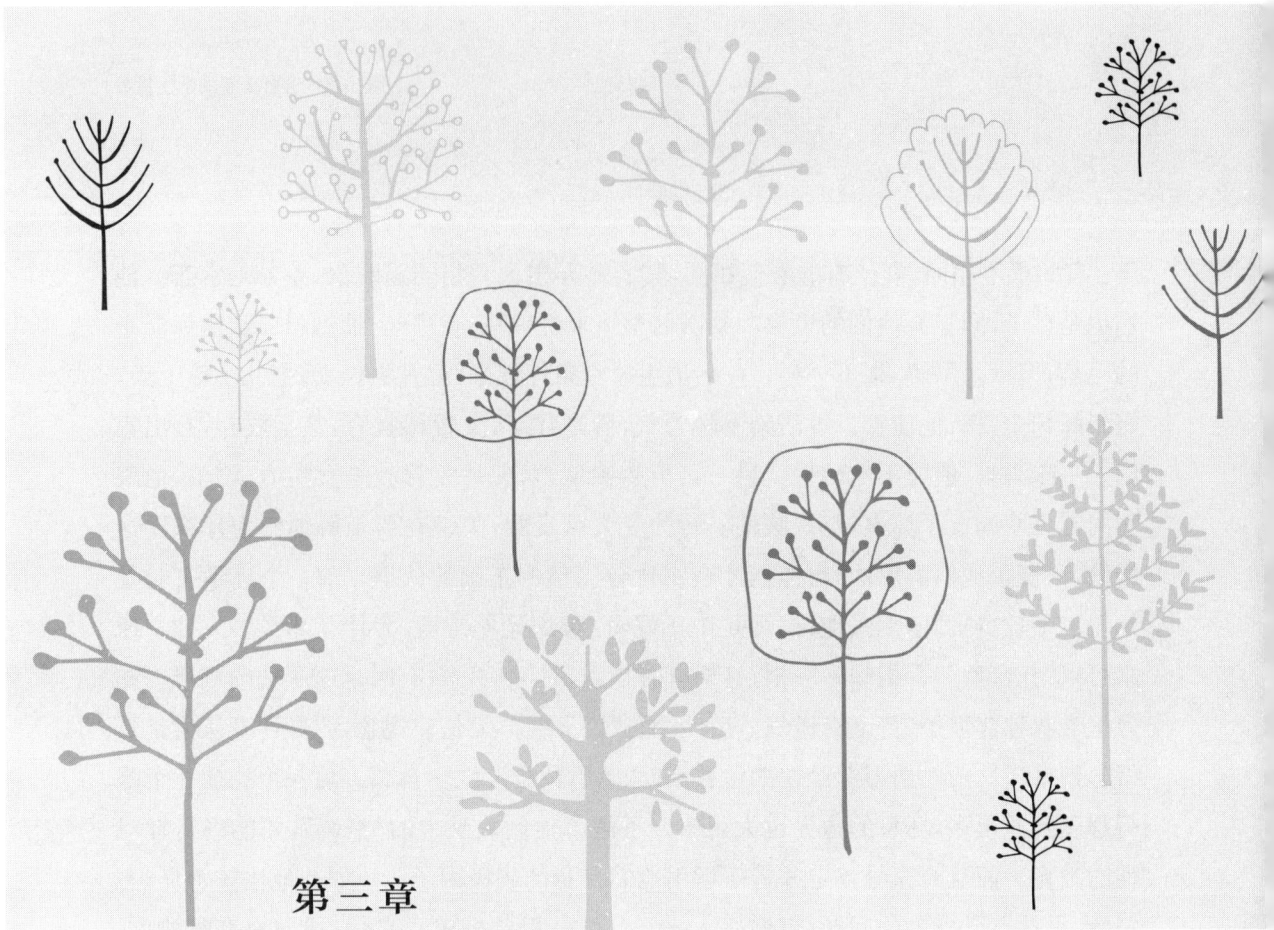

第三章
爱是学生成长的基本需要

心里装进学生,装进国计民生,装进教育事业,装进立德树人的使命。

聆听心语

　　遇到一名学习习惯不好的学生,高中老师常把责任归咎于初中老师,初中老师则埋怨小学老师没"做好规矩",小学老师觉得是孩子"家教"出现偏差。学生在学校生活中集体感的缺失,社会影响下人生观、价值观的扭曲都为班级工作带来不小的难题。

　　人,要直立行走,幼年时就必须经历蹒跚学步,都必须迈开第一步;人,要挺起脊梁,就必须扣好人生的第一粒扣子。新时代对班级工作带来新的挑战,不仅要使学校、家庭、社会资源共同参与,还要通过丰富的活动载体和形式,净化学习生态,营造良好氛围。无论是榜样引领,还是规则意识的培养,都在于引导学生走好人生的第一步,帮助学生从无意识到有意识、从不自觉到自觉追求,旨归思想意识、道德质量和自我修养

的完善和提升。在班集体中,学生是学习共同体,教师在管理者与参与者的角色之间转换,制度约束有益于规范行为和纪律,学生的主人翁意识有利于挖掘潜能,良好的班级文化形成有助于凝聚力的产生。因此,需要"法治"、"人治"、"文治"并驾齐驱。

爱是学生成长的基本需要,它贯穿在班级工作的每一个细节中。师爱较之温暖无私的母爱,应更有深度,它是"恻隐之心的体现,美好人性的弘扬,薪火相传的担当,时代号角的召唤",应有更大的格局,要"心里装进学生,装进国计民生,装进教育事业,装进立德树人的使命"。

师爱荡漾，助力精神成长

黄：每个人都需要爱，渴望爱，儿童青少年时期更加需要爱。孩子需要父母的爱，学生需要教师的爱，爱是学生成长的基本需要。您是怎样理解的？又是怎样身体力行的呢？

于：教育事业是爱的事业，没有爱就没有教育。师爱，就其本质而言，是一种大爱，一种仁爱，用陶行知先生的话来说，就是"爱满天下"，仁而爱人。师爱超越亲子之爱，友人之爱。教师与学生无血缘关系，对学生无舐犊情深的本能，但必须对他们满腔热情满腔爱。因为，每个学生都是家庭的宝贝，国家的宝贝，都是独一无二的生命体，值得敬畏，应该呵护。因为教师肩负着人民的嘱托，国家的期望。老百姓把子女托付给你培养，寄托着幸福的期盼；国家把后代托付给你教育，寓含着高度的信任及无限的希望。生命的成长需要阳光温暖，雨露滋润，教师就是对稚嫩、可爱的生命撒播阳光雨露的人。

仁而爱人的情感世界是人独有的，教师对学生的爱是恻隐之心的体现，美好人性的弘扬，薪火相传的担当，时代号角的召唤。教师要懂得对学生的爱，学会对学生的爱，要在教育过程中自觉磨炼感情，努力扩大胸怀，让狭小的心装进学生，装进国计民生，装进教育事业，装进立德树人的使命；要不断在教育熔炉中锤炼，去除冷漠、寡情、炼出纯情丹心，哺育未来世界的主人茁壮成长，长足发展。师爱是一种温暖，一种高尚，一种关注，一种理解，一种包容，一种体贴，一种动力，一种引领。内涵极其丰富，生命活水流淌。学会热爱学生，是人文素养的提升，人生阶梯的攀登，是教师实现人生价值境界；师爱荡漾，是学生健康成长的福祉。

黄：很受启发。教师爱学生，不是本能，而是人文，是素养，是要认真学习，认真"修为"

的。动物出于本能,也会爱"子女",虎毒不食子,凶残的狼,也很爱狼崽。人的高明高贵之处就在于超越本能,为事业为民族为国家而锤炼出大爱、仁爱,真了不起。

于:师爱荡漾可覆盖学生求学过程中的方方面面,生活的,学习的,思想的,物质的,精神的,等等。但最为重要的是精神方面的成长。物质生活,身体健康要关心,但更要着力于"成人"的教育。基础教育从事的是人的奠基工作,奠做人素质之基,奠科学文化素质之基,奠身心健康之基。学生进小学、进中学学习,虽仅短短数年,在人生长河中仅仅是一阵子,但这短短一阵子往往影响他们一辈子的生活道路。万丈高楼平地起,楼能不能盖高,关键在打怎样的基础。基础打得正,打得深,打得牢靠,不歪歪斜斜,学生就会一辈子受用不尽。当今社会纷繁复杂,多种价值观并存,多种文化交织呈现,对无文化积淀,无生活经历的学生更要在明辨是非美丑,追求理想信念上积极引导,切实"扣好人生第一粒扣子"。

我在带班级时,坚持榜样领航,以古今中外卓越人物、英雄人物,尤其是以中华民族的英烈为榜样,点燃学生心中理想信念这盏灯。众所周知,任何高明的教师都不可能代替学生成长,学生成长的原动力来自自身对人生价值的逐渐认识、理解与追求。教师要做的是精心在助推原动力上下功夫,帮助他们从无意识到有意识,从不自觉到自觉追求。也就是在学生青春年少之时,满腔热情地助他们点燃生命之火,照亮人生的路程。

人有了脊梁骨才能直立行走,真正脱离动物爬行状态。人无志不立,没有理想信念精神支柱,脊梁骨就不硬,立不正,站不直。孔子早就说过,"三军可夺帅也,匹夫不可夺志也"。"志",就是人的脊梁骨。明代哲学家、教育家王阳明在《教条示龙场诸生》中明确指出:"志不立,则如无舵之舟,无衔之马,漂荡奔逸,终亦何所底乎?"唐代诗人李贺更以诗句强调"少年心事当拿云"。志当存高远是中国人立身、立业的首要,教育青少年以立志开启人生之旅是中华优秀传统文化的精髓,应自觉传承,在现时代闪发光辉。

黄:怎样引领才能取得实际效果?

于：引领学生立志，促进他们精神成长，一定要考虑他们的年龄特征，他们的心理需求，而不是凌空说教，说大话、空话。青少年学生思维活跃，好奇心强，情感在发育、丰富的过程中，十分敏感，喜欢幻想，更多于梦想，要做各种各样了不起的人。此时此刻，以一个个生动具体的高大榜样引领，正适应、满足他们内心变化的需要。未成年学生心中常有崇拜的偶像，如果不及时给予正确、积极的引导，不是易受社会不良风气炒作的诱惑，就是空白与茫然，不利于健康成长。以榜样作为高悬的学习目标引领，须选择学生易于接受的喜闻乐见的形式，在极其自然的氛围中展开，熏陶感染。

如历史人物介绍，要求学生翻阅有关史书，找出自己最崇拜的人，在班级里介绍他们的感人事迹。学生寻找、阅读、讲述，不仅自己感动，也感动了同学。岳飞、文天祥、陆游、辛弃疾、范仲淹、林则徐、梁启超等伟人犹如矗立眼前。如朗诵红色经典作品，讲述革命故事，交流学习体会。朗读《革命烈士诗抄》，讲述一个个革命烈士的故事，交流阅读体会。《星火燎原》红军故事、抗日战争故事、解放战争故事，把历史与文学作品结合起来读、讲，班黑板报持续不断刊载。现时代的楷模学习穿插进行，如李大钊、李四光、铁人王进喜、普通士兵雷锋、人民的好书记焦裕禄，等等。有时进行人生意义与价值的名言警句竞赛，自己寻找，并背诵讲解，阐述其中深意及自己的体会。奥斯托洛夫斯基关于人生价值的名言，方志敏的、吴运铎的、高士其的名言，有的学生背诵、讲述时很投入，有的激动得流出泪水，真挚感人。

每学期总有两次走出学校，一是到龙华烈士陵园或宝山烈士墓祭奠先烈，一是观看电影，如《烈火中永生》、《永不消逝的电波》等，所有的活动都聚焦在榜样高尚的人格、为国为民的博大胸怀，奋斗不已、勇于奉献的精神。在年少成长的过程中，通过自身的阅读、听、说、思、行，不断承受榜样阳光的照耀，心灵受到人间最美好的精神养料的滋养，理想之灯就燃亮起来。

黄：教育确实不是短期效应，急功近利做一做无补于事，可贵在坚持不懈，润物无声。今日新时代英雄人物辈出，更应充分运用这些优质资源教育我们的未成年人。

于：关键在教师要真正相信榜样的力量。不仅要真信，而且要用真情向学生浇灌。教师自己先受教育，心灵受到洗礼，情动于中，才能以语言、思想、情感与学生交流、碰撞，达到共振的境界。

树立"主体"意识，营造积极向上氛围

黄：学生在学校求学，大部分时间都在班级里度过，班级里弘扬怎样的文化对学生成长至关重要。但班级里还有许多日常琐细的管理工作，怎样做才有质量，才有育人的实效？

于：中华优秀传统文化、革命文化、社会主义建设时期文化应是班级文化的主流，让学生浸染其中，受到良好的熏陶。管理同样需要注意文化的建设，以正确的教育理念指导。班级是个小社会，同龄人在一起学习、生活、追求，有相同相近的目标，又有千差万别的个性，同学之间、师生之间，与学校的方方面面如何和谐相处，等等，均要引领学生认知、思考、实践，融入集体，并做集体中一名好成员。

最为要紧的是引导学生树立在班级里的"主体"意识，是"我们"的班级，不是班主任一人的班级，不是几名班干部的班级，而是我们班级里的每一个成员的班级，"我"也是班级的主人，要发挥主体作用。班主任一定要树立所有学生均为教育第一立场的观点，如何建班，建设怎样的班集体，要请所有学生出主意，听所有学生意见，最后择善而从。意见、建议是大家提的，形成的计划容易被接纳，付诸实施矛盾容易化解。学生，特别是平日不被足够重视的学生，缺点较多的学生受到尊重，那种高兴、得意难以言表。人是有尊严的，学生的尊严受到尊重，是教师的职责，是撒播人间的温暖。

集体组织须有规则意识，校有校规，班有班规，学生有学生守则。有规定不执行，比没有规定危害还要大。要从中国文化的高度说明树立规则意识、遵守规则的重要。《周易·观卦》："观天之神道，而四时不忒……"，"四时不忒"，一年四季无差错。天不说话，但告诉人们春、夏、秋、冬一年四季有秩序的运行，没有差错。有序，讲究规则，人

就受到恩泽。中国文化的核心就是人的自我认识、自我约束、自我管理、自我提升。人有独立人格，不做神的奴隶，也不做物的奴隶，故而要自律，自我约束。《管子·心术篇》中讲：心是一身之主，主宰管理眼、耳、鼻、舌、身五官。五官又与外界色、声、香、味等事物去接触，如能管住，心术就是正的。遵守规则当然也是其中之义。

就社会而言，结构又如巨大的网络，纷繁复杂，运转要正常、顺畅，非建立秩序不可。规则就是秩序的反映，学生日后成长为社会公民，从小就要培养规则意识，懂得自己应做什么，不能做什么，自己在集体中应担当怎样的责任，能为集体做点什么。

平心而论，这一点过去我们重视不够，认识欠深刻，往往停留在要求学生做到哪几条，有时是头痛医头，脚痛医脚，碎片化，未作整体思考，更未持续不断地培养。现代社会规则意识尤为重要，是做现代人的底线之一，否则就会到处碰壁，甚而损害他人。学生守则遵守是教育的一个抓手，让学生学习、思考、理解、懂得其中的深意，就会从被动遵守到自觉约束，并逐步形成良好的习惯。

黄：您讲到"习惯"，我倒想起教育家陈鹤琴先生的一句名言。他说："人类的动作十分八九是习惯，而这种习惯又大部分是在幼年养成的；所以幼年时代，应当特别注重习惯的养成。"青少年求学时代，良好习惯的养成仍然重要，但我们不重视。

于：良好习惯的养成非常重要。陈鹤琴先生讲的是幼儿时期，日本教育家福泽谕吉强调：习惯是第二天性。幼时养成的习惯、性格终身难改。其实，中小学时期习惯养成同样重要。中小学是一个人习惯养成、道德涵养、精神发育、心灵成长的关键时期，"为学贵慎始"，在起点年级尤其要着力抓。班级诸多工作有意识地穿在培养良好习惯这根线上，就使细事、琐事、麻烦事寓含了积极的意义。比如，班级卫生工作轮值、作业本收发整理、黑板报编辑出版、教室钥匙保管、教室照明、电教设备管理、出操排队整队、节能节水节电、杂事中如何待人接物，等等，一件件事看似平凡、琐细，但因时因地因人坚持以热情服务、踏实认真、科学求真教育引领，伴以评估、赞扬、指导、帮助，学生的主体作用就会充分发挥，积极向上，努力把该自己完成的事干好，干得漂亮，有时还干得有创意有特点。互相合作，"见贤思齐"，久而久之，良好习惯就逐步养成。"养成"是一个过程,须时间相伴,反复实践,达到"习惯成自然"的状态。需要耐心,精心,坚持不懈,不可能一蹴而就。

习惯培养是一个由被动到主动到自动的过程,就其心理特征而言,被动阶段是遵从;主动阶段是认同;自动阶段是内化,觉得这样做才应该,才舒服,才快乐。三个阶段两个转化,从遵从到认同的转化,从认同到内化的转化,学生主体意识强,就能促进两个转化,巩固率更高。

在培养良好习惯的同时,也要注意帮助改正不良的习惯。培养好习惯用加法,改掉坏习惯用减法。俄国教育家乌申斯基用调侃的口吻说了这样一段话:"好习惯是人在神经系统中存放的资本,这个资本会不断地增长,一个人毕生就可以享有它的利息。而坏习惯是道德上无法偿还清的债务,这种债务能以不断增长的利益折磨人,使他最好的创举失败,并把他引到道德破产的地步。"

黄: 其实,不仅学校要高度重视,家长也应十分重视。良好的习惯久而久之就形成良好的思想道德素养、科学文化素养,促进人格的完善。

于: 有的学生学习上、行为上出现的问题往往与从小养成的不良习惯密切相关,改起来十分艰难,"矫枉必须过正",有时"过正"也不能"矫枉",教训很多,千万不能掉以轻心。

还有一个问题也必须注意。班级工作在纪律、学习上用力甚多,在学生情感方面的引导却常常忽视。重视研究学生学习情况,促进智力发展本无可厚非,但重智轻情就不妥当了。班级对学生的关注应该是全方位的,从生理到心理,从认知到情感。中小学生智力发展需要关注、引导,情感世界也在发育、成长过程中,同样需要关注与教育。现代社会在人际关系处理中如何适应,如何取得共识,如何共同进步各有收获,人的情商起相当大的作用。青少年无历世经验,简单,粗糙,敏感,遇事易激动,控制不住自己情绪,对他们进行情感教育十分必要。

情感世界是要靠培育的。没有培育,就会像荒芜的花园日渐凋零,甚至成为荆棘横生、藏污纳垢的场所。要培养学生恻隐之心,悲天悯人,胸怀天下;培养亲情、友情、师生情、赤子情,强调至真挚爱,温暖彼此,滋养生命。一个班级几十名学生,学生之间有这样那样小矛盾不足为怪,要引领学生友情为主,善待他人,敞开胸怀,学他人的优点。早在两千多年前,孔子就说过,"独学而无友,则孤陋而寡闻",又说,"三人行,必有我师焉,择其善者而从之,其不善者而改之"。还要让学生逐步懂得:同窗学习是难得的机遇,自己要做播种友情的人,把同学的心灵结合在一起,使班集体充满和谐,充满温馨。有了这份情感,才会与别人真心合作,提升能力。

合作是现代社会的重要标志,合作能力是我们要培养学生的关键能力之一,抓情感的成熟,丰富,有利于合作能力的提高。情感教育不是等出现问题或有问题苗子再进行心理疏导,而是在日常教育管理中不断以人类最美好的情感——大仁、大爱、大智、大勇、大美激励学生,点燃情商这盏灯,照耀人生。而这种激励不是口号标语,而是结合班级不同类型的事例具体剖析,既辩理,又融情,情理相生,思想情感双提升。胸中经常有健康的、高尚的、宽厚的、优美的情感激荡,那些卑琐的、污浊的,包括小肚鸡肠的就没有藏身之地,学生在向真向善向美的氛围中耳濡目染,精神也有了力量。

潜能发挥,人人都是好样的

黄:学校里这种状况较普遍:少数学生很忙,担任多种角色,经常在班级、年级、学校不同场合显示自己的才能,多数同学无此机会,只得充当听众、观众,投之以羡慕的目光。这种状况与学校教育须面向全体学生矛不矛盾?

于:教育面向全体学生,使受教育者德、智、体、美、劳获得全面发展,这是我们坚定不移的方针。但在教育实践中,由于主观因素、客观因素的影响,面向全体学生就受到干扰,有些学生可能在整个学年的学习期间都没有得到积极锻炼的机会,这是不应发生的,也是不公平的。

学生之间有差异,这是无可争辩的事。有的智力、情感开发得较早些,有的开窍晚一些,这很正常。须知,他们每一个都是会随着时间的推移与学习、生活的积累变化着、发展着,不能用凝固的一成不变的眼光来对待。心理学家乔治·拉伯萨特曾说,"人带着一堆潜能来到这个世界。"

黄:"一堆"什么意思?

于:"一堆"意味多样。由于遗传基因的差异,再加上后天教育引导的不同,大脑潜能表现形态一开始就呈现出明显不同的倾向性和指向性。比如有的孩子伶牙俐齿,语言表达能力强,有的肢体动作十分协调,有的记数、计算能力特别强,等等,这些都是因材施教的深层内涵。有些潜能与生理发育紧密相关,美国心理卫生研究所专家早就指出:5岁男孩的大脑语言区域发育水平,只能达到3岁半女孩的水平。语言区域的发育水平与意识思维水平是同一的。我们常见的情况是:小学生口头表达能力强的女孩子居多,探究大脑奥秘,就不足为怪了。

黄:有一种看法,认为有些学生潜能缺失,怎么教育启发也没有用,是不是这样?

于:这是误解。人的大脑都有潜能,有"一堆"潜能,教育过程实际上就是开发学生大脑潜能的过程,教育就是把大脑的潜能开发为发展的现实。潜能开发,环境起决定性作用。举例来说,根据《宋明清时期太湖地区水稻亩产量的探讨》①一文的推断,明朝太湖地区的平均亩产达300多公斤,人类对野生稻"驯化",使其逐步演变为人工水稻。经科学家不断研发水稻杂交技术,时至今日,超级杂交水稻亩产已高达1100多公斤,3倍多于明朝时期的产量,因生长过程中条件迥然不同。环境不同,对于相同种子潜能的发挥起决定性作用。

我们强调给学生成长以优质教育就是这个道理。学校的、家庭的、社会的种种因

---

① 闵宗殿. 宋明清时期太湖地区水稻亩产量的探讨[J]. 中国农史,1984.03.

素都是学生潜能能否开发、能否比较充分开发的环境。

　　班级工作营造温暖、宽松的环境,有利于每名学生潜能的开发。大脑潜能开发,实质是大脑潜能被激发,是一种能力的积聚,特别需要外部世界的诱导、激励,使之感奋,并采用种种做法,鼓励成功。

黄: 怎么才能营造出温暖、宽松的环境?

于: 教师要有海纳百川的胸怀,不要把学生的潜能只局囿于学习功利,人的才能是多方面的,兴趣爱好也是千种万种的,只要是健康的,都应重视,都应尊重。比如平常不吭声的一名男学生,集邮的知识、本领、成果使同学大开眼界。什么年代的,为什么有这个图案,色彩是怎样搭配的,视觉效果怎样,域外的邮票,哪国的怎样,哪国的怎样。那种记忆,那种思维的判断,那种观察的细致,对色彩的敏感,令人惊奇。这种潜能的开发已进入自我开发。因为开发学生大脑潜能的至高目标,是最终促成学生的自我开发,树立自信。自信是开发大脑潜能的金钥匙。

　　教师要有敏锐的目光,善于发现并捕捉学生探求欲望的萌芽,及时呵护,激励,助力,形成兴趣爱好。一名女学生看到同学一枚着色的树叶做的书签,露出羡慕的目光,询问如何制作。及时引领,组织她们采叶、剥离、染色,做点小研究,形成了对树木探讨的兴趣。一男学生突然对刻图章发生了兴趣,于是介绍印谱让他阅读、观摩,与他一起选购石料、刻刀,从描摹篆字开始,识别阴文阳文,渐渐有所体会,乐在其中。一枚枚印章刻制成功,既喜悦,又自豪。人活着总要有点情趣,为生活增添欢乐,增添色彩。

黄: 什么爱好都没有,对什么都缺乏兴趣,真是乏味。

于: 一个人如果对音乐、美术、戏剧、舞蹈、科学、技艺、体育等,没有一点兴趣爱好,对美好的东西无丝毫爱好,生命必然呈冷漠状态,与人相交,也往往拒人于千里之外。这种状况有悖于教育的宗旨。学生求学时期,应注意培养与发展他们的兴趣爱好,助他们活跃思维,丰富情感,增添技艺,编织美丽、多彩的学习生活。

黄: 潜能以怎样的形式发挥呢?

于: 班级要搭建多种多样的平台,让每名学生都有展示才艺的机会。课外各类小组活动、各种竞赛、文艺表演、体育表演、特技展示,让每名学生在集体中都有亮相的机会。唱的、跳的、吹笛子、拉胡琴、拉手风琴、敲鼓伴奏的;象棋、军棋对垒,四国大战,执棋的运思,观棋的吆喝,人人都有存在感,人人都尽兴,人人都欢乐。学生自主组织,创意频频,这种热气腾腾的场面反映了班级凝聚人心、互帮互学的特有功能,有些潜能的发挥也是始料未及的。如特技展示,有的学生能一口气背出圆周率小数点后的 28 位;有的速算能力,在听到数字报出后,一两秒就算出答案,毫无差错;有的剪纸线条清晰、美观;有的剪影可以乱真;有的强记功夫好,或几首诗词,或几段文字,读两三遍就能毫无差错地背诵出来;字的仿宋体、毛笔瘦金体、隶书等几笔勾勒就显现特征;摄影展示,取景,角度,构图,如数家珍。凡此种种,表演者得意,观看者赞扬,有同学慨叹:原来班级还是"藏龙卧虎"之地,了不起啊!

　　班级诸多工作无须集中在几位同学身上,可采用多人担负,有些岗位可以轮换,让大家都有锻炼的机会。能力是练出来的,经验是靠积累的。个人的价值都是在为群体、为他人作出了贡献以后才能体现出来。要每名学生提升能力、实现个人价值,最好的途径就是把他们放到群体之中,为群体作贡献。学生求学时期,学校、班级要搭建平台,让他们经受多方面的锻炼。锻炼是他们的权利,更是他们内心的需求。不管是外向型的,还是内向型的,都有一种强烈的愿望,期望获得老师的认可、肯定,期望获得同伴们的认同、理解、友好、赞扬。潜能发挥,个个都是好样的。

家校沟通,形成爱的合力

黄：于老师,您这样抓兴趣爱好潜能的开发,对学业有影响吗？学生家长有没有不同意见？

于：不能把兴趣爱好与日常学业对立起来看,二者并非不相容。学生学习各门科学文化知识是他们的主业,与此同时,培养与发展他们的兴趣爱好,对他们的学习品质提升、学习方法改进与创造很有裨益。通常情况是：对自己的兴趣爱好专心致志,寻求提高、熟练、出彩的途径与方法,特别不畏困难,有克服困难的勇气与毅力。这种性格与意志的锻炼不知不觉会移植到学科学习之中,增强学习的动力。只要引导得法,就会开阔视界,增长见识。关键在时间要巧作安排,不能喧宾夺主,更不是考核计分。周末、班会,有大块时间的,可安排较大规模活动。平时善用零碎的时间见缝插针。小分队活动、个别引导更是常态。关键不在采用何种形式,而在于让每名学生动起来,潜能有自由发挥之处。当时,应考、刷题还未形成巨大压力,故而有如此的自由度。

至于家长,意见不同也是意料之中。家长有各种层次,送孩子进学校读书,目的也不尽相同。要耐心细致做工作,力争取得共识。

黄：教育须三位一体做工作,社会教育、家庭教育、学校教育三方面共识多,措施有力,方能取得良好效果。班主任与家长接触最多,经常听到的是磕磕绊绊的事,您是怎样处理的？

于：良好的教育离不开家长的理解、支持与共同努力。要尊重家长,善待家长,倾听家长的意见。在物质匮乏的年代,经济很不宽裕,把孩子养大要花多少心血；今日经济状况大改善，但种种不良风气侵染，家长担惊受怕，也应理解。家长希望子女成人成才，教师也是这样期盼，人同此心，心同此理，教师与家长应该有许多共同语言。怎样看待孩子，怎样教育孩子，看法、做法会有差异，作为教师，认真对待，妥善处理，可化解矛盾，形成合力。

　　家长都爱子女，通常情况是物质上供应充足，生活上宠爱有加，学习上企盼优等，至于全面发展或较少考虑，或考虑不周全。有的明显溺爱，包庇缺点、错误；有的相信棍棒教育，"严"得过分，孩子受到压抑，影响成长。有的学生在家里慑于家长的权威，小心谨慎；到学校解开束缚，自由放肆，行为出格。教育学生是成人之学，家校沟通，结合起来做工作，方能取得实效。

　　沟通要从学生与家庭的实际情况出发，有理有情有节，千万不能采用向家长告状的形式。家长最讨厌教师告状，学生也最讨厌教师告状。告状的结果无非是学生遭一顿骂或挨一顿揍，不仅于改正缺点无补，而且在师生之间加深了隔阂，有的内向的孩子会一直记在心中，解不开。

黄：向家长告状确实是常见的事，不守纪律，未完成作业，和同学纠纷，一个电话打到家长，叫家长来学校。说老实话，据我所知，教师喊家长来学校，家长是很反感的，有的会咕几句：倒霉，又得挨训了。这种做法恐怕不能叫"沟通"。

于：对，这不是真正的沟通。"沟通"不是推卸责任，把难题甩给家长，沟通的目的是让家长了解学生在学校的情况，教师了解孩子在家里的情况，分析问题所在，寻找改进的方法与路径，让孩子更健康地成长。教师要出于真心真情，全面地看待学生。学生在成长过程中，由于幼稚，由于自控能力差，由于不良习惯的影响，等等，出现这样那样的问题是常态，不值得大惊小怪，也不必立刻召唤家长。如果请家长来校，也要心平气和，和颜悦色，目的只有一个，让孩子积极向上，掸去身上的灰尘。交谈的目的要让家长愿意听，听得进去，出主意，共同想办法。教师出于爱心，要多讲优点与进步，少讲缺点与错误；多以事论理，少就事论事；多激励进步，少冷言冷语。三多三少目的在让家长听得心里热乎乎，有盼头，理解你的善良，信任你的真情，担起教育子女的责任，而不是故意掩盖问题。学生身上除了极个别的突发事情外，都无须急于求成，立竿见影。教育是细水长流的事，优点的发扬，缺点的克服，均非一朝一夕之事，因为它们的形成也非一朝一夕，要改变，须坚持不懈，水磨的功夫。做工作要有度，要掌握分寸。

与家长沟通，最好是上门访问。我们那时当班主任，每个学生家庭都走访，实地调查了解，对学生成长的环境，他的性格、脾气、谈吐、习惯就一清二楚，教育的针对性也就强得多。有的家庭要访问多次，思想行为偏差的学生为了扫除进步的障碍，家访数十次，与家长勠力同心，共同做好教育工作。电话当然也可联系，但毕竟不能面对面，增进了解，增添情谊。至于"训"，那是绝对不应该的，人与人之间是平等的，应互相尊重、互相信任，即使孩子有较大的缺点，也不能要家长代为受过，更不能恶言恶语。就这一点而言，教师自身要加强修养，懂点育人意识，讲点语言艺术。

黄：也有家长不讲道理，胡搅蛮缠的，教师一直要克制，要态度好，岂不是很亏？

于：不存在亏不亏的问题。谁叫你是教师呢？家长有各式人等，各种性格脾气，不从事教育，不一定体会其中的规律，其中的甘苦。教师须宽宏大量，包容各种类型的家长。抓住适当时机，宣传正确的教育理念。不讲道理的毕竟是极少数，晓之以理，动之以情，距离逐步拉近，也会有所改变的。

家长队伍中有些很有教养，家风家规好，教育子女有方，我们教师与他们接触，联系，很受启发，很受教育。这些正能量要充分发扬，或请家长会上介绍，或请学生自己述说，或教师转述、赞扬，传播正确有效的家庭教育理念与做法，供其他家长借鉴。

黄：有些家庭特别困难的学生您会给予更多关注吗？

于：教师要特别关注有困难的家庭，立足于雪中送炭，送上教育的温暖，学校的温暖，激励学生克服困难，努力学习。比如，一名高中男生学习很努力，成绩总是上不去，很苦恼。深入了解,原来是眼睛近视,黑板上的字模模糊糊看不清,又不好意思说。再进一步了解,原来是家境十分清寒,配不起眼镜。教师此时伸出援助之手,帮助他克服了困难,家长也心存感激。有时家庭中父母与子女、夫妻之间也常为家境清寒发生矛盾,学费、书籍簿本杂费,偶发事件如骨折等医疗费,均会引起种种纠纷,教师不仅要好言劝解,而且要力所能及地进行帮助,让孩子感受到人间的真情,社会的温暖,从而更发奋学习。

有些家长年轻时无条件求学,文化程度差,无力帮助孩子克服学习困难。教师弄清情况后,或请有关学科老师指导,或自己提供帮助。真帮、实干,学生自信心增强,家长更是教育孩子要懂得珍惜这份情意。有的家长脾气暴躁,不顺心时就迁怒孩子,打骂,甚至饿饭。教师要及时呵护,照料吃饭,稳定情绪,减少对孩子的伤害,并要主动访问家长,倾心交谈,分析后果,改正不妥做法。有的家长溺爱孩子,包庇缺点,教师要选择时机耐心劝说,以理服人,以情动人,不厌其烦,以求获得共识,引领学生健康发展。教师在教育过程中真心真情真做,能真正成为家长的朋友,乃至好朋友,许多问题都迎刃而解,说话也不可能有什么芥蒂了。

家校沟通,一件件、一桩桩,看似平常、平凡,但其中无不寓含着如何培养学生成长成人成才的深意。思想的风暴、情感的波澜、语言的表达如不冷静处理,都可能对学生造成伤害。教师与家长互相尊重,换位思考,情绪平和,责任担当,就能形成爱的合力,惠泽莘莘学子。

爱是不可抗拒的生命召唤

黄:听了您许多教育故事,让我想到了印度诗人泰戈尔的一句话,就是"教育的目的应当是向人类传递生命的气息"。教育传承文明,滋养一代代新生命,教师用师爱哺育,是天底下最美的事业。

于:教育的内涵极其繁复,随着时代的发展,要不断增添新的认识、新的内容、新的做法。如果用最简单的话来说,教育就是用生命影响生命,给学生以温暖,滋养他们苗壮成长。此类事例很多,我深有体会。爱,有时就是不可抗拒的生命召唤。

有名姓何的男同学,十六七岁,不幸患上了肺结核,家庭贫寒,无力担负医疗的费用,而他还是个孩子,未成年人,对治好病是那么渴望。那时的特效药是雷米峰,6元一瓶。我的月工资是72元,上有老,下有小,为了治愈小何的病,我与爱人商量,购药给他服用。我自己节衣缩食,早上连一根油条也舍不得吃,没有什么大道理可说,学生就是我的孩子,生命向我召唤。经过一段时间治疗,休息,病大大好转,复学了,毕业了,这就是对我的奖赏。

有些突发事件,你非竭尽全力处理不可。带着69届4班学生下乡学农,在当时的南汇县新场镇龙桥大队龙桥生产队一个学农点,女同学小蔡夜晚突然发高烧40摄氏度,难受得不行。学校带来的医药箱里除了酒精棉、红药水,几块纱布外,什么都没有,农村缺医少药,要到镇上卫生院就医。学农点全是女同学,十四五岁的娃娃,男同学全在别的几个学农点。要去镇上,连一辆自行车都无处借,只好背着小蔡徒步去卫生院。我和个头较大的小尹同学两个人轮流背,沿着河要走十多里路,冒着冬天凛冽的寒风,走走停停,歇一歇再背。我当时腹部刚动大手术不久,刀疤疼痛,背得棉毛衫都汗湿了,两眼直冒金星。但小蔡及时得到了诊治,我悬着的心终于放回了心窝。我深深体会到人是有韧劲的,只要有信念,能坚持,就可超体能发挥。几十年后,小尹与另一同学来看望我,长期未见到,她已是过半百之人,讲起往事,她说当时以为只是帮老师一把,全不知事情的深浅。

黄:学生不懂事很正常,孩子难以理解成人的所思所想。教师对学生的爱如果图回报,那就没有意思了。包含了功利,还有多少价值? 爱,师爱,是一种无私,一种奉献,以生命无偿地影响生命,活得更美好。

于:不是学生说几句感谢老师的话,或成年后来看望老师就是回报了。当然,这也是一种回报,抚慰教师的心。但更重要的是学生承受亲情、师情、友情后,有一颗感恩之心,并带着这颗感恩之心投入工作,创造工作的美好。上世纪60年代初,师范生小肖病了，当时师范生普遍家境贫寒，全部住校。学校伙食费有限，不可能给生病的学生以多少照顾。小肖对我这个班主任说："老师，学校的饭我实在咽不下，能不能给我个面包，我真想吃面包。"看到她烧焦的嘴唇，我十分不忍，答应她一定想办法给她买。那是三年自然灾害期间，面包简直是奢侈品，只有极少的店家有。再说，当时粮食很紧张，每个人的粮食定量有限，我因胃溃疡病，定量更少。为了满足孩子这样一个小小的愿望，我请一位同学课后拿了2两粮票到邻区一家商店买了个面包给她，她开心了，我自己饿了一顿饭。那时粮油及食品奇缺的程度今天的人们是无法理解无法想象的。这件小事一晃过了30年，早就忘记了。上世纪90年代初，我患重病，她从同班同学中得知后，专门从北京来看我，为的是谢我一个面包的恩情。当时这件小事除了购面包的同学，别人并不知情。她说后来从这个同学那儿知道，深深体会到什么叫教师对学生的爱，为此，她也这样对待学生，故而带班、教课都取得良好的效果，师生情意很深。我很感动，这点不值一提的小事，当时只是出于自己的悲悯情怀给她病中的生命一点温暖，因为我别无办法为她解除病痛，没想到她记一辈子。去年10月，她应邀来沪参加过去所带班级同学的聚会，要来探望我，家里人告知她我因心脏病复发住院，她也年纪大了，等出院后再见面吧，不告诉她住什么医院。这位近80岁的老人竟然找到我住的医院，查询病床。当她站到我病床面前时，我惊呆了。她说："无论如何我看您一眼才放心；不看到您，回到北京也睡不安。"她以自己的生命温暖我这病中的生命，我感动不已。师生情谊无半点功利，绵长，无价，人间真情。

由此我联想到69届2班的小吴同学。在上海第一钢铁厂学工期间，半夜她腹痛难忍，厂医嘱立即送市里医院救治。在"文革"动乱年代，医院秩序也混乱不堪。诊断为急性阑尾炎穿孔，须立即动手术。当时交通不便，根本来不及通知家长，我充当家长，擦拭呕吐脏物，通大便，送入手术室。由于抢救及时，穿孔未造成更大伤害。等安顿好，天亮以后，我才找到她家去告知家长。事情已过去许多年，有次，儿子对我说，他有个同事讲他的姐姐的命是我救的，常常说起，我一时想不起来，多次询问，我才忆起。当时我刚兼教这个班级，跟着班级到工厂学工，因需要有女教师照顾女生。事情突然发生，尽管我对学生还不熟悉，但我明白生命在向我召唤，不能有丝毫犹豫，须担当责任。我本来也有很多坏脾气，急躁，特别爱干净，但在与学生相处过程中，变得大有耐心，什么脏物我都能心甘情愿地立即处理。爱，让我改掉不少坏脾气。这位小吴同学后来是高校老师，40多年后，头发斑白的她来看我，说起往事还是那么情深意重。

黄：学生生命的召唤其实不只是生病一种，应该是多种多样的。关键在教师能否意识到，又能否自觉担当，采用种种方法给予温暖与帮助。

于：你说得对。学生求学，德智体美发展，就是生命在成长。在成长的过程中，由于每个学生的生理、心理、智力、情感、文化基础、活动能力等差异，在某些方面或某一方面有的学生发展不顺当，有困难，特别需要有人助力引领，取得突破。这种情况看似具体障碍，实质是成长的生命在呼唤。教师要能倾听到这种呼唤。有的细微，须细心体察；有的显露，更应精心研究，积极应对。举个较特殊的例子来说，一名男生染上偷扒打群架的坏习气，屡犯屡教，屡教屡改，屡改又屡犯，被认为无可救药。教师满怀爱心倾听他的生命呼唤，就会发现他还是想与偷扒割断，做个好人，但有时又挣脱不了魔鬼的诱惑。生命的扭曲带给这个未成年人的痛苦自身无力摆脱，此时外力推动一把，给他以信心与勇气，就能拨正方向，改变模样。学校把他从上一年级安排到我班级后，我花多少天才把他找到，请到教室里。从接近他到谈上话到劝说家长改变粗暴教育，反反复复，不知动了多少口舌，有时他也能对我说心里话了。为了帮助他下与恶习一刀两断的决心，我把他带到家里教育，每日同进同出。首先是信任，家里橱柜、抽屉不上锁，像家里人一样，他很感动。吃饭时，指导他读书、做作业时，一起去学校的路上，适时适当地谈什么叫"人"，"人"与禽兽的区别，做"人"的底线是什么，"人"在家庭中，社会中应起什么作用。多讲具体故事，少说空话，大道理，能入他耳，入他心。我之所以如此倾心倾力，是因为一个正在遭受害虫噬食的可怜的生命向我召唤，我无可抗拒，为了他自身的改过自新，为了他家庭无后顾之忧，为了社会多一些正能量，我必须对他满腔热情满腔爱。有一位学者曾这样说：教师的爱是滴滴甘露，即使枯萎的心灵也能苏醒；教师的爱是融融春风，即使冰冻了的感情也会消融。教师要用爱心去感染每一个学生，爱是可以修复一切伤痕的良药。确实如此，经过相当时日，这名同学从心灵到行为的伤痕逐步得到修复。他把自己怎么变坏，怎么做坏事的细节和盘托出，下决心重新做人。我很感动，也很受启发，深切体会到不良环境、不良风气是怎样一步步侵害未成年人的。我们教师对学生常常是管头管脚管行为，其实学生能否管住口，管住手，管住脚，最最重要的是能否管住自己的心，不放纵私欲。一个不能自控自律的人，怎么能成为合格的社会公民？灵魂的塑造十分艰辛，教师工作的高难度也在于此。一次，我生病住院,那时他已工作,知道后到医院探问,见我在输液,激动地反复说:"于老师,你不要死啊,你不能死啊!……"他没有什么文明语言,但是是真情流露。学生真情回报,我的生命也获得了温暖。

黄: 要真正做到全心全意爱学生是很不容易的。

于: 对学生的爱不是说在嘴上,写在纸上,而是要身体力行,用行动检验的。我就曾经出言不逊,伤害过一名调皮捣蛋的女学生。她在早操时扰乱秩序,弄得其他同学无法正常做操,提醒了多次,无效果。我就以同学鄙视她的绰号叫她,她顿时安静下来。尽管后来我当着全班同学的面向她道歉,她早就原谅了我,但这总是我终身的遗憾。出言不逊是真实感情的流露,感情是来不得半点虚假的,正因为她不断闯不大不小的祸,自己无疏导的上策,觉得难办,才会出现出言不逊的情况。为此,我以此为教训,不断反思,锤炼感情,在丹心一片上下功夫。

爱,不是姑息,不是迁就,爱是"严"的孪生兄妹。没有规矩,不成方圆。培养人,要有严格的要求,严格的管理。这个规矩,就是党的教育方针,要以它为准绳。"爱"是"严"的基础。爱是对事业的忠诚,对莘莘学子的无限期望。有了爱满天下的胸怀,"严"才会有效果。"严"要严在"理"上,"爱"中有"严","严"中有"爱",学生在温暖的阳光抚爱下就能健康成长。

甘为红烛燃自身,甘为泥土育春花,这是我当教师的信条。

第四章

生命涌动的课堂

把师生单向性的直线往复,转换为教师与学生、
学生与学生、学生与教师的辐射型关系。

**聆听
心语**

　　玩手影游戏时,手在光源前摆出不同的姿势,墙上的影子也千姿百态。如果想调
整影子的模样,直接在墙上抓弄是于事无补的,只有改变手的姿势,才会让影子随之变
动。影子是二维的,而手所处的世界是三维的。这就好比课堂,教材更像"二维"的影
子,而课堂更像身处"三维"世界中的手,涌动的生命力则时时提醒教师要关注它的丰
富内涵,立体化、多功能地呈现课堂的效用。课堂除传授知识外,发展思维、培养能力、
情感熏陶、变"外塑"为"内建"是很重要的。学生经历"外塑"到"内建",变被动的学习
为主动的思考;教师同样需要经历"外塑"到"内建",变无意识的育人为有意识的育人,
"思考问题高度的差异,对教材育人价值识别的准确度、深度、敏感度会迥然有别"。

在课堂上，学生偶尔小声嘀咕"老师，这题有没有标准答案"，或是善意提醒"老师，不考的知识点就不要教了"。学生是学习的主人，这样的"主人"，有才能，却不懂得学习，与一脸茫然，脑袋空空只会被动接受的学生相比，更容易误入歧途。教师引导学生树立正确的学习观，对求知洋溢热情，充满好奇，师生共同努力，"把师生单向性的直线往复，转换为教师与学生、学生与学生、学生与教师的辐射型关系"，变双边活动为多边对话，每名学生才会成为课堂上的"发光体"，潜能得以充分发挥。

课堂教学是教师的安身立命之本

黄：于老师，您讲了不少当班主任的故事，很受启发。但教师工作最常态的是上课，每天都要给学生上课，您对课堂教学有怎样的认识，又是怎样进行实践的呢？

于：有一种说法，认为科技迅猛发展，互联网，人工智能很快就会全覆盖，教育形态必然会随之迅速改变，课堂教学形式还有存在的价值吗？这种说法提醒我们教育不能墨守成规，必须与时俱进，迎接新时代的挑战。至于课堂教学这种教育形态、教育方式是否会迅速消亡，此时就下论断，似乎为时还过早。

在我们这个人口众多的国家里，据《2016 年全国教育事业发展统计公报》，全国义务教育阶段在校生共 1.42 亿。尽管教育形式多种多样，包括当今慕课（MOOC）的推行，但以班级为单位课堂教学在学校教育中的主要形式一时还不可能改变。为此，还是要认认真真加以研究。课堂教学教什么，怎么教，学什么，怎么学，要不断进行探索，进行研究，以期把握学生学习认知的规律与学科教学规律，取得良好的学习效果。

学生进学校学习，日复一日，年复一年，大部分时间都在课堂里度过，中学生有时一天要上八节课、九节课。在课堂与课外一样，学生的生命在静悄悄地成长。因此，一堂堂课紧连着学生生命的成长，一堂堂课的质量影响着学生生命成长的质量。教师托举的是学生众多生命的成长，须高度负责，精心准备，一丝不苟。课堂教学对于每名教师而言，机会是公平的、均等的，都在特定的空间、等同的时间里进行，但是由于教育思想、教学内容、教学方法等等的差异，教与学的质量会大相径庭。课如果只教在黑板上，教在课堂上，就会随着教师声音的消逝而销声匿迹。课要教到学生身上，教到学生心中，思想、情感微波荡漾，成为他们良好素质的基因，终身受益。基础教育教的是知识的"核"，是最不易老化的，伴随人的一辈子。课堂教学是立德树人教育的主渠道，教师传授知识，训练能力，熏陶思想感情，就是给未成年的学生打精神的底子，打生命的底色。教师教课总要让有些课使学生难以忘怀，在他们心中留下美好的、长久的记忆，一想到这些课就会感情激荡,精神振奋,增添生命的力量。

黄:您能不能举个例子说明?

于:先说我自己吧。求学那么多年,绝大多数课已随着时间的推移烟消云散,其中有价值的已融入生命之中,不知不觉地成为生存、发展的素质与本领。而有些课撒播的良种不仅融入生命,而且每想起它,就会心潮澎湃,动力倍增。

教学生也一样。记得上世纪 70 年代末,"文革"结束后不久,二三十名高中毕业生来看我,说到十多年前我教的语文课,真是欢声笑语,手舞足蹈。他们会把学郭沫若《长江大桥》诗时我写的板书背给我听,把鲁迅的《纪念刘和珍君》一文中两个段落背给我听,并说明背诵这些文字的价值与意义。说到学习文言文《文天祥》时,更是激奋不已。几个同学七嘴八舌描述当时上课的场景——

　　老师教到文章最后一句"南向再拜,遂死"时,很激动,说:文天祥临刑前"意气扬扬自若",向南方的南宋小朝廷所在的浙江临安再三敬拜,"遂死",就遭杀害了。慷慨就义,视死如归,凸现了文天祥忠于家国、大义凛然的不朽形象。老师说,文天祥就义后数日,他夫人去收尸,发现衣带中有一纸条,上写"孔曰成仁,孟曰取义。惟其义尽,所以仁至。读圣贤书,所学何事?而今而后,庶几无愧"。老师边讲解边激动地说:这位头名状元做宰相的民族英雄用他以身许国的大仁大义告诉我们,读书为了什么?为了明做人之理,明报效国家之理。爱国主义是我们中华民族赖以生存发展的精神支柱,民族气节是我们的民族魂。我们这个古老的民族,历经内忧外患,之所以击不垮、打不烂,能自立于世界民族之林,是由于一代代的志士仁人继承和发扬了爱国主义精神。近代以来,一百几十年来的反帝国主义侵略的斗争如火如荼,更是这种精神的弘扬。今日,我们年轻人要把这宝贵精神财富继承下来……

我没有想到时隔十数年学生还能还原当时的教学场景,还能记住我说的那些话。

讲述时那么兴奋,不时大家插言:"当时我真激动,血直往脸上涌"、"这些话都记住了,忘不了"、"文天祥身上的正气好像一直在我脑子里萦绕"……同学们的语言、动作、神情给我以深深的感染。此时此刻,作为教师的我第一次深切体悟到课上教什么,怎么教,直接影响到学生心灵的成长,影响到他们生命的质量。教课绝不只是讲究教学的技能技巧,绝不只是局限于客观地传授知识,而是要扣紧文中语言文字的表述,倾注自己的真情实感,拨动学生的心弦,赢得和鸣共振的效果。此间榜样不少。研究古诗词的大家叶嘉莹说她老师顾随上课是:"先生之讲课,真可说是飞扬变化,一片神行。""飞扬变化"、"一片神行",那真是左右逢源,出神入化,令人神往。顾随先生自己曾把自己的讲课比做谈禅,"禅机说到无言处,空里游丝百尺长"。课上讲诗已经讲到无以言表的程度,但其中意味还"空里游丝百尺长",缭绕不断,启人心扉,这是何等的美妙!对专业对教课像对"禅"一样的敬畏,专心不二,才会有如此动人的教学情境。

由此,我领悟到:什么叫上课?上课,就是全身心投入,用生命歌唱。一名真正的语文教师,课的建构应该是引导学生学习语言,认识社会、体悟人生的精品,滋养他们心灵,育他们成长、成人。每节课都应有教师自己的理想信念、道德情操、扎实学识,仁爱之心支撑,闪发智慧的光芒。这是一种境界,一种教学境界,一种诲人不倦、乐育英才的境界。这种教学境界的出现是要努力攀登的。尽管当时我早已过了不惑之年,后知后觉,但对专业对学生"沧海自浅情自深"的初心驱使我不仅心向往之,更是要奋力追求,永不懈怠。

"外塑"与"内建"

黄:人认识事物接近事物本质总是有个过程的。课教在课堂上,大家习以为常,不大会深思,似乎谁都可以做到。而要教到学生身上,教到学生心中,谈何容易,不经过历练,难以实现。

于:确实如此。认识有渐进的过程,但真正提升,须有突破口。

　　刚当教师时,我十分迷信自己的讲解,认为只要把课文的来龙去脉讲得一清二楚,分析得头头是道,学生就能受益,就一定能学好。尽管我是学教育的,有关面向学生、了解学生的概念、术语很熟悉,但我总认为课讲得清楚,就是面向学生,对学生负责。为此,我追求的教课目标是:"一清如水。"目标明确,内容明确,结构清晰,语言清晰,不含混,不模糊。学生认真听,就能把知识学到手,经过适当的训练,就可转化为自己的能力。再说,我们这代人都是被老师"讲"出来的,满堂灌"灌"出来的,教育效果客观地摆在那儿,似乎无可争议。

　　这种学生获得知识,提高能力全靠教师"外塑"的观念,在教学实践中不断受到检验,一次次教学失败的事件叩击我的心灵,催我反思,催我警醒。课教得"一清如水"本没有错,它应该是教学的底线,真正做到并不容易。问题在它毕竟只是从文本出发,从教师的教出发,对"胸中有书"竭尽全力,学生观念却淡薄,更别说个性化施教,"目中有人"大大的缺失。

　　静下心来认真思考,我们也不是全"灌"出来的。有些课没有兴趣,不合胃口,不是自我休息,就是偷看小说,课后自己看书、思考,还觉得比上课有味道。即使是老师上课讲,灌,课后也是少不了自己的读书、思考、感悟。教师教得动心动情,我会读得更努力,更有兴趣,更有求知的欲望。教师对学生的"外塑"必须通过学生自身对知识的建构才真正起作用。过去缺少这方面的深入思考与研究,大而化之认为学生总是教师"教"出来的,这种想法很幼稚,也很浅表。

黄: 原来您也有上课不认真听的情况。上课不听,岂不是浪费时间?

于: 当时没有这个感觉,偷看小说,乱涂乱画也是很快乐的,那时老师不大管我们学生,自由度很大。今日来看,课堂时间是被浪费了。教育家赞可夫在《和教师的谈话》中有这样一句意味深长的话:"在课堂上,相当多的时间被不合理地浪费了。"特定的时间里,东拉西扯,突发事件,等等,影响教学目标的达成,均可造成不合理的浪费。但最大的浪费莫过于让学生在课堂上处于被动、听众、旁观的位置,而没有积极主动地做学习的主人,没有兴致盎然地投入学习活动之中。

教学中有三个因素，这就是学生、学习过程和学习情境，其中最为重要的是学生。因为没有学生就没有学习，也就没有教学。教师教学必须"目中有人"，树立目中有学生的观念。教学过程是教师与学生双边协同互动的过程，忽视或缺少学生一边的主动积极的活动，对学生而言，必然造成课堂上或多或少的时间浪费，时间浪费说到底就是生命的浪费。

"目中有人"，最为根本的是理解学生，尊重他们，引导与激励他们真正成为学习的主人翁，课堂语文学习的主人。其实，每个学生的心灵深处，都有求知的需要，希望自己成为一名发现者、研究者、探索者，当寻觅、探求获得预期效果时，那种愉悦往往难以言表。我们教师常常无视这一点，在课堂上"包打天下"，将自己扮演成知识的传授者，一味往学生的大脑器皿里"灌"，学生学习主动性受到侵害，久而久之，不仅感到厌倦，而且学习自信减弱，产生消极情绪，影响学习质量。要理解、尊重，就要了解他们，认识他们。面对这一个个活生生的青少年，对他们的知识、能力、兴趣、爱好、理想、追求、优点、不足等等，均要做一番认真的调查研究，了然在胸。不能说我们心中没有学生，但通常的情况是群体、共性、概念、抽象，讲到具体的一个个，往往是若明若暗，说不到点子上。这种调查研究，并非迷信书面问卷，而是随时随地做有心人。师生朝夕相处，眼看耳听、口头交流、书面作业、家庭访问，等等，采集众多信息，脑子里就会有一个个具体鲜活的形象。教学中根据他们的实际情况积极引导，他们学习主人翁的意识就会逐渐加强。

黄：要真正了解每个学生的情况并非轻而易举，有时可能还会有不少误解。

于：同意你的看法。为了了解学生我做了不少基础工作，因为知心才能交心。每接一个新班，我总要设计一个《学生谱》，简要记录他们的德、智、体、美现状及变化，特别注重他们的爱好、优点、特长。开始借助文字记载，时间一长，全在脑子里，个性迥异，鲜活可爱。此时，心中真有学生了。

但真正了解学生、认识学生，确实不简单。自以为了解了，等真相大白，才知道自己教学行为是那么可笑。教学生就是那么奥妙无穷。举个小小的例子来说，一名姓边的男学生,他的作业,包括作文,不用一个标点符号。我在班上提醒,要重视标点符号的运用,课后又把他请到办公室来个别辅导,讲述逗号、句号、顿号、分号等的具体用法,讲了一大堆。他坐在我旁边,好像听得很认真。讲完以后,问他:"懂了吗?"他笑了笑,没有回答我,我以为他懂了,因为师生之间有时无需语言答对,一个动作,一点会心的微笑,代替了语言的表达。谁知下次作业交来,仍然无标点符号。我有点纳闷,再次请他到办公室,问他:"你怎么还不用标点符号呢?"这次他没有笑,而是认真地说:"你讲了一大堆,我怎么记得?"仔细一想,他说得有道理啊,我倾盆大雨式的灌输,他怎能一下子弄明白。于是,我向他检讨说:"我没有注意,一下子讲那么多,你不容易接受。这次我们只讲两种,句号与逗号,你作业中用上这两种就行。"他笑笑,点点头。我自以为解决了问题。谁知他交上来的作业有时用,有时不用,如果用,标点也往往点在格子外面。可以说,我不厌其烦地提醒,效果甚微。有时,作文最后一句用一个逗号,让你哭笑不得。有次,他交上来的作文又是无标点符号。怎么才能让他重视起来呢?作文讲评课上,我就读他的作文。我用等速度的腔调一口气读下来,读得上气不接下气。有同学说:"老师,你停一停啊,这样上气不接下气,累死了。"我笑着说:"不能停啊,我要忠实于作者的原意啊,文中没有标点符号停顿,我不能停啊!"全班同学哈哈大笑,他也跟着大笑。学生七嘴八舌,在欢乐中领悟到标点符号同样表情达意,写作文句逗分明,才不会胡子眉毛分不清。课后,小边同学来找我,对我说:"老师,老实告诉你吧,我以为文章内容好,写得好就有水平,标点符号不代表水平。你要我用标点符号,我是写好文章再加标点符号,我爱怎么点就怎么点。"此时此刻,他才"老实告诉你"。反反复复已折腾了半个学期。小小标点符号使用与否尚且有学生的思想认识问题,学习习惯问题,教师的教学不得法问题,教学思想观念问题,更何况对他们智力、能力、素养的全面培养?究其根本,是正确的师生观未能牢固树立,没有能深刻认识到学生才是学习语文的主人,只有他们积极主动地阅读、思考、问疑、析难、表达,方能内化为自己的知识与能力。教师如果迷信自己知识的布施,不顾学情强加,力气虽花得不少,收效甚微也就不足为怪了。教师不能也不可代替学生学习,这一点必须牢记在心,不能犯糊涂。德国教育家第斯多惠在《德国教师培养指南》中曾说:"一个懂得如何引导学生主动性的教师就是真正的教育的主人。"此言寓真意,值得深思。

黄：这个例子很有趣，小故事里寓含教育大道理。学生是学习的主体，教师作用也不能忽视啊！

于：强调学生学习的内在建构，并不是否定教师的"外塑"作用。教师的专业素养、教学能力对学生起至关重要的作用。但作用起得有多大，归根到底还要看学生的主观因素，学生自身的内在建构。因为所有学生的学习都是在他已有的生活经验、学习经验的基础上不断地增添新的知识，增长新的能力；离开了他本身的学习经验和生活经验，很难说是学习。"外塑"必须通过内在的建构才起作用。以往用哲学语言来表述是：外因是变化的条件，内因是变化的根据。中国有句老话："师傅引进门，修行在自身。"教师外在的"引"是必须的，必不可少的，能不能学得好，能不能成才，要靠自身的努力。教师"外塑"要促进学生"内建"，唤醒学生内在的学习积极性，调动他们主动参与课堂学习实践，动口、动手、动脑，生命涌动，学习就能取得佳绩。

立体化多功能

黄：课堂教学要虎虎有生机，学生思想处于振奋状态，教学内容一定要有吸引力，这个问题您是怎么看的？

于：光宣传学习重要，对未成年的青少年学生来说，是无济于事的，关键在教师要不断输送美味的精神养料，满足他们求知的好奇，求知的成就感。

众所周知，影响课堂教学效果的因素很多，主要的有教师向学生传授知识的质（侧重于教学内容的精确与深厚），教师向学生传授知识的量（侧重于教学内容的广度与密度）；学生接受知识的质与量，即对教学内容理解的正误、深浅与多少等，这是就知识而言。就能力而言，教师训练学生语文能力的质和量，如训练内容的难易、分量、训练的不同角度等；学生语文能力训练的质和量，如准确度、速度、掌握幅度与熟练程度。与此同时,还有智力发展、思想熏陶、品德培养的内容,概括地说,教学时需综合思考以上众多因素,使教与学有机结合,知识与能力协调发展。

　　语文课堂教学必须体现综合性、实践性的特点,纯粹传授语文知识,或醉心于刷题机械训练,信奉线性思维,均非良策。课堂教学职能应根据语文课程特点而发挥。2011年修订的《义务教育语文课程标准》在第一部分"课程性质"中阐明:"语文课程是一门学习语言文字运用的综合性、实践性课程。义务教育阶段的语文课程,应使学生初步学会运用祖国语言文字进行交流沟通,吸收古今中外优秀文化,提高思想文化素养,促进自身精神成长。工具性与人文性的统一,是语文课程的基本特点。"近年修订的《普通高中语文课程标准》对语文课程的特质做了如下概括:"语文课程是一门学习祖国语言文字运用的综合性、实践性课程。工具性和人文性的统一,是语文课程的基本特点。"这就是说,不断加深对祖国语言文字的理解与热爱,提高运用语言文字的能力,是语文课程赋予学习者的一项重要人格与品质。由此可见,语文课堂教学须凭借语文自身的特质,以语言建构为基础,用立体包容的姿态,发挥多功能作用。回顾语文学科教学历史,忽而只强调"道"而忽视"文"的功能,忽而纯粹强调"文"的工具性而忽略所载"道"的育人作用,脱节,割裂,两张皮,语文教学在曲曲折折道路上前行。而今,课程特质明确,走出历史误区,能有效提高语文课堂的教学质量。

黄: 而今,有这样的认识来之不易,是从诸多语文教学实践中总结正反两方面经验而获得的,新的课程理念付之于实施,也不可能轻而易举,是要花大力气的。

于: 能否正确地付诸实施,首先要解决观念问题。学校各学科教学的终极目标都是育人,是使学生德、智、体、美获得全面发展,语文学科也不例外。语文教师通过语言文字的教学,要使学生的思想道德素质和科学文化素质得到提高,为今日学好其他学科、日后工作和继续学习打下扎实的基础。用今日的话来说,要全面提升学生语文素养,尤其是核心素养。显然,教学中不仅要发挥语言文字的训练功能,还要发挥其中蕴含的知、情、意的教育功能。也就是说,这个学科综合性很强,既以语文智育为核心,又融合了德育与美育,熔思想、知识、能力、素质培养于一炉。既教学生"学文",又教学生"做人",二者有机结合,使学生在母语学习过程中逐步实现"学力形成"与"人格形成"的统一。也就是说,在教学过程中既有形成语文能力的侧面,又有形成个人的思想情操、思维品质和行为方式的侧面,二者有机地、和谐地统一,教学就能取得综合效应。有种看法认为:教学生掌握语言文字就是"育人",这个教育,那个教育都是外加,教了语言文字,"育人"就"水到渠成"。这种看法并非什么新创,三四十年前一直有这种说法,不过声音时强时弱而已。教学生理解与运用语言文字是"育人",是对人的培养,但未把握语文综合性的特点,以局部代替了整体。再说,有育人意识与无育人意识,思考问题的高度、对教材育人价值识别的准确度、深度、敏感度会迥然有别。长此以往,教书育人效果会大相径庭。

"教育性教学"是近代教学研究的重要课题,从育人的高度,从教师的崇高职责,从语文学科的个性特质出发,语文教学应该也必须成为教育性教学,发挥教文育人的多重功能。无数事实证明:任何真正的教学,不仅提供知识,而且给学生以良好的教育。离开了"人"的培养去讲"文"的教学,就失去了教师工作的制高点,也就失去了语文教学的真正价值。

黄:任何学科教学都不能失去育人的光辉,尤其是语文学科教学是母语教学,对中华民族后代的培育具有不可替代的作用。您说的课堂教学多功能,可否讲得具体一些?

于:语文课堂教学的功能首先是实用功能,引导学生理解与运用祖国的语言文字,进行识字写字能力、阅读能力、写作能力、口语交际能力的训练,这是语文教学的主旋律,须牢牢抓住不放。与此同时,根据教材的个性特点,紧扣语言文字的表述,发挥其认识功能、教育功能、审美功能、发展功能等。

学生对古今中外的人和事、景和物不甚了解,学了有些课文后,增长了知识,认识了事物。如学习《左传》中《曹刿论战》,不仅知晓《左传》是一部编年体史书,是研究我国古代社会很有价值的历史文献,而且读"论战"一文,了解了先秦时期弱小的鲁国在长勺击败强大的齐国的进攻,除了战术思想,军事技巧,首要条件是人心向背。文中说——公曰:"小大之狱,虽不能察,必以情。"对曰:"忠之属也,可以一战,战则请从。"

曹刿这种"取信于民"的战略思想,反映了他的政治远见,更成为中华传统文化的良好基因。又如,学习柳宗元的《捕蛇者说》,通过课文的阅读,对"悍吏之来吾乡,叫嚣乎东西,隳突乎南北;哗然而骇者,虽鸡狗不得宁焉"的骚扰、搜刮、迫害老百姓的情景有所了解,就能认识到唐宪宗时赋敛极重,民不聊生,真是"赋敛之毒,有甚是蛇"。

有些课文教育功能特别明显,哪怕是几句诗,情感开发,拨动心弦,能使学生终生受益。如陆游的《示儿》:"死去元知万事空,但悲不见九州同。王师北定中原日,家祭无忘告乃翁。"这是陆游临终时的绝笔,也是他的遗嘱,直抒胸臆,无丝毫雕饰。他一生的心愿就是收复中原,九州一统。"遗民泪尽胡尘里,南望王师又一年"。百姓生活在异族制造的灾难中,盼望南宋军队早日打回来。年老体衰的诗人僵卧孤村,"尚思为国戍轮台",做梦都想到复国大业,"夜来卧听风吹雨,铁马冰河入梦来"。这种炽热的爱国之情,报国之志,至死无半点消减。带着遗憾离世,坚信复国大业能实现。这种忧国忧民的拳拳之心,热爱祖国的博大情怀,是我们宝贵的精神财富,让学生吮吸其中精华,能滋养心灵成长。

诗歌、小说、散文等教学中发挥审美功能应该是显而易见,即使是说明文,用心品读,同样也能培养审美情趣。如《看云识天气》,说明天空云彩的姿态万千,变化无常,边说明,边描绘,可使学生感受到大自然美景如画,赏心悦目。"卷云丝丝缕缕地飘浮着,有时像一片白色的羽毛,有时像一块洁白的绫纱",读这类句子,不仅增长知识,而且感受到浓浓的画意。科学知识、美妙文字、生动形象,融为一体,学生受益良多。

引领学生学习语言文字,正确地加以理解与运用,对思维发展的功能更是比比皆是,下面还会谈到。

语文课堂教学发挥多功能作用,并非刻意为之,而是学科特质所决定,潜心开发,相机而教,课就丰厚而多彩。

引领每名学生成为学习的"发光体"

黄:语文课堂教学要发挥多重功能的综合效应,这是就教学内容而言,怎样的课堂教学结构才能比较理想地把它们落到实处？

于：你说的课堂教学结构与教育专业术语中讲的教育模式相近。教育模式有千百种，国外教育书籍、教育杂志列举起来可谓琳琅满目，对它的理解也多种多样。此处所谈的是教育和教学过程的模式，反映活动过程的程序和方法。我的体会是讲"模式"容易定格，讲课堂教学结构既平实，又可随机而丰富、发展。

较长时间以来，我们的课堂教学结构是直线型的往复，教师讲，学生听；后来有所改进，是个别或少数学生提问，教师解答，但直线往复未改变。这种教学结构施教，部分学生得益或得益较多，而相当部分的学生是听众、观众，得益甚少甚微。我曾经做过这样一个实验：下课以后，我请学习不同层次的学生复述当天上的语文课内容，包括教师讲的，自己怎么理解的，复述得最好的可还原 90％，讲得头头是道，自己理解得也到位；较好的不过 70％左右，一般的只能讲到百分之四五十，困难的 20％都讲不清，差错很多。这叫什么效果？教师认真讲了，学生似乎也听得认真，差别却如此之大。造成这种状况原因不少，但最根本的还是"目中无人"，忽视学生是学习的主体。学生发挥学习的自主性积极性，方能真正获得知识、锻炼能力。学生绝对不是知识的容器，听凭你教师"灌"。青少年的好奇心往往使他们具有丰富的想象和联想，比成年人更敏感。当代学生处于科技迅猛发展、多样文化并存、社会快速转型的时期，见多识广，思维活跃，生活知识丰富，对外界信息灵敏度高，对问题常有自己独特的乃至尖锐的认识。对未来有美好的憧憬和向往，尽管初中生与高中生有很大差异，但时代在他们身上的印记都很清晰。这些都是他们自主学习十分有利的条件。遗憾在我们往往视而不见，只专注"教"，我说你听，误以为教师完成了"教"的过程，学生一定就能完成"学"的过程，直线输送，抑制了学生身上蕴含着的学习语文的积极性主动性。

学生群体的时代特点是教学的有利条件，学生之间的差异同样可使教学有声有色。教学必须面向全体学生，使不同语文水平的学生都有获得感，都在原有的基础上有明显进步。班级教学给不同层次学生之间提供了互动合作、扬长补短、互相激励、切磋琢磨的极好机会，可小组合作，也可整班合作，形成求知的良好氛围。可惜在我们以往很少向这方面想，连《礼记·学记》中的"独学而无友，则孤陋而寡闻"也忘在脑后。其实，教师有责任促进学生之间成为亲密的学友，探讨、辨疑，互相学习，共同提高。举措之一就是改变课堂教学直线型结构,让所有学生都动起来,积极参与,发挥潜能,切实提高学习质量。

　　"教"要能在所有学生身上起作用,就必须明确课堂绝不只是教师传授知识的场所,而是教师引导学生学习知识,提高能力,精神成长的场所。教师的作用在指导引路,点拨开窍。通常情况是:教师在课堂上讲课,不是喋喋不休,就是绘声绘色,实际上在训练自己的口才,训练自己的思维,认真听课的学生观摩欣赏,有如历其境的感觉。如历其境与身历其境是两个完全不同的概念。让学生如历其境,好像进入这个境界中去了,实际上还是个旁观者。课堂教学一定要让学生身历其境,去读去写去想,进入语言文字学习实践之中,才能真正内化为自己的识见与技能,获得理想的效果。汤显祖《牡丹亭》"游园"中一段情节就足够启人深思:丫鬟春香对小姐杜丽娘讲,现在春天到了,园里景色怎么美怎么美,小姐听了如历其境。等到小姐亲进园内,耳闻目睹,情不自禁发出感叹:"不到园林怎知春色如许!"这是身历其境。小姐亲身经历,就会产生很多想法,"朝飞暮卷,云霞翠轩;雨丝风片,烟波画船","生生燕语明如翦,听呖呖莺声溜的圆",多么美妙!课堂教学师生如何定位,岂不是同样道理?语文学科是实践性很强的学科,学生积极主动地进行学习实践,方能取得真经。学习实践不是只指课后训练,也不是支离破碎的机械操练,课堂学习实践就是最好的场所,听、说、读、写、思想、情感、意志、品质获得全面锤炼,产生综合效应。改革直线型课堂教学结构,实际上是改变教师独占课堂的情况,改变教师不放心、不放手的状态。教师的课堂教学定位应是指导者、组织者、参与者、点拨者、引路人,引领学生身历其境,领略语文学习的大好风光。

黄:认识是行动的指南,教学上的事倍功半往往是由于认识不到位,或肤浅,或片面,或主观臆断。认识提升,行动也会随之出现新气象。您是怎么改革的呢?

于:下决心把师生单向性的直线型联系,转换为教师与学生、学生与学生、学生与教师的辐射型联系。也就是把教师讲、学生听,教师问、学生答的双边活动转换为教师与学生、学生与学生、学生与教师的多边对话,形成网络式,使教学活动过程产生对话场的效应,教与学相互作用,学与学相互作用,充分调动不同层面学生学习语文的积极性,水涨船高,每个学生都可能成为学习的"发光体"。

上世纪80年代中期我设计了这种网络式辐射型教学结构,并付诸实施,课堂教学出现了生机蓬勃,水涨船高的气象。设计不同层次的问题,调动不同层面学生自主学习的积极性,课堂里扩大了知识的流动量,能力的训练量,使课堂真正成为在教师指导下学生学习语文、训练语文能力的场所,学生的语文能力——听说读写均得到大面积提高。

举当时教学的一个例子来说:教鲁彦的《听潮》,我先让学生自读课文,按原本规定的三读一查一提问的要求认真阅读。"三读"即"读课文,读注释,读提示与练习";"一查",即查工具书及有关资料,扫除字词障碍,弄懂有关问题;"一问",仍有疑难,提问。接着,学生提问,有一个学生问:"铙"和"钹"究竟是怎样的乐器,我查了词典,词典上的诠释与课本的注释不一样,请问老师,我相信书,还是相信辞典? 这个看似"冷门"的问题,一下子激活了学生的思维,大家目光不约而同地都集中在课文下面的注释上。一位男学生站起来,慢条斯理地说:"我查过《现代汉语词典》,解释也不一样,该怎样判断?"他上课经常眼睛看着你老师,很少发言,此时也开了金口。大家七嘴八舌,询问"铙"和"钹"这两种古典打击乐器外形上究竟有什么区别,究竟哪个大哪个小? 我没有回答,而是抓住了这个问题,要求每个同学回去后找合适的辞典查检,汇总后再作判断。学生劲头很足,第二天大量信息反馈带到课堂上来了。有的查《辞源》,有的查《辞海》,有的查《康熙字典》,有查《新华字典》的,也有查不到的,查了《中华人名大字典》,有学生指出,这是查错了地方。此时此刻,我拿出《辞海·艺术分册》告诉学生,像这样比较冷僻的专业性很强的知识,可以到《辞海·艺术分册》的音乐部分查检,查起来最快最准确。与课文下面注释对照,解决了学生的疑难。求解问题的过程给学生带来了求知的快乐。

一个小小的质疑促动了全班学生的思考,"学"作用了"学",也作用了"教";教师要求学生查字典辨识,"教"作用"学","学"又作用"学";教师指导如何查检这类知识,"教"又反馈"学",促进"学"。一个原本不被教师和绝大部分学生注意的知识点,因一个学生的注意而唤起了全体师生的注意,使全体师生学到了知识,学到检索工具书的方法,学到了尊重知识、严谨治学的态度,人人都是学习的主人,闪发各自的光芒,教师是平等对话中的首席,是指引学习之路的引路人。

黄：课堂教学结构的转型，实质上是教育理念的提升。

于：转型并非一蹴而就，学生也有个适应的过程，其中需做深入细致的工作。除教学设计更要注意从学情实际出发，要多与学生沟通、交流，尤其是性格内向的，更要加温，课上即时的评价、鼓励、表扬也不可少。

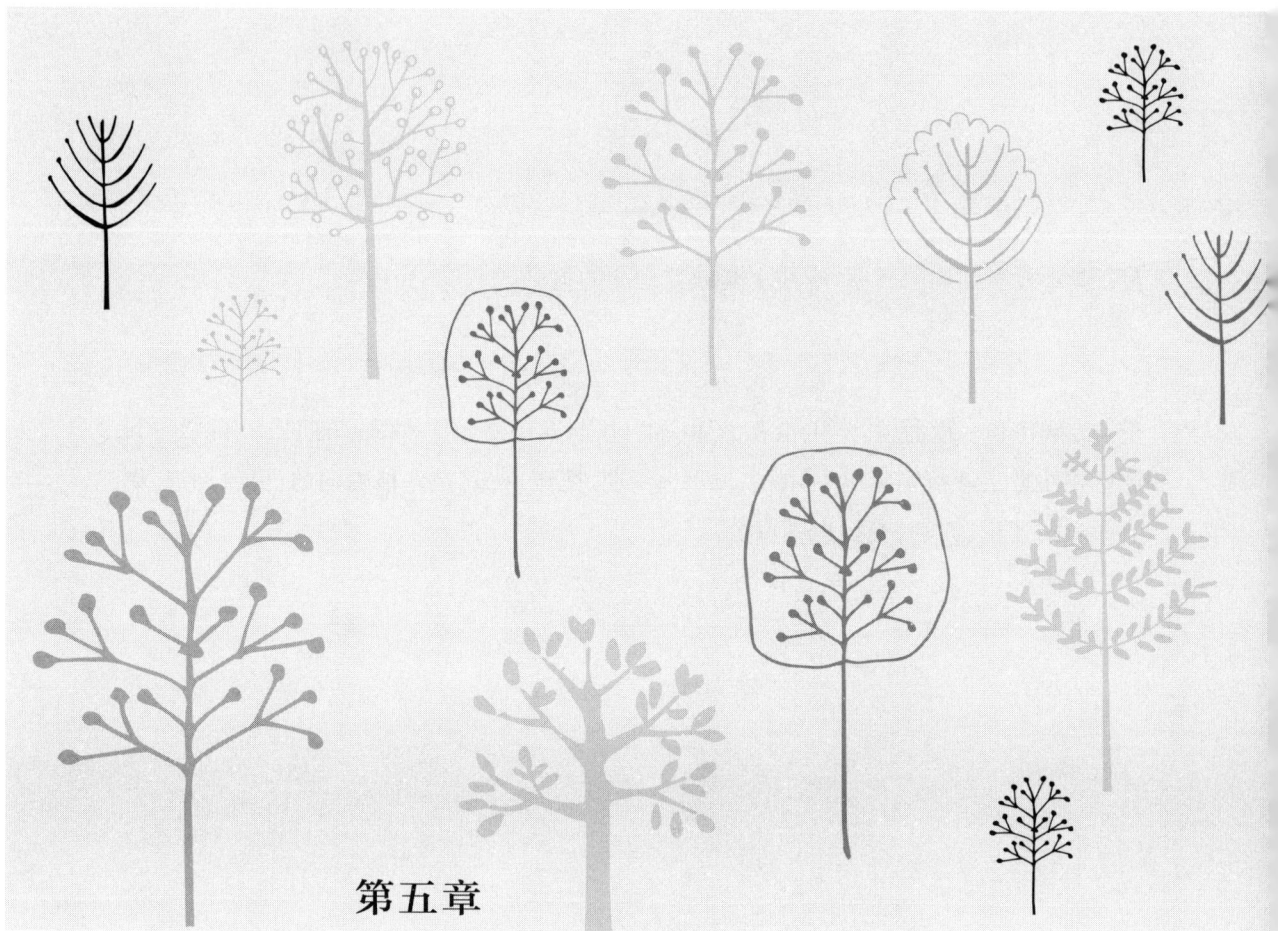

第五章

语文教育是民族文化之根的教育

这门"实用而多彩的人文课程",融合了"工具训练和人文教育",
是一片广阔的田野,大可施展才华,有一番作为。

　　教育改革始终在调整、创造中前行,对于语文教师来说,脚踏实地地在课堂耕耘,
管好"一亩三分地"无可厚非,同时,也需要仰望星空,了解教育改革的背景与核心思
想。不能因为只看到改革的权威性,而忽视思想背后的学术性和专业性,过于保守、固
执,怕被改革的"双刃剑"所伤,而忽略时代发展的要求。语文教师既要研习课程标准,
积极开发基于标准的命题,又不能"只重视本学科的变动,较少关注变动与改革的背
景,较少思考要解决什么问题,要走向何方,实现怎样的愿景"。实际上,课改对教学行
为并不构成约束。实践是检验真理的唯一标准,课堂就是检验和实践教育理论、改革
理论的重要阵地,是教育理论落到实处,返璞归真的场所。

可以说，语文教育包罗万象，《中国基础教育年鉴·语文卷》针对语文教育的主要研究方向加以归类，其中，大类包括课程研究、教学实践、教学评价、教师发展研究，而教学实践里又包含识字写字教学、阅读教学、写作教学、口语交际教学、综合性研究性学习研究，评价中包含课堂教学效果、学生评价、教师评价、考试评价……字、词、句、篇、语、修、逻、文、听、说、读、写，构成了语文教学的经典图谱，对一线教师来说，这门"实用而多彩的人文课程"，融合了"工具训练和人文教育"，是一片广阔的田野，大可施展才华，有一番作为。

热爱是硬道理

黄：语文教育数十年争议甚多，尤其是中学阶段语文，目的任务、性质功能、教材教法、师生定位，等等，均有诸多看法。您身处其中，怎样认识，又是怎样付诸实施的？其中的酸甜苦辣可否述说一二？

于：语文教育数十年来确实争议比较多。一是由于语文与生活贴近，社会生活对语文教育的定位影响很大；二是由于语文学科本身具有综合性、实践性特点，牵涉的方方面面很多，形成共识有一定难度；三是外部干扰较多，无论学识高低，无论职业类别，只要识中国字，说中国话，都有发言权，都能评论、指责，乃至否定。其中有真知灼见，能促进语文教育工作者深思、改进、发展，但不着边际、混淆视听的也比比皆是，令人举步维艰，哭笑不得。

不管怎样争议，语文教育内部有一点是坚定不移的，那就是要教育引导学生热爱祖国的语言文字，热爱自己的母语。举例而言，1986 年 12 月制定的《全日制中学语文教学大纲》中指出："……使学生热爱祖国语言，能够正确理解和运用祖国的语言文字，具有现代语文的阅读能力、写作能力和听说能力，具有阅读浅易文言文的能力。"1990 年 6 月在"修订本"中仍重复了这句话。1996 年 5 月《全日制普通高级中学语文教学大纲》中指出："……培养学生热爱祖国语言文字、热爱中华民族优秀传统文化的感情……"2000 年 3 月《九年义务教育全日制小学语文教学大纲》中指出："小学语文教学应培育学生热爱祖国语言文字和中华优秀文化的思想感情，指导学生正确地理解和运用祖国语文，丰富语言的积累……"2001 年 7 月《全日制义务教育语文课程标准（实验稿）》中指出："语文课程应该培育学生热爱祖国语文的思想情感，指导学生正确的理解和运用祖国语文，丰富语言的积累，培养语感，发展思维……"从大纲到课程标准，一言以蔽之，要培育学生热爱祖国语言文字，热爱祖国语文的思想感情。

热爱母语，热爱祖国语言文字，热爱祖国语文是硬道理。心向往之，情萦系之，才会专心致志地学,才会体悟到其中的奥秘,提升语文能力,滋润心灵成长。缺少这份情,这份意,语文教学质量、学生受母语哺育效果就会大打折扣。

黄: 学语文似乎最重视的是实用价值,追求的是能读会写,情感方面涉及很少。"知之者不如好之者,好之者不如乐之者","好"与"乐"很重要。但据我了解,对语言文字、对语文"好之"、"乐之"的少之又少,无感觉的,乃至有厌倦感的不在少数,他们认为语文难以捉摸,获高分更不知路径何在。

于: 你说的是实情,我也知道一些。问题在我们主观上要求学生热爱,在实践过程中常常常不把它当回事,虚空的,不落地。不是说教学中要讲多少次"热爱",口号、概念、空话,没有用,关键在教学全过程中要有意识地结合文本学习、能力训练,培育与激发学生这份情感。当然,教师首先要钟情于此,倾心相爱,没有挚爱深情,不着边际说一通,那是伪情感,有时会令人毛骨悚然。真情实感从何而来? 认识深刻,理性思考,必不可少。

民族的语言文字是本民族的文化地质层,它无声地记载着这个民族的物质和精神的历史。爱自己的民族就应该热爱母语,它是民族文化的根。德国语言学家洪堡特在《论人类语言结构的差异及其对人类精神发展的影响》中说:"民族的语言即民族的精神,民族的精神即民族的语言,二者的同一程度超过了人们的任何想象。"一个文明的有素养的民族对自己的语言文字是视若珍宝的。语言文字对外是屏障,对内是黏合剂,它蕴含着民族的思维方式,民族的睿智。我们的语言文字形美以悦目,音美以悦耳,意美以悦心,其中有无限宝藏,陪伴人的终生。青少年学生真正进入了这个宝库,能长知识、长能力、长智慧,吮吸中华优秀文化与人类进步文化的滋养,一辈子受益不尽。这些认识本无可非议,但"一切都是外国的好"论调的传播,搅乱了不少学生的思想,重外文轻母语,对语文漠然的态度屡见不鲜。思想上的殖民对学生学习母语产生了巨大的冲击力,不可小视。

外语要认真学,要学好,这无可非议,也是当今培养人的必须。但母语是民族之根基,必须要教育学生对自己祖国的语言文字有敬畏之心,热爱之情,疏于学习、训练,弄得不好,是会数典忘祖的。人类狂魔希特勒曾说,"要消灭一个民族,首先瓦解她的文化;要瓦解她的文化,首先消灭承载她的语言;要消灭这种语言,首先从他们的学校下手"。这应从反面让我们警醒。

在教学过程中,语文教师要以情激思,以情激情,让学生逐步体悟到:语言是人整个学养的基础。语言就是思想博物馆,一个人语言丰富代表他的思想丰富,语言严密精细代表他的思想严密精细。汉语是非常美丽的语言,是富有高度乐感和诗意化的语言,我国的灿烂文化、伟大传统、民族品格和精神气质无不与美妙的汉语言文字有关。人总是用母语来思考的。语言除了是交流的工具外,更主要是思想的依托,文化的载体。汉语严谨、简练,如"98",说起来极简单——九十八。法语是 quatre——vingt——dix——huit,直译就是"四乘以二十加十再加八"。

让学生逐步体悟到:记录汉语的书面符号是方块汉字。汉字不是音素文字,而是一种能直接表意的语素音节文字。一个汉字一个形,一个汉字一个音节,几乎每个汉字都有意义。汉字可以说是形、音、义融为一体的记录汉语的书写符号。汉字特别具有灵性,是具象的、灵活的、富有弹性的,创造的空间大,汉字是民族的精魂,是民族生命的百科全书。一个方块字,就是一片天地,一段历史。一横一竖、一撇一捺,汉字与创造它的民族一起,穿越厚重的历史,书写千年的文字辉煌,从未间断。汉字的构成如人一样,有外形和骨架,思想和神韵,情感和精神。它的包容量大,概括力强,再大的事用几个字就能概括出来。如"一国两制"的创造,千百年来老百姓应遵循的道德准则"仁义礼智信",无需解释,大家都能明白。一个个汉字的故事中无不蕴含着中华文化的基因,哲学智慧、伦理道德、风俗习惯、审美意识。语言文字的背后是一种文化的深层编码,是一个民族的集体意识,稍加触摸,就会感受到它的博大精深,无穷魅力。

遗憾的是我们培养学生读写能力时,常着力于在实用价值上翻腾,只知其一,不知其二,丢失了精魂。丢失了精魂的符号,必然缺少生命活力,魂不附体,怎可能对学生有吸引力与感染力?热爱是最好的老师,学生对祖国语言文字的本质特征理解得深,情感浓郁,学习的主动性积极性就必然大为改观,语文素养的提升当然也就指日可待。

新世纪的改革创新

黄：母语学习如此重要，祖国语言文字如此充满魅力，怎样才能引领学生不仅心向往之，而且能身入其中，心入其中，想学、爱学、会学，学有成效，是必须深入研究的重要问题。面对学生成长需求与社会发展的现实需要，语文教育看来从课程到教材到教学得进行一系列的改革。新世纪初叶，我国中小学课程改革与建设的声势浩大，前前后后，您都亲身经历，请您谈谈关于语文教育方面改革的情况。

于：一个甲子以来，语文教育一直在不断改革中前行。新世纪初叶，国家进行第八次基础教育课程改革，语文教育改革是组成部分。2000 年初，教育部相继公布了高中、初中、小学《语文教学大纲（试用修订版）》，2001 年，教育部又颁布了《全日制义务教育语文课程标准（实验稿）》。特别是后者，改革的步伐较大，洋溢着时代的气息，标志着我国语文课程的改革与建设进入了一个新的时期。

我经历过多次语文教育改革，最深的印象就是在思想性与工具性之间摇摆不定，教学内容增增减减，在实用范围内斟酌颇多。1956 年至 1958 年，汉语、文学分科教学，中途夭折，文化在语文教学中形不成气候。多少年来，左右中学语文教学的就是字、词、句、篇，再加上语、修、逻、文，表现在能力训练上就是听、说、读、写。这就是中学语文教学的经典图谱，怎么改都在里面转，万变不离其宗。从教学大纲制定者到教材编撰者到教学第一线的执教老师，可以说都非常努力，但学生学习语文的质量很不理想。专家撰文批评，在全国影响最大的是吕叔湘先生于 1978 年 3 月 16 日《人民日报》上发表的《当前语文教学中两个迫切问题》。前文已提及，此处具体引述几句话：

"中小学语文教学效果很差，中学毕业生语文水平低，大家都知道，但是对于少、慢、差、费的严重程度，恐怕还认识不足"。他举例说：中小学语文课所用教学时间在各门课程中历来居首位。新近公布的《全日制十年制中小学教学计划试行草案》规定，十年上课总时数是 9160 课时，语文是 2749 课时，恰好是 30％。十年的时间，二千七百多课时,用来学本国语文,却是大多数不过关,岂非咄咄怪事!

尽管有"文革"深层次破坏的原因,但批评毕竟令人警醒,形成动力、推进改革。紧接着,开展语文教学大纲与教材的建设,聚焦课堂教学的改革,研究语文教学规律,寻觅提高语文教学效率的佳径。那时无电脑,无网络,靠语文报刊及举办的多种语文教改的会议进行交流。一时间,语文教学领域繁花似锦,各创特色。

黄:探索的劲头很足,改革也迈开了步子,应该在教学质量提高上有明显的提升啊?

于:改革不只是凭主观愿望,要紧贴时代的发展。到了 20 世纪 90 年代,语文教学碰到了新的问题与困惑。首先,社会的飞速发展,信息化、全球化、个性化时代的到来,对教育提出了新的挑战。1999 年,中共中央、国务院颁布了《关于深化教育改革全面推进素质教育的决定》,2001 年,国务院颁布了《关于基础教育改革与发展的决定》。两个决定在充分肯定教育取得成就的同时,指出我们的教育理念、教育体制、教育结构、人才培养模式,教育内容、教育方式等相对滞后,影响青少年的发展,不能适应提高国民素质的要求,不能适应未来社会的需要。从全国调研的一份资料来看,学生在学校受益最多的是知识,用图表来表现就是非常高的一个柱子,能力就低了,仅一半高,责任心、求异思维、创新思维等只是一条线,完全不成比例。其次是应试教育,特别是标准化试题的迅速铺开,给语文教学带来很大冲击。重技能技巧,淡化人的培养,育分不育人,把"分"放到前所未有的高价位,支配学校、支配教师、支配家长的都是"分"。"分","分",是大家的命根。语文水平的提高是要读书的,但我们着力一课一练,课课练,天天练,周周练,题海战术,求学不读书,学生在题海中浮沉。因此,新中国成立以来的这第八次课程改革势在必行。对中学语文教学来讲,带来了新的契机,掀起了新的改革高潮。

这次语文课程改革适应了时代的召唤,考虑到千年语文的积淀与百年语文独立设科后的探索,吸取了 20 世纪末语文大讨论中的真知灼见,向前大大跨越了一步,给语文教育带来了新的思考、新的活力。比如:语文课程标准中的"课程性质"、"课程基本理念"的表述,我高度认同,其中许多问题在较长时间教学实践中曾反复思考,寻求解答,而又未能思考透彻,用准确、清晰的语言加以表达。新世纪初,我读到《全日制义务教育语文课程标准（实验稿）》时，有种"遇故知"的感觉，倍感亲切。

黄：请您阐述得具体一点好吗？

于：好。比如课程性质问题，从教的老师必须有清晰、正确的认识。因为教学行为受教育观念支配。语文教育观念是对语文教育诸问题的看法，从语文教育性质到目的任务，到教材教法，到师生定位，到质量评估，到考试内容与方式，到课外教育，等等，构成体系。教育观念附着于教育者头脑之中，形成心理定势，有意识地或不完全有意识地指挥着教学行为。

在语文教育观念体系中最为核心的是性质观，它统帅语文教育的全局，决定语文教育的发展方向。由此而引发出目的观、功能观、传承观、教材观、教法观、质量观、测试观、体制观等一系列观念。为此，我在整个教学生涯中，反复思考这个问题。尤其是改革开放以来，西方文化、西方价值观、西方林林总总的教育理念涌入，在社会领域、教育领域、生活领域产生的影响几乎无处不在。作为一名教师，如何应对，如何坚持教书育人，坚持立德树人，必须从认识到行动作出回答。为此，我不断叩问自己：语文是什么？它究竟担负着怎样的目的、任务？我到底要做什么？我应该做什么？我现在在做什么？我必须想，必须想清楚，不能人云亦云，盲目干，不能怎么考就怎么教。

较长时间以来，语文被定位为基础工具，强调其工具性。这在一定程度上反映了语文学科的特质。但以实践效果来检验，特别是应试教育泛滥后，重大的缺失是丢失了灵魂。学生在语言文字排列组合上做大量的操练，阅读教学"不闻读书声朗朗，但见习题如海洋"，见段不见文，见层不见段，文章被肢解得面目全非。学生不知语文为何物，兴趣寡然，相当数量的学生厌学，语文水平的提高大大受挫。针对现实状况，学习国内外母语教育的有关文献，从自己的教学实际出发，我提出了语文教育的定位问题。20世纪90年代中期发表了《弘扬人文，改革弊端——关于语文教育性质观的思考》，明确提出：语文不仅有鲜明的工具属性，而且有鲜明的人文属性，语文教育的基本特点应是工具性与人文性的统一。下这个判断，前提是必须给语言、给汉语定位。文中这样阐述："给语文教育定位，先得给语言定位，给汉语定位。长期以来，语文教育界强调语言的工具性,这是无可非议的。然而,语文绝不等同于一般的生产工具,如机器或犁锄,也绝不等同于一般的生活工具,如筷子或拐杖。语言是表达思想进行交际的工具,是思维的物质外壳,是信息的载体。这种工具、外壳、载体,都只有人类才拥有的符号。在符号的意义上把握语言的工具属性,恐怕较为妥当。问题更在于,'语言是思想的直接现实'。(马克思、恩格斯《德意志意识形态》)各民族的语言都不仅是一个符号体系,而且是该民族认识世界、阐释世界的意义体系和价值体系。符号因意义而存在,离开意义,符号就不成其为符号。这就是说,语言不但有自然代码的性质,而且有文化代码的性质;不但有鲜明的工具属性,而且有鲜明的人文属性。"

我这个认识并非空谈臆说、望文生义,西方学者如意大利的维科、德国洪堡特、德国魏斯格贝尔、美国萨丕尔、美国沃尔夫等都把语言与人类文化紧密联系、融合,从 17 世纪、18 世纪到 19 世纪均有相似的论述,有的认为语言和文化相互塑造、相互渗透、相互从属。不言而喻,语言具有人文性。

如果说世界各民族语言都具有人文性,那么,汉语汉字的人文性可说是尤其突出,《春秋谷梁传》中说:"人之所以为人者,言也。"《论语·尧曰》:"不知言,无以知人也。"著名的名实之争,文道之论,言意之辩,在某种意义上,都关涉到汉语人文性的阐发。20 世纪 80 年代后期关于中国文化语言学的理论探索与争鸣,论争双方都为如何理解汉语的人文性提供了丰富的思想资料。汉语言文字不是单纯的符号系统,它有深厚的文化历史积淀和独特的文化心理特征。汉语和其他民族语言的工具性与人文性一样,是一个统一体的不可分割的两个侧面。没有人文,就没有语言这个工具;舍弃人文,就无法掌握语言这个工具。

弄清楚语言的特质,语文教育是什么,具有怎样的性质,也就迎刃而解了。

黄: 您做了具体阐述,我也比较清楚了。不过,据我所知,以往习惯于提"思想性",而今提出"工具性与人文性的统一",该怎么理解?

于: 其实有一个不断反思不断改进,寻求最接近语文本质特征的过程。如 1978 年 2 月《小学语文教学大纲(试行草案)》指出:"语文这门学科,它的重要特点是思想政治教育和语文知识教学的辩证统一。"到 1986 年 12 月《全日制中学语文教学大纲》中"教学目的"的提法是:"中学语文教学必须以马克思主义为指导,教学生学好课文和必要的语文基础知识,进行严格的语文基本训练,使学生热爱祖国语言,能够正确理解和运用祖国的语言文字,具有现代语文的阅读能力、写作能力,具有阅读浅易文言文的能力。在语文教学的过程中,要开拓学生的视野,发展学生的智力,培养学生的社会主义道德情操、健康高尚的审美观和爱国主义精神。"显然,后者与前者相比,有很大改进。"教学目的"第一句是语文知识与语文能力的要求;第二句是对学生知、情、意的要求,而后者的要求是在前者语言文字教学过程中实现的。然而,在教学实践中,往往重前者轻后者,抓语文工具,双基落实(基本知识、基本训练),后者简言之思想性,比较虚化,不落地。原因是教学大纲观念浅薄,教学主要是跟着教材走。我因有机会参加教学大纲与教材的审查,总是认真阅读,力求完整地理解,以指导教学。

早在 20 世纪 70 年代末,我比较倾向于语文教学工具性与思想性的结合,到了 80 年代中期,在教学中我深感"思想性"的提法有局限,不能涵盖语文学科的丰富和多彩。语文教育的内容极其丰富,选文涉及古今中外的文、史、哲,涉及当代社会、科学技术,等等,除了具有思想性,更具有道德的、情操的、审美的特征,而这些都是人所独有的,只提某一种,就会以偏概全。当时,"性"的提法多种多样,如"文学性"、"情意性"、"社会性"、"文化性"、"实用性"、"民族性",等等。我反复比较,仔细琢磨,觉得都有道理,但又都不能全面涵盖。经过不断反思,不断深化认识,到 20 世纪 90 年代,我才明确提出"人文性"。我认为:语文是最重要的交际工具,最重要的文化载体。语言和文化不是两个东西,而是一个整体。语文学科的工具性和人文性是一个统一体的两个侧面,不可机械地加以割裂。可以这样说,语文课程是一门实用而多彩的人文课程。把语言的工具训练与人文教育融合起来,才能更生动地激发和培育学生热爱祖国语言文字的感情,丰富语言的积累,培养语感,发展思维,提高语文素养,在他们心中撒播做人的良种。

黄:您说到提高语文素养,这是当今的提法,以往总是说"提高语文能力",该怎么理解?

于：新世纪初叶的语文课程标准首次在"课程基本理念"部分的第一条中提出"全面提高学生的语文素养"。我认为这是很大的进步，非常赞同。关注学生语文能力的培养，无可非议，但往往易局囿于技术层面，而"语文素养"的提出，就把对教学中技能技巧的关注转向培养什么人，怎样培养人的关注。"语文素养"内涵丰富，不仅包含运用语言文字的技巧，思想、态度、情感、价值取向均寄寓其中，把"以学生发展为本"的核心理念落实到语文课程之中。这种提法符合语文课程的本质特征，综合性强，认真实践，能为学生形成世界观、人生观、价值观和健全人格打下良好的基础。

黄：一个人有良好的语文素养真是终身受益，不仅语言文字用起来得心应手，更在于思维判断，视野眼界、文化积淀起的作用难以替代。

于：确实如此，提法的改变不是名词翻新，而是更接近学科育人、课程育人的规律。

面临的最大干扰是"割裂"

黄：教育改革极其艰辛，认识上取得共识，做法上不离谱，有相当的难度。在改革的进程中，干扰的因素不少，您是怎样认识的？

于：任何改革都不可能一蹴而就。改革是为了破除前进中的障碍，解决积累的问题，攻坚克难，让事业发展得更好，更健康，更兴旺。改革，从认识到做法，都会有调整，有突破，适应需要时日，不断总结经验教训，才能迈开步子愉快地前行。语文课程是综合性、实践性很强的课程，牵涉的面很广，改革当然不可能立竿见影。

新课标公布后，语文界的态度非常积极，学习、讨论、评价、实践，大家总想通过改革，出现语文教学新气象，能够真正让学生受益，全面提高语文素养。当然，不解的、质疑的,乃至否定的也存在。有些干扰容易辨别,如随着网络时代的到来,大量粗俗乃至粗鄙的语言随之出现,破坏语言的健康和准确度,对语言文字教学冲击大。一般来说,语文教师都能识别,并能加以抵御,有的干扰则较难识别。语文教学有其自身独特的规律,但评价其利弊得失,完全以外来的某一教育理念,某一具体做法为标尺,名词、术语一大堆,架空了语文本体知识、能力的探讨,还美其名曰"先进",这是值得反思的。吸收外来一定要弄清楚文化背景、语言形态、培养目的任务的差别,而不是以洋为荣,照搬照抄。干扰最有力量的是考试指挥棒,以考定教,雷打不动的是按照考试题型进行反复的套路训练,追求的是"分",对改革的意义价值,内容措施等既不关心,也不知晓,为考而教,相当数量的老师教学变了味,变了形,但身在其中,又不得不为之,有时也想做些改革,但举步维艰。有些则以此奉为正道,就是"考",就是"分"。世间事物就那么复杂,正确的、错误的纠缠在一起。尽管有种种干扰,改革还是向前进步了,人的认识也发展了,这是令人欣喜的,为进一步深化改革打下了基础。

改革同向同心,效果就会显著。而今,我认为最大的干扰是对语文教育中诸多问题"割裂"开来看。

黄: 此话怎讲?

于: 新世纪初叶的语文课改,前面我已说到,是考虑千年的积淀,百年的探索,考虑世纪末的大讨论以及跨世纪的时代需求。这里有个纵向继承、横向借鉴,从生活中汲取的问题。

语文独立设科前,中国不等于没有语言、文字、文章、文化的教育,独立设科不是在零起点上。只不过数十年来我们很少涉及中华文化传统,因而,一讲语文,就是从设科开始,已形成思维定势。讨论语文学科教学诸多问题,往往就局限在这个范围,与千年积淀割裂开来了。历史是不能割断的,尽管独立设科前,语文与经史不分,但仍有丰富的历史遗产,从理论到实践有研究价值和操作价值的东西甚为可观。它不仅培养了一代代志士仁人,而且对传播与丰富民族文化做出了不可磨灭的贡献。对此,不可采取虚无主义的态度,而是要鉴别、筛选,剔除糟粕,吸取精华。拿我们语文老师熟悉的阅读来说,信手拈来,就有不少精华,值得咀嚼。

如:读书做人。学语文和学做人结合。"君子之学,必先明诸心,知所养,然后力行以求至,所谓自明而诚也"。(程颐《颜子所好何学论》)读书,要讲求修身养性,讲求品德、胸怀。至今仍有现实意义。读书、作文要注意心灵的塑造,培养完美的人格。

又如:熟读精思。学语文,"读"、"思"极为重要,袁枚在《随园诗话》中强调"破其卷而取其神",不熟读,不反复诵读,又怎能取其神?面对语文教学的现场,刷题,肢解,无疑是一剂治疾良药。读书须学思结合,孔子说:"学而不思则罔,思而不学则殆。"精研,精思,才能晓其义,识其神。读书能否长精神,"思"是关键。而今,学生往往读书为解题,为获分,独立思考、自主钻研,十分缺失,更不必说如入宝山寻觅文化宝物的追求与执着。因此,《朱子大全·读书之要》中提倡的熟读,"使其言皆若出于吾之口",精思,"使其意皆若出于吾之心,然心可以有得尔",对今日仍有意义。否则,课文学得缥缥缈缈,很难形成文化积淀;思维少磨砺,"钝"的困境就难摆脱。

再如:博览。古人学语文强调广为涉猎。韩愈《进学解》中说,"贪多务得,细大不捐"。强调广闻博识,读万卷书,行万里路。"读书破万卷,下笔如有神",这是古人学习写作的经验之谈,也道出了广泛阅读的重要性。而今,我们的语文学习基本上压缩在课本与考纲的圈子里,重视课外阅读并认真实践的凤毛麟角,推荐的课外阅读书目形同虚设,语文课外社会实践,生活实践也很少关注。学生成长过程中的视野、体验、能力,有意无意受到抑制,未能很好发展。语文教学从应试小圈子中突围出来,语文教学的活力方能充分释放,学生才能真正成为语文学习的主人,享受精读博览的幸福,享受游历、实践的快乐。青少年时代如果求学不读书,视野狭窄,身心不活跃,日后的发展就会受到相当程度制约。因而,博览对今日学生的培养仍然有重要意义。

这里说的都是常识,而且不少人耳熟能详,但往往不以为意,总认为传统的就是落后的。其实,百年现代语文也是千年传统脱胎而来。清光绪三十年(1904)《癸卯学制》颁布,中国语文单独设科,那时,有人认为要把传统的全部推倒,是可以理解的,因为要改变当时语文与经史不分的情况。今日无视语文教育中的优良传统,割裂历史,只讲百年语文,显然不妥,而且无法割断。比如,一讲语感,一讲勤练,一讲涵泳,马上就上溯到百年之前的千年语文历史积淀。

新世纪语文课程改革的基本理念就有来源于千年积淀的。课程标准中明确表述:"注重读书、积累和感悟","注重整体把握和熏陶感染"。这符合语文学习的规律,而这也恰恰是当下碎片化学习所忽略的。

黄：尊重历史，继承优良传统，是为了今日语文教学更符合规律，更能提高质量。我认为我们所说的继承当然不是照搬照抄，而是要从现时代的需要出发，吸取精神实质，或改进，或发展，或创新。有意识或无意识地忽视历史经验，割断历史看问题，容易产生偏颇。认识决定行动，刚才您说的两个"注重"，如果思想不认同，就不可能付诸实施，这对课程标准的实施无形中形成了干扰。

于：确实如此。这种情况无意识的居多，因为对中国历史文化缺乏深入了解研究。割裂的看法影响最大的集中在语文本体性质、功能、目的任务方面。百年语文，"工具论"一直占主导地位，怎么又来了个"人文性"，于是种种非议产生。回顾历史，在中国漫长的教育发展过程中，语文学科教育的概念不过始于近代，语文学科教育的理论始于新中国成立以后，又是零散的不成形的，与数理化学科逻辑严密的程度比，我们学科还很不成熟。记得有个阶段用的教材就是语法、修辞、逻辑、文学知识与选文的大拼盘。母语教育究竟应有怎样的学科逻辑体系，学生怎样才能有效地获得培养，以适应时代的发展，确实需反复思考，不断研究，取得认识上的突破与实践中的创新。从哲学层面分析，人类文明发展史上，任何一门学科的成长，总是与"自身到底是什么"的争论相伴随。在人文科学中，哲学、文艺学、美学、历史学、语言学、心理学、教育学，哪个门类不是至今还在讨论定位问题？特别是在一门学科面临突破性进展的时候，更要对自身的性质进行深入反思。

在反思过程中，认识有差异，展开争论，属常态。当时，不同的观点具有代表性的，如：语文学科既有工具性又有人文性，是否存在逻辑上的矛盾和哲学上困惑的可能，是不是二元论，这种矛盾会不会导致本质论的取消。又如：工具训练是科学，语文讲文化载体，讲人文，不科学。再如：语文的界面就是语言文字，把精神训练担在自己肩上，没这个必要。

其实，一个事物有两个或两个以上的本质属性，不能简单地称之为"二元论"或"多元论"。"人"的本质属性有多个，但不能说是"多元论"。所谓"二元论"，是指世界有两个各自独立、性质不同的本原（即物质与精神）的哲学学说，主要代表有法国的笛卡尔。或者更广泛的指任何将宇宙分为两个独立部分的哲学学说，如柏拉图的"观念和事物"说，康德的"本体和现象"说，等等，与语文学科属性是两回事。工具性、人文性都是语文学科的本质属性，不存在削弱一个、张扬另一个的问题。二者是一个统一体的两个侧面，不能割裂，不能偏废。钟启泉教授在《中外母语教材比较丛书·序》中指出："语文学科就是形式与内容两个侧面发展学生语言能力的兼具'形式训练'与'实质训练'的一门综合性的基础学科。"语言是人类自身独有的工具，与大脑相互作用，与身体俱在。文化内涵是语文的固有根基。教材中任何课文都是思想内容与语言形式的统一体，不可分割，不能人为地把它们剥离成"两张皮"。至于讲人文就不科学，恐怕是一种误解。什么叫科学？反映事物的本质，还事物本来面目，符合事物发展规律，并顺应这个规律而发展，就科学。"工具训练"也如此，有符合规律，有不符合规律的，并非凡训练皆科学。语文独立设科时，有人提到"精神训练"，语文不须包揽的问题，今日来看，凡教学均应有教育性，教育性是所有学科教学担负的共同责任，并非要某一个学科独揽。各个学科因性质、功能的不同，表现方式各具特色。如每个学科均认为自己无须担负"精神训练"的责任，"精神训练"必然空幻，子虚乌有。而今，语文教学中仍有教师认为语文的界面只能是语言文字，什么精神，什么人文，不是语文，上课讲内容就不是语文。这种人为地割裂统一体的言行对不谙熟语文教学规律的新教师、对学生学习母语培养的价值观念、必备品格、关键能力而言，令人担忧。

黄：有些问题似乎并不是艰难得不可捉摸，形成共识也似乎并不是困难得无路可循，怎么会这样呢？

于：事物本身就那么复杂。有的非议人文，有的又非议工具，脱离语言文字空讲思想内容，微言大义，别出心裁。公开课、研究课，再加上媒体的炒作、粉丝的吹捧，不是语文课的"语文课"形成一股气流，干扰语文教学的健康发展。形成这种乱象，虽有诸多原因，但思想方法、专业素养、功利追求起相当作用。看问题二元对立，非此即彼，非彼即此，缺乏辩证思考。事物是普遍联系和不断变化的统一整体，对立统一规律是核心。

语文学科是统一体,工具性、人文性是两侧面,互补互促,互依互存。看问题,还需用历史的发展的眼光,长期受一种思想一种做法的影响,思维形成定势,难以跨越。古人早就告诫我们,"周虽旧邦,其命维新",(《诗经·大雅·文王》)适应时代与社会需要的改革势在必行,更何况原本的认识与做法是否全面,是否十全十美。探求事物本相,弥补短板与不足,发展传统精华,永远在路上。由于社会、家庭、接受教育质量的多种因素,也由于自身主观的愿望、追求与内驱动力,我们的专业素养,距理想境界还远,眼光的穿透力、教学实践的掌控力离得心应手、左右逢源也甚远,须不断学习,持续提高。语文教学课堂设计之纷繁可说是"乱花已经迷人眼",其中不少是意图探究规律,但也不乏急于成"派"成"家"的,说过头话,做扩大事,确实离了语言文字的"谱"。教学实践中的种种偏差是执教者对语文学科的本质属性、目的任务等理解的问题,是对专业有无敬畏之心的问题,大概不能与课程标准的要求等同起来,捆绑在一起,一而二,二而一。

　　割裂的认识与做法,说到底是受价值观念的指引。教育问题,首先是一个价值问题。教学的全部目的,就是为教学的独特"育人"价值的挖掘和转化而教。马克斯·韦伯把理性分为两种：价值理性与工具理性。古老的文明都是价值理性,理想主义就是一种价值理性。他说,现代人采取新的理性标准,用工具理性代替价值理性。终极目标、价值不重要,重要的是设定一个具体的、功利的目标,采用最合理有效的方式。以功利为目标,还有多少"理性"可言？从教育学上说,工具理性是指知识、数据、逻辑,指人之外的物理、业理、原理等；价值理性则是指"人"本身的真、善、美的主体价值。两种理性都重要,但价值理性是第一位的。从事认知能力与专业技能培养训练时须融合优秀人格的塑造与生命质量的提升。

因时而发展才充满活力

黄：当今教育改革继续深入。2013 年,教育部启动《普通高中课程方案》和《课程标准实验稿》的修订工作,历经数年的总结经验与借鉴国际课程改革的优秀成果,形成了具有中国特色的高中课程体系。语文制定了新课标,提出了"语文学科核心素养"这个新概念,并明确其中内涵,这又是一次进步。

于：确实如此。面对语文教学现场诸多困惑与难题，因时而改革，因时而发展，既引领航向，又充满活力。

理解与实践语文核心素养的教育，我觉得首先要了解它产生的背景。了解背景，有助于方向明、眼睛亮。"语文学科核心素养"这个概念是在我国深化教育体制机制改革的背景下提出的。中共中央办公厅、国务院办公厅印发的《关于深化教育体制机制改革的意见》明确要求：要全面贯彻党的教育方针，坚持社会主义办学方向，全面落实立德树人根本任务，构建以社会主义核心价值观为引领的大中小幼一体化德育体系，注重培养学生终身学习发展、创新性思维、适应时代要求的关键能力；要系统推进育人方式、办学模式、管理体制、保障机制改革，使各级各类教育更加符合教育规律和人才成长规律，更能促进人的全面发展。显然，改革的缘由、内容、目标十分清晰，其中许多措施与我们学科教学息息相关。党的十九大报告提出，中国特色社会主义进入新时代，社会主要矛盾转化为人民日益增长的美好生活需要和不平衡不充分的发展之间的矛盾。尽管我们的教育现在进入跨越式发展，但发展的不平衡不充分，满足不了老百姓对优质教育的要求，满足不了学生成长的需要。语文学科教学的矛盾也是如此。为此，深化改革是育人的时代要求。

理解与实践语文学科核心素养需考虑的另一个背景是学生发展核心素养的制定。"学生发展素养"主要指学生应具备、能适应终身发展和社会发展需要的必备品格、关键能力和价值观念。具体来说，有三个方面六个要素，即文化基础——人文底蕴、科学精神；自主发展——学会学习、健康生活；社会参与——责任担当、实践创新。核心素养是知识、能力、态度、价值观等要素的综合体现。加强核心素养教育，是落实立德树人根本任务，培育和践行社会主义核心价值观的重要措施和必要途径，也是适应世界教育改革发展趋势，提升我国教育国际竞争力的迫切需要。

国际上对这个问题的研究已长达 20 多年。"知识至上"，追求知识的"加速跑"，使教育有不能承受之"重"。知识以几何级态势的无限增长与学校教育的有限时空矛盾，学校再怎么填满生活空隙，师生再怎么争分夺秒，也无济于事。只有找到人发展的"核心素养体系"，才能解决好有限与无限的矛盾，才能在给学生打下坚实知识技能基础的同时，又为未来发展预留足够的空间。为此在不少国家，以个人发展和终身学习为主体的核心素养模型逐渐代替传统的以知识结构为核心的课程标准体系，改革的视点也从单一重视学科教学规律走向人的成长规律与教学规律的叠加与融合。

对知识本位、应试教育的不断加码，我们也有切肤之痛。追求知识的数量、深度、难度，追求获取知识的速度、超前度，结果是收获了分数，收获了成绩，但牺牲了求学成长的快乐，思维力、想象力、创造力、品德养成等均受到抑制，"得"与"失"的呈现明显，教育相当程度偏离育人本真的轨道。知识的获取是重要的，"知识就是力量"，但知识不是一切，能力、思维、品格、价值观在当下与未来有更加重要的作用。

语文学科核心素养与其他学科核心素养一样就是以学生发展素养为依据而设计的。我们第一线的教师往往只重视本学科的变动，较少关注变动与改革的背景，较少思考要解决什么问题，要走向何方，实现怎样的愿景。如果树立大局意识，具有国际视野，不就事论事，认识上就会减少许多困惑，理解也会深刻得多。

黄：语文学科核心素养有四个方面，您是怎样认识的？

于：语文核心素养作为语文素养的主要部分，包括语言建构与运用、思维发展与提升、审美鉴赏与创造、文化传承与理解。四者并非同一平面的叠加，"语言建构与运用"是语文核心素养的基础，其他三方面不属于语文独有，但它们在语言建构中必不可少。摆脱思维，丢弃审美，无视文化将无法建构语言，故此三者伴随着语言建构而发展，结合在运用中发挥作用，渗透融合，难舍难分。

课改的理念从"双基"到"三维目标"到今日的"核心素养"，是对教育"育人价值"不断探索的过程。就学科教学而言，就是当下如何进一步解决德、智割裂的"两张皮"的问题，把"教书"与"育人"融合为一体，切实落实立德树人的刚性责任，真正提高教育的质量与品位。

本世纪初，针对重术轻人的弊病，提出学科教学必须以三个维度的融合来施教，即知识与能力、过程与方法、情感态度价值观三者融合，落实以学生为本，以学生发展为本的目标。语文学科教学当然是以语文知识与能力为中心，在教学过程中视文本特点与学情，融合情感态度价值观的教育。这一进步很了不起，表明了我们教育的核心理念在转变，从以知识为本，知识体系为本转变到以学生为本、以学生的发展为本。然而，"三个维度"是总体要求，语文学科该具有怎样的个性特质，与其他学科一样，缺乏明确的界定。《语文课程标准》中已提出"语文素养"概念,而今提炼发展,形成语文核心素养这个新概念,"核心素养"承接"三维目标"而来,反映了课程理念从"学科本位"到"学生本位"的转变。理清了发展的线索,就不会有另起炉灶的惶恐与茫然。

黄: 素养的培养是一个循序渐进、不断深化的过程。语文核心素养的形成当然不能期盼与以往应试教育的追求等同,急功近利,立竿见影。需要静下心来学习、思考、理解,正确地把握改革的精神实质,一步步实施。

于: 你说得对。素养的形成具有长期性与动态性,不可能一蹴而就。此次《高中语文课程标准》的修订,改革的深度、力度前所未有,要全面、精准地把握《新课标》的设计理念、组织架构和实施要求,对语文教育工作者与教学第一线的教师来说,均是严峻的挑战。

首先是理念,要完整地理解。如《课标》对语文课程的特质做了如下概括:"语文课程是一门学习祖国语言文字运用的综合性、实践性课程。工具性与人文性的统一,是语文课程的基本特点。"负责《课标》修订的专家王宁教授在《谈谈语言建构与运用》(《语文学习》2018年第1期)一文中这样阐述:"就是说,不断加深对祖国语言文字的理解和热爱,提高对祖国语言文字运用的能力,是语文课程赋予学习者的一项重要人格和品质。这是语文课程专有的立德树人功能。"显然,把能力培养、情感熏陶、人格塑造综合起来完整地思考,在学科教学中把立德树人任务落到实处。又如,文中特别有"两点说明",一是说明素养虽可分解为四个方面,但对母语教育来说,不是一个一个单独施行,更不是一个一个分别实现的。"无论在任何时候,采用任何方式,虽然有侧重,但都是综合推进的。""学习任务群就是素养教育的综合性的具体方式。"这对于我们习惯于割裂、分解的教学理念与教学方式来说,无疑是一帖清醒剂。第二点说明更具体,针对教学中最易犯的知识中心、技能训练中心的毛病,提出:"语文课标修订稿不是轻视知识和技能,而是主张,每一个知识、每一篇文章都不能当成纯粹的知识点,都不是分解开来的技术训练,而是要通过语言文字的成品和丰富、鲜活的语言文字现象,在学生自主学习的过程中,随时关注汉语的特点,提升他们对汉语感受的敏锐性,在他们心里注入爱国的情怀,养成一个中国人对自己民族文化的自信。"较长时间以来,我们的学科教学中心位置摆不正,习惯于孤立地片面地看问题,与我们的认识进入误区有关联。有意识或无意识地把知识点与工具性等同起来。让学生围绕一百多个知识点反复操练,并非工具性。语文学科的工具性应体现在学会在生活、学习、工作中运用语言文字的目的上,体现在联系实际、有效地学习语文、运用语文的过程中。提高语言文字运用能力往深处说是提高人的生存能力和服务社会能力,知识点的记忆与操练绝非"工具性"的全部内涵,也难以收到提高语言实践能力的效果。语言文字工具始终负载着人文内涵,教学中将思想情感的教育融入能力培养的过程,将知识、能力的教育与立人教育融为一体,这是当下语文课程建设的价值取向。脱离语言文字大讲人生百态、道德丛林,绝非语文课程的"人文性"。

此项改革方兴未艾,除上述理念外,内容之丰富,架构之突破,组织实施之多彩,资源开发之视野,学习方式之创新,评价方式之探索,等等,均须认真学习、领会。面对新挑战,要既做"小学生"努力学习,更要信心百倍,努力实践。我相信,只要牢固树立育人目标,辨清行进方向,群策群力,改革,创新,语文前景必然百花齐放,多姿多彩。

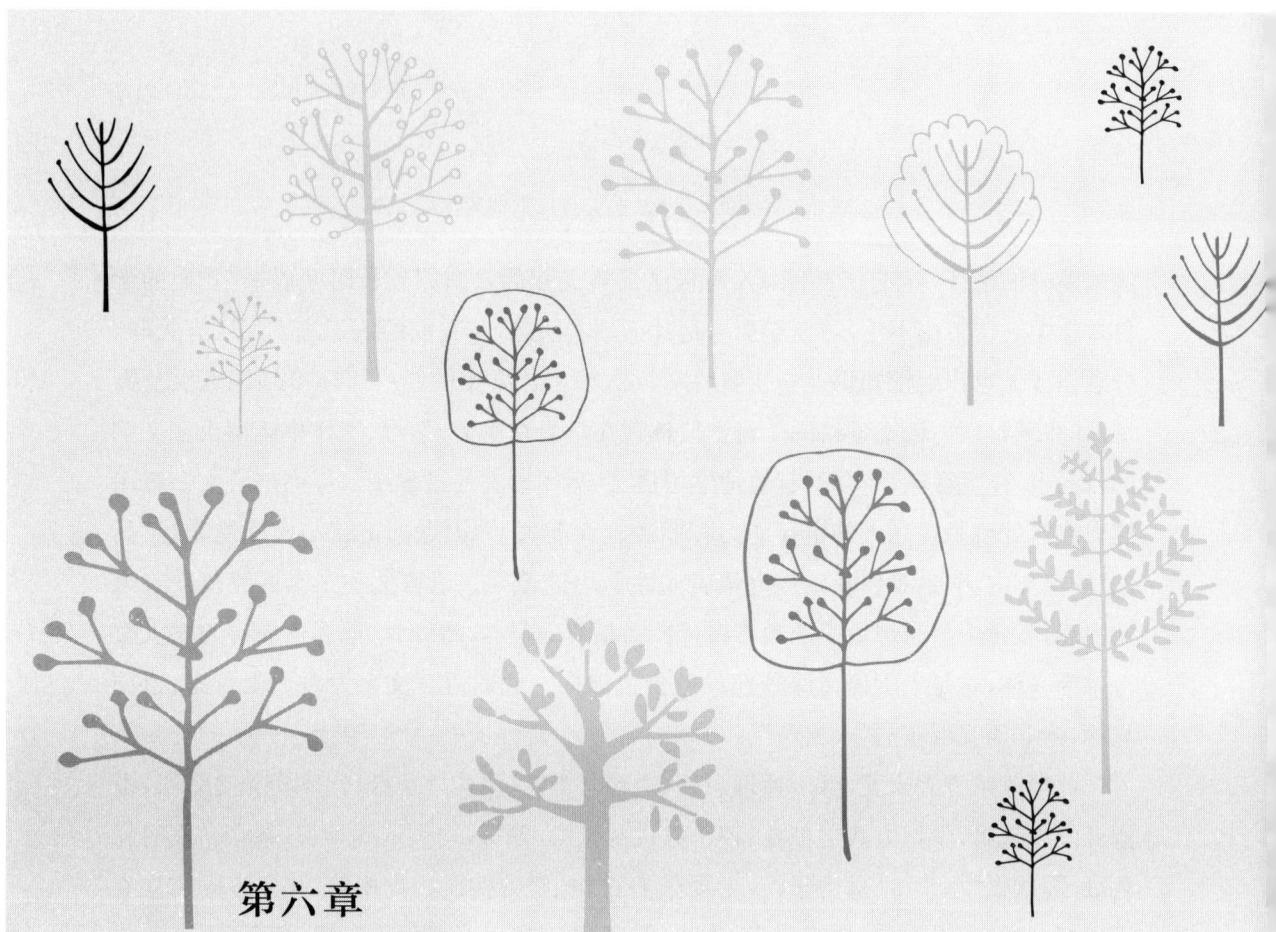

第六章

点燃旺盛的求知欲

教学艺术遵循教学规律和原则，不是为艺术而艺术，
目的是要取得最佳的教学效果，以此标准来取舍内容、分配详略，
使学生置身其中，学得饶有兴趣，意犹未尽。

**聆听
心语**

世人赞叹中国古典园林的美，语文教学也能做到"一步一景"，令人神往。

教师要"体人"、"体文"。体察学生的想法，尤其是怎样的教学活动更容易引起他们的兴趣，激发求知欲，然后，运用对比、类比、移情、设疑等方法，埋下好奇的"种子"，成为学生想学、要学的动力；体察文章的独特个性，认知单元教学关注的焦点，破画地为牢，力求"一课一格"，让教学充满新鲜感。

在课堂教学中，怕"死水一潭"，忌"旁逸斜出"，并把问题归咎于各种客观因素——"午后学生容易打瞌睡"、"体育课后注意力不集中"、"期中考试后懈怠放松"、"小长假前收不住心"……种种情况，时有发生。教学既是一门科学，也是一门艺术。课也是有

"精、气、神"的，为此，教师在"体人"、"体文"的基础上，或"比"或"兴"，须创设一整套带有形象性、情感性、独创性的娴熟的教学方法、技能和技巧。

　　"你站在桥上看风景，看风景人在楼上看你"，游人观赏"一步一景"的同时，也与景融为一体。教学艺术遵循教学规律和原则，不是为艺术而艺术，目的是要取得最佳的教学效果，以此标准来取舍内容、分配详略，使学生置身其中，学得饶有兴趣，意犹未尽。

兴趣是学习的先导

黄：语言文字陪伴人的终生，学生时代学好语文十分重要，但学生年幼无知，缺乏生活经历，往往对其重要性难以认识到位，怎样才能激发他们旺盛的求知欲，把他们引入这美妙无比的境界呢？

于：你提出了一个非常重要的问题。对某个学科如果没有学习兴趣，没有求知欲望，就学的人而言，负担沉重，痛苦难熬；就教者而言，不是事倍而功半，就是徒劳而无功。因而，为师者必须正视这个问题，并千方百计加以破解。

在教学中，教师最习惯于知识的传授，能力的训练，并佐以分数的评定，认为这就是教学的全部。其实，良好教学效果的获得一定要认真研究学生的心理因素，他们的兴趣所在以及求知欲指向。兴趣和求知欲并非什么时尚的理论，古今中外不少名人、学者均论述过。两千多年前孔子就说过："知之者不如好之者，好之者不如乐之者。"生物学家达尔文在自传中曾这样说："就我记得我在学校时期的性格来说，其中对我后来发生影响的，就是我有强烈的多样的兴趣，沉溺于我感兴趣的事物，深刻了解任何复杂的问题和事物。"他的体会中"强烈的多样的兴趣"对人生创造意义与价值是多么重要。有时我们的视野很窄，只想到语文，只想到语言文字，其实，求知欲望范围很广，挖掘深度也可能超乎异常，点燃旺盛的求知欲，培养学生多种多样健康向上的兴趣，对语文学习有百利而无一弊。现代心理学之父皮亚杰指出："所有智力方面的工作都要依赖于兴趣。"（皮亚杰《教育科学与儿童心理学》文化教育出版社 1981 年版）"教育必须从心理学上探索儿童的能量、兴趣和习惯开始。它的每个方面，都必须参加这些考虑加以掌握"。（杜威：《杜威教育论著选》）综上所述，可知兴趣与求知欲是推动学生学习的主观动力，在学生理性思考尚未发展成熟时期，这种主观动力尤为重要。学生有了这种内部动力，就会产生迫切的学习愿望，就能想方设法克服学习中的困难，获得良好的学习效果。

黄：被动学习与主动求知完全是两个境界，可惜我们有的教师不够重视，总认为我是要他们积极主动地学习的，他们不这样做，我也没办法。

于：学生对语文学习的兴趣、感情、求知欲，不是天生成的，也不是自然而然产生的，而是靠教师在教学实践中长期地、细致地、耐心地启发、诱导、培养，空洞地说教，完全无济于事。

苏霍姆林斯基在《给教师的建议》一书中说过这样一段启人深思的话："学习的愿望是一种精细而淘气的东西，形象地说，它是一只娇嫩的花朵，有千万条细小的根须在潮湿的土壤里不知疲倦地工作着，给它提供营养。"可见培养兴趣与求知欲的艰苦性，教师要善于发现和利用每一寸培养兴趣与求知欲的"潮湿的土壤"绝不局限于课堂，可有意识地向课外天地延伸、发展。这儿仅就课内而言，只要用心、精心，潮湿的土壤俯拾皆是。举几个例子来说：

汉字形美、音美、义美，魅力无穷。比如，学生常写错别字，机械抄写多少遍无疑让学生产生负面情绪，如对字形结构进行分析，学生不仅易记，且会产生探究的兴趣。"裹"，学生常会写错，作字形分析，让他们知道，"衣"字拆成"亠"和字尾"𧘇"包孕了一个"果"，"衣"，把"果"包在中间。这类包孕结构的字均这样写，如"哀"、"衷"、"衰"、"褒"、"亵"、"衮"等均是把"衣"拆成字头字尾，"口"、"中"、"中"、"保"、"执"、"公"包孕其中。字要讲究整体美，骨肉匀亭，因而包孕其中的笔画就要控制长短，注意比例。学生边听边比划，饶有兴致。教学过程中，生字难词辨别得多了，学生查阅字典的自觉性会大大加强。有些调皮的男学生天真地告诉老师："我看'笑'字就像人的脸在笑，眉毛弯弯的，眼睛眯成了缝，一撇一捺就像笑起来的腮勾出来的线条。'哭'字难看，难看，两只眼睛像两张嘴，水从里面淌出来，恐怖。"学生对字词发出了兴趣，会有奇奇怪怪的想法，成了创造的天才。

有些学生对语言的感觉不敏锐，教师对有些看似十分平常的字词结合读写情况作一点有趣的引领，学生会在思考、探究的过程中有豁然开朗的感觉，学习动力大增。如课文中讲到"觑"，不仅要学生辨形，读音，而且在识义的过程中伴以相应的动作，并由此联想到看的角度不同还有哪些常用的词。学生积极性高涨，有的琢磨"觑"是瞧一瞧，还是偷看，窥视；有的说，从不同角度看，有俯视，仰望，平视，那么斜视、环视算不算呢？于是出现了边争论边翻阅词典的情况。有些学生课外练笔常有"无米之炊"之窘，给他们讲一讲奇妙的"一"，就会打开认识的窗户，开拓练笔的视野。从学生熟悉的成语说起，"一心一意"、"一朝一夕"、"一来一往"、"一唱一和"、"一板一眼"说起，告诉学生《汉语成语词典》归在"一"字下的成语就有 500 多个，学生不知晓。"啊！"脱口而出，颇为惊讶。紧接着让学生知道生活中的"一"就更多了，如果我们让生活中碰到的"一"奔涌到我们的笔下，就会出现很多好文章，如一件往事、一点感想、一次对话、一篮青菜、一盆花、一壶水、一道习题，要学生接着说，一人一句，说了一大堆。让学生明白，"一"无穷无尽，有"一"就有"多"，正如老子所说：道生一，一生二，二生三，三生万物。由此可见，生活中的"一"不可小视，注意生活中的"一"，下笔就不会有搜肠刮肚之苦。有一个著名学者的名字也显示了这个道理：闻一多。原本对练笔望而生畏的学生睁大眼睛频频点头。思维十分敏捷的一名调皮学生嚷起来：注意，有的"一"可没有实在意义。请他表述，他得意地说："杜甫《石壕吏》中'吏呼一何怒，妇啼一何苦'的'一'是虚词，不是数字，是语助词，用来加强语气的。"同伴们为他鼓掌。兴之所至，精彩纷呈。

黄：由此看来，以激趣促进学生主动积极学习语文的事例真是举不胜举，但这仅是某一局部某一细部，整篇课文，整个单元学习起来都兴趣盎然，就不那么简单了。

于：你说的极是。因而，点燃旺盛的求知欲不是一时一事，而是要贯串于教学实践全过程。比如汉语词汇的丰富、精细，句子结构的紧缩，延伸，修辞手法的华丽、冷峻，伴随着课文的教学，均可让学生学得有滋有味。就以课堂教学起始阶段的导语而言，早在上个世纪六七十年代开始我就作研究。学生课间休息，上课伊始，思想一下子难以集中，课间兴奋、散乱的状况尚未消失。此时，如何让学生迅速安定下来，进入学习状态至为重要。因而，课的起始须精心设计，瞬间抓住学生的注意力。写文章讲究开头的文笔，明谢榛在《四溟诗话》中说："凡起句当如爆竹，骤响易彻。"文章开头要响亮，（用爆竹作比喻）使人为之一震。清沈德潜在《说诗晬语》中说："歌行起步，宜高唱而入，有'黄河落天走东海'之势。以下随手波折，随步换形，苍苍莽莽中，自有灰线蛇踪、蛛丝马迹，使人眩其奇变，仍服其警严。"写歌行，起始就要"高唱"，有气势，但与下文又紧密联系,形式上"波折"、"换形"多变化,但线索贯串其中,不失谨严。这些诗文论述对课起始阶段安排颇有借鉴意义。

　　语文教学课堂结构由若干教学环节组成,简括地说,可分成起始、展开和收尾三个部分。乍看是常规模式,但常中须有变,使学生学有新鲜感,而变中又必须体现行之有效的语文教学原则。课的起始阶段导语设计如抓住"常"与"变"的关系,从知、情、理等方面入手,能激发学生求知的欲望。如《孔乙己》一文教学起始:

　　　　本文写于 1918 年冬,发表于 1919 年 4 月的《新青年》,后收入短篇小说集《呐喊》。

　　　　凡读过鲁迅小说的人,几乎没有不知道《孔乙己》的。凡读过《孔乙己》的人,无不在心中留下孔乙己这个遭到社会凉薄的苦人儿的形象。鲁迅自己也说过,在他创作的短篇小说中,最喜欢《孔乙己》。他为什么最喜欢《孔乙己》呢? 孔乙己究竟是一个怎样的艺术形象? 鲁迅先生怎样运用鬼斧神工之笔来精心塑造这个形象的? 学习本文之后,就可得到明确的回答。

　　　　过去有人说,古希腊索福克勒斯的悲剧是命运的悲剧,莎士比亚的悲剧是主人公性格的悲剧,而易卜生的悲剧是社会问题的悲剧,从某种意义上说,是有道理的。那么,孔乙己的悲剧是什么样的悲剧呢? 悲剧,往往令人泪下,然而,读了孔乙己的悲剧,眼泪往往向肚里流,心里有隐隐作痛之感。这又是为什么呢? 学习之后我们可得到回答。

　　初中学生对这篇名作缺乏相关知识,世界文学中悲剧作品更少接触,因而,顷刻间全神贯注。再加上伴以悬念的设置,学生仔细阅读,思考,提问,分析,不仅抓住孔乙己悲剧是在笑声中进行的特点,理解既是社会问题的悲剧,又是性格的悲剧,而且课后主动找老师探讨借阅莎士比亚哪部悲剧最合适,易卜生的《玩偶之家》是怎么回事,增添了课外阅读的兴趣。

黄:请再举点例子吧!

于：好。又如《雨中登泰山》一文教学起始：

你们游览过祖国的名山大川吗？那奔腾咆哮，一泻千里的长江、黄河，那千姿万态、气势雄伟的三山五岳，孕育了我们中华民族的古老文明，一想到它们，民族自豪感就会充盈心头。请说说看，谁游览过名山？游览过哪些山？在所有的名山中，五岳为最，哪五岳？（学生回答）五岳之长呢？巍巍泰山。泰山有拔地通天之势，擎天捧日之姿，历代无数文人墨客为之写诗撰文讴歌、赞美。杜甫的五言古诗《望岳》就是其中之一，请背诵。（"岱宗夫如何？齐鲁青未了。造化钟神秀，阴阳割昏晓。荡胸生层云，决眦入归鸟。会当凌绝顶，一览众山小。"）

"一览众山小"的境界是令人神往的，只有登攀到绝顶，才能领略无限风光。今天我们学李健吾的《雨中登泰山》，请作者为向导，跟随他攀登游览高耸雄伟的泰山。

面对初中毕业，刚进入高中学习的学生，从他们的生活经验出发，激发他们热爱祖国山川的感情，运用他们地理知识储存与《望岳》古诗的记诵，增添感情的浓度，激发在文字上"登攀"的兴趣。

再如《竞选州长》一文教学起始：

一篇小说往往有哪些特点呢？请同学回答。有比较完整的故事情节，有鲜明的人物形象，有典型环境的描写，通过特定的人、事、物、景的描写，表现作者的写作意图，表现作品的主题思想。

然而，这些特点在作家的妙笔之下，可以反映的形式多种多样，各具特色。美国进步作家马克·吐温的《竞选州长》，就是一篇别具一格的短篇小说。在这篇小说中没有常见的景物描写和故事情节，通篇是怎样写的呢？请同学在预习的基础上思考回答。（学生七嘴八舌，最后聚焦在"通篇是独立党候选人'我'的自白"。）对"我"的一系列心理活动又是随着什么而引起而发展的呢？众多的新闻报道和匿名信。因此，摘引有关文字与"我"的自白交叉写，构成了这篇小说很大的艺术特色。

这是运用比较的方法，调动学生已有知识，拓展新知，引导学生在预习基础上作初步的理性思考，激发探究这篇课文底里的积极性。

引发学生学习兴趣因课文特点,因学生年龄特征可采用多种多样的方法。但切记不可耍杂耍,不可粗俗,低级趣味。课堂教学是神圣的育人行为,价值取向不可掉以轻心。

破画地为牢,求一课一格

黄: 兴趣是学习的先导,课的起始阶段在激发兴趣上着力是值得肯定,也值得提倡的。但学习毕竟是艰苦的脑力劳动,学习语文要持续保持旺盛的求知欲十分不易,请问您又是怎样考虑怎样实践的?

于: 教师教学不仅要考虑学生的学有兴趣,而且要考虑学生的学有所得,学有追求。学有所得是核心,学生体会到上语文课和不上语文课,学习效果不一样,学习的积极性就会持续高涨。而要做到这一点极其不易。数理化学科、英语学科,学生学过与未学过迥然有异,懂就是懂,不懂就是不懂。语文教育是母语教育,中学生已接触一定数量的文章,有一定的阅读的能力,上语文课常处于又懂又不懂的状况,或者是阅读某篇课文知之甚浅甚窄,甚至误解误判,而自己却又误认为没什么可学的,持无所谓的态度。学生认识不到语文教育不仅关系到知识的学习,还关系到母语文化的感知能力、思维能力、表达能力和审美能力的形成与提升,关系到健全人格的养成。教师要千方百计让学生上课学有所得,并且产生追求真知、追求真本领的愿望。唯其如此,学习兴趣才能巩固,求知欲望才能持久。

黄: 我明白了,不是就兴趣讲兴趣,而是要落脚于学有所得,学有追求上。

于: 为此,课堂教学一定要在吸引力、感染力上下功夫。课千万不能一个模式,让学生学起来味同嚼蜡。过去是字词解释、段落大意、中心思想、写作方法,现在花样繁多,但也总想纳入某一框框,几步法,几步式,以示有规律可循。其结果仍然是不断复制,不断克隆,消解了学生的求知欲。

课一定要有新鲜感,不能老是一副面孔;课要有趣味性,使学生迷恋;课要常教常新。也就是说,要有求变的精神,"变"才能出新,"变"才有生机,"变"才能把学生的学习情怀不断调整到兴奋高扬的状态。教学进程要破画地为牢,求一课一格。举例来说,教学生学魏学洢的《核舟记》,当然要引导学生理解与掌握一些常用的文言词语,了解文言文中数字的一些表达方式,与此同时,学习本文按空间顺序对工艺品进行描述的写作方法,提高阅读浅近文言文的能力。

上课伊始,我拿了从城隍庙街市里购买的一颗核舟实物(极粗糙,不过刻了几条痕)给学生看,说明学的课文就是有关在如此大小的枣核上刻舟的故事。学生极少接触这类工艺品,看到实物,兴趣大增。于是进入课文的阅读,让学生初识艺人王叔远雕刻精巧绝伦,作者魏学洢织锦成文,彰显卓越,二者珠联璧合。在助学生初步扫除文字障碍基础上,每人发一张铅画纸,把躺在纸上的文字变成铅画纸上的立体图景,体会刻艺的巧夺天工与技术的精准有序。学生仔细认真地阅读课文,阅读注释,反反复复,且不断询问,寻求解答,边读边思边用铅笔画线条,人物、器物、字迹逐步显现。整个过程,学生兴趣浓厚,处于求知的浓郁的氛围之中。

为何作如此的教学设计?源于对文章个性特征与学生学习经历的把握。"核舟"是工艺品,先概叙其整体,再按船体的结构部位分层叙述,最后归纳评价。尽管人物、器物众多,但井然有序,对核舟上文人、和尚、舟子的服饰、神情、气度、动作精细到几乎呼之欲出的程度,这对学生精细阅读能力的训练与空间思维的条理化的培养很有益处。如果教师就某个人物讲述某些字词、某扇窗讲述某些字样,就会失之于琐碎,碎片化的教学不利于学生语言、思维、想象力的培养。学生学过数年美术,美术课上教过有关的画物技能,有学习经历,画舟,几乎无难度。再说,一张 16 开的图画纸与"舟首尾长约八分有奇"的尺寸比,尽可以放大若干倍,挥洒一番,因而,学生欣然接受。以画促读,学生阅读仔细的程度大大超过教师的讲述、指导。有的学生发现所有的记述文字都在落实雕刻艺人王叔远的"奇巧",技艺的"灵怪";有的学生发现数词使用时,有的用量词,有的不用,看与中心词的关系;有的学生发现句中的"约"、"可"都是"大概"、"约摸"的意思;"奇",表示多出的零头数;"有奇"就是"有零头"、"有余";"许"表示不确定的数目,可译为"上下"、"左右"、"光景"。学生自己发现,认真思考,不仅入目,而且能入心,学习取得实效。

黄:选择一个合适的切入口,借用某种教学手段,就能引领学生进入自主学习的天地,不受这个模式那个模式局限,也是一种创造。

于:教学模式可以多种多样,一课一格可让学生有好奇心,有新鲜感,促进自主学习。但这个"格"的设计必须胸中有文本,目中有学生。文章有独特的个性,认知有关注的焦点,在什么学年段在这册文本这个单元要实现怎样的教学目的,心中要一清二楚。所有的教学行为都要为实现这个目标服务,脱离了这个标杆,就离了谱。追求新奇,忘了根本,那就成为谬误了。

如前面说到的《雨中登泰山》,起始阶段激发登山兴趣,展开部分就要引领学生跟随作者认真"经历",认真"体验"。阅读课文,口述登攀途中所见一个个景点,要求发挥想象,语言生动,绘声绘色。口述登攀"经历"须紧扣文中"雨"的特色,全文用了 12 个"雨"字,雨中的山岚烟云、水墨山水画似的层峦叠嶂,声喧势急的飞泉瀑布,水淋淋,湿漉漉,创造了"人朝上走,水朝下流"诗一般的意境。口述登攀经历,自岱宗坊至南天门长约二十华里的中轴线上,飞瀑、祠庙、翠松、古柏、洞天、云海,要注意牵线串珠,描绘出泰山美妙的画卷。描述时还要注意引用的杜甫、宋之问、应玚等诗文,展现泰山是活的历史博物馆、丰富的文物宝藏的特点。学生聚精会神读文章,并立即作口头介绍,字斟句酌,思维高度运作。一部分学生讲述,一部分学生评论。不妥之处再对照课文,修改更正。以口头训练的方式引领学生对课文深入阅读,体会记游复杂景物须抓住特征,裁剪疏密有致,线索清晰,注意旁征博引。采用这种方式,源于这篇文章的个性特征。让字面的游览生动起来,鲜活起来,学生阅读、思维、想象、口头表达能力均获得了锻炼。采用这种方式,还因为学生已进入高中阶段学习,综合性训练虽有难度,但他们毕竟已有一定的学习基础,在口头表达上有所突破,能带动阅读体验、思维力、想象力的发展。

黄:您举的是单篇课文教学的例子,现在比较重视单元教学,当时,你们是怎么考虑的?

于：当时我们也考虑单元教学。现时的课本以主题组单元，那时，以文体组单元居多。比如初中第五册语文教材有一个单元是一组短小的议论文，由《事事关心》、《谈读书》、《关于写文章》、《散文重要》四篇组成，讲述读书、作文的基本态度与方法。初中学生还是孩子，大多数不喜欢听讲大道理，也不喜欢这类说理的文章。因而，采用什么方式让他们进入阅读良好状态须费一番思量。课的起始，我先综合介绍文章作者，引起学生关注。我说，这一组短文多出于名家之手，写的是读写经验之谈。邓拓（笔名马南邨）是长期从事党宣传工作的，写了大量杂文，《燕山夜话》是其杂文集，深受读者欢迎（出示《燕山夜话》）。吴晗是著名的明史专家，学问渊博，研究成果丰硕（出示《朱元璋传》）。老舍是著名作家，语言大师，他的小说、剧本感动了许许多多的人（出示《骆驼祥子》）。他们读书、撰文功底颇深，有极丰富极宝贵的经验。在"四人帮"横行时期，这些文章被打入冷宫，有的还在"狠批"之列。今天，我们能读到这些读写经验之谈，应格外珍惜，细细咀嚼体会，从中吸取养料。这样讲，有两点引起了学生的关注：一是作者的读写结出的成果：名著，二是悲惨的不公的命运。这就为教学展开部分的专注阅读作了铺垫。

随后，采用两两结合，比较分析的方法让学生读、思、写，理解领悟。《事事关心》与《谈读书》为一组，明确都是谈读书的问题，但角度不一样。要求找出各自的中心论点，再理清论述的层次，并抓住精要记录下来。《关于写文章》与《散文重要》是另一组，提示学生前文是全面提出问题，重点论述；重点论述部分作提要，要求重点突出，层次清楚，阐明写文章是整理思想、锻炼思维，使之明确化、条理化。后一篇文章是老舍先生写的，他以明白晓畅的语言，生动的事实阐释这个问题，根据语言的特点，要求学生自由朗读课文，明确说的能力与写的能力关系，把握事实论据。学习这组文章时，结合知识短文《读书笔记》的学习，短文安排课外自学。梁启超先生曾指出：文章的教学要通盘打算，须一组一组地教，通过比较，令学生懂得文章的组织。但放在一起教，如不注意教法的变化，学生就会产生单调乏味的感觉。

为此，我把这组议论短文归类集合，分组教学。四篇短文体裁一样，题材大体相同，写法各有特点，通过同中求异、异中求同的比较，让学生把握议论文的基本结构，开拓论证的思路。为了达到教学目的，采用了多种教学方法：有的阅读思考，理清论证的思路，列表分析；有的抓重点、写提要；有的自由朗读、做读书卡片，与知识短文内容呼应。在阅读的基础上，再进行表格、提要、卡片的交流评说，使学习要求落到实处。以《事事关心》一文列表而言，只要抓住以下要点，学生对课文的内容及表达形式就基本掌握。

中心论点　　　　既要努力读书　　　　　又要关心政治
以今论古　　　　以今论今　　　　　　 以古激今
引————————评————————论————————结论
逐层深入(形象)(实事求是)　　(反复论述)　　　(强调、深入)
　　　　　　　(历史地辩证地分析)

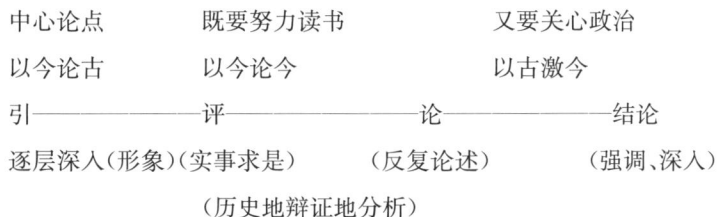

文章千古事,得失寸心知。教学也是如此,设计时总是追求美好,让学生学有兴趣,学有所得,享受求知的欢乐。但在实践中,常有力不从心之感,不是学识底蕴欠缺,不能信手拈来,左右逢源,就是缺少智慧,愚人做蠢事。故而,每上完课,我总要写下"教后",反思自己的不足,记录学生的学习亮点。这个单元教后,我记下了:

1. 在划分《事事关心》段落时,少数同学把第一段分在第三节末尾。思路虽不乱,但欠准确,加以指导。

2. 第二段以今论古,评论东林之风甚为具体。对这一问题有的同学理解得好,说评论实事求是,既熟悉历史,又能用马克思主义理论作指导。

3. 讲读《关于写文章》第八节时,学生只知承上启下的过渡段,向他们指出,不仅如此,还照应了第一节提出的问题。既然全面提出问题,文章就应呼应,显示思维和说理的严密。

4.《谈读书》中的三个方面、五小点,学生虽能迅速找出有关语句,但对立即举例阐述还有困难,说不周全。以后要注意此项训练。

5. 教读这组文章,不应平均使用力量。应重点教"读"与"写"各一篇,另两篇自主阅读,抓住主要观点即可。有的文章从说的"理"到表述"理"很平常,并非经典。自己少胆识,批判性思考也不够。往往局囿于教材中转,不敢越雷池一步。

教然后知困,知困,能着力改进,奋然前行。

关键在学生的言语实践

黄:听您讲述的教例,我发现不管是单篇教学还是单元教学,学生的活动很多,一直处于兴奋状态。是不是您追求的一课一格都是以学生活动为核心来设计的？

于：对。众所周知,学生是学习的主体,离开了学习主体的好奇心、求知欲,离开了学习主体积极实践、主动追求,不管教师教得怎样天花乱坠,学生得益不一定多,有时甚至徒劳而无功。如果我们经常作换位思考,"我"作为学生,在课堂听"我"上课,"我"的兴趣如何,学习的主动性、积极性如何,收益多少,就可较为清晰地看到自己教学的弊病。如多余的话,多余的教学行为对受教者思维、想象的抑制。教学中强化知识传授、机械训练已形成惯性,忘却了"师傅引进门,修行在自身"的古训。受教者不主动积极"修行",怎可能修成正果？从哲学高度来说,我们也耳熟能详,外因是变化的条件,内因才是变化的根据,但到了具体的教学环境中,由于习惯性思维的影响,由于功利思想的干扰,这些基本原则已丢在一边。正因为看到这些弊病,自己也常犯这种毛病,故在教学设计时,特别注意要坚持以学生活动为核心。

这里说的学生活动非一般性的泛泛而谈,而是聚焦于言语实践活动。课堂不是教师练口才,耍才气的场所,是学生在教师指导下训练并展示自己读、写、听、说能力的阵地,随着言语的实践,伴以观察、思维、想象力的发展,情感态度价值观的融合,形成良好的语文素养。比如有些课文只要"引"得得法,学生完全可以自主学习,取得实实在在的学习效果。教读茅盾先生的《雷雨前》,我用对比的方法引入新课,并简介写作背景。

我们曾学习过杨朔的散文《茶花赋》,被它所描述的二月南疆的优美意境所陶醉。请同学们用一个词或一个诗句来描绘一番。(学生回答:"春深似海";"花红水绿";"满园春色关不住";"生意盎然";"含露乍开",等等。)二月的南疆,画面明艳,色彩绚丽,作者描绘的是新中国南疆的大好风光。今天学习的茅盾先生的抒情散文《雷雨前》,色彩就截然不同,完全是另外一番情景,另外一个世界。文章写于1934年9月,那正是我国现代革命史上黎明前最黑暗的时期。国民党反动派对外屈服于日本帝国主义的侵略,对内加紧对革命根据地实行反革命的"围剿",对它统治地区的人民进行残酷的压榨和奴役。大片国土沦丧,民族灾难深重,贪官嚣张、污吏横行,人民被禁锢在黑暗的牢笼里,气都憋得透不过来。在这样恶劣的环境下,作者怀着强烈的爱憎写下了这篇散文,请同学们阅读全文,思考回答:1.用一句话说明全文写的内容;2.全文震撼人心的是哪句话？

这两个问题的解答,是学生初读课文后力所能及的,学生反应迅速。第一个问题训练概括能力,因文章内容集中,绝大多数学生能胜任,解答为:"写雷雨前大自然的变化和人的感受。"第二个问题答案几乎每个学生都能准确地找到,特别是语文学习困难较多的也能兴奋地嚷着:"最后一句,最后一句!"我表扬了学生的阅读本领,继续启发:作者期望"让大雷雨冲洗出个干净清凉的世界",那他所处的现实是怎样一个世界呢?尽量用反义词说明。学生迅及说出"雷雨前是个肮脏闷热的世界","是个龌龊窒息的罪恶世界"。怎样闷热肮脏,怎样龌龊窒息,以致不得不呼唤,不得不呐喊,作者采用了怎样的写作方法构建文章表达心声的? 要求学生独立阅读,理清闷热窒息步步紧逼的线索,联系生活实际,体会文章的构架及语言表达的准确、精细。

这是采用把文章"倒过来"的教法,因为最后一句是全文的最强音,是文章的主旨所在,学生一下子注意力就集中。如果按文章顺序一步步推,难以取得震撼的效果。初中三年级学生已有阅读写景散文的学习经验,略加启发、点拨,自主阅读理解也能到位。经过导引,自主阅读,交流阅读效果,学生的理解、表达常出现惊人之语。如:有学生说,不能只看到文中五个画面的景物描写,要注意不能把"人"丢了,每个画面里都有"人"的感受,"窒息"得活不下去了,才会有呐喊。有学生讲热不可耐时,背诵学过的王毂的《苦热行》:"祝融南来鞭火龙,火旗焰焰烧天红。日轮当午凝不去,万国如在洪炉中。五岳翠乾云彩灭,阳侯海底愁波竭。何当一夕金风发,为我扫却天下热。"有学生引用了郭沫若《屈原》中的"雷电颂",说明文中作者对大雷雨的渴望;有学生结合生活经验说自己怎么也写不出这五个画面,一步步把闷热加码;有学生立刻回应,说作者如此写景是借景寄托,用象征的表现手法来表达对旧社会的极端憎恶。只有把闷热肮脏的一幅幅图景写得步步紧逼,把人压得透不过气,压到绝处,才会爆发出发自内心的呐喊,你没有这种体验,自然写不出来……

让学生有自主阅读的空间,让他们用自己的语言表达阅读理解所得,既交流,又互补互促,学习积极性高涨。尽管有的学生理解得不周全,但在表达自己阅读中的发现仍然十分得意,这种学习自信很可贵。要真正放手让学生在有限的课堂时间里进行言语实践,教师须破除求全求完美的思想障碍。教师总认为自己的教学设计是完整的、全面的,牵着学生走,才功德圆满。其实,求全、未必就是"全"。学习从来不是一次完成,带着一些不足、遗憾走在路上,语文能力、语文素养发展的空间总是向你微笑,向你招手。至于完美问题,学生对文章的阅读理解,表达自己的认识、主张总会有正误、深浅、雅俗的差别,参差本身也是美,理解与表达上的高高低低伴以教师适时、恰当的评价、指点、鼓励,有意无意地就形成人往高处走的气氛,促使学生内在学习动力的增强。

黄:其实,学生的言语实践天地十分广阔。语文与生活紧密结合,语言文字的运用可说是无处不在,语文教学能增添一点现场感,可能学生学起来更振奋。

于:要培养学生阅读能力,提升学生语文素养,学生必须阅读一定数量的古今中外各类佳作。既然是古今中外,当然不可能事事经历,但是有些文章的学习,完全可以突破固有思维,获得现场的效果。以教读《花儿为什么这样红》为例。这是贾祖璋写的科普读物,兼具科学性与文艺性,文章聚焦于花的色彩。我们校园绿草如茵,林木葱茏。春天百花盛开时,更是百般红紫斗芳菲,正是现场教学的好场所。于是,设计课型时,一节课学习文章的内容与结构,一节课言语实践,运用文中学得的科学知识说明多种多样的花呈现不同色彩的物质基础、物理原理、生理需要、进化、自然选择、人工选择。第二节课学生在校园里分组答问,随问随答。问者明确回答问题的角度,如从"物理原理"说明,还是从"生理需要"说明,答者须语言准确,条理清晰。回答不清楚的,翻阅课文重新组织语句讲述。说明事物要在"明"上下功夫。尽管学生第一节课的学习已把握说明的纲目、顺序、关键语言,但在现场见到色彩缤纷的花要精准介绍十分不易,知困,能自反自强。课后,学生在校园中行走,经常会冷不防地问同伴,指着身边的花朵问:为什么它们是紫色的,从物质基础来说明。学生就是那么可爱,入了心的东西常忆不忘,兴趣盎然。

课堂教学本就应该不拘一格。引领学生学语文核心部分物质基础"花青素"时,不能只在文字上鼓捣,从抽象到抽象,而是拿了几个试管和一些花瓣做实验。以花瓣揉碎放在酸液与碱液中颜色的变化,说明花青素起的作用。一名学生演示,其他学生注意力集中,瞬间明白了物质基础对花朵颜色的作用。文理是相通的,演示一下,学生对文字说明的理解要具体形象得多。

黄:看来教学手段的多样化对学习兴趣的激发、文本的理解也是很起作用的。

于：让学生有现场感不一定都要整堂课考虑，文中某些细节特别精彩，特别动人，也可创设情境，让学生有身临其境之感，从而对文字的妙用能有较深的感悟。如学生学《卖油翁》一文，学到卖油翁自钱孔沥油细节的描述，我出示了一枚铜钱，学生情不自禁"啊"了一声。不少学生未见过铜钱，不知钱孔之小，很为惊讶。要求学生圈出文中卖油翁一系列动作，再说明"沥"是怎样的情状。学生煞有兴趣，边圈边画出"取、置、覆、酌、沥"，边做手势，有的说，"沥"，是无数小点连成线的情状，油自钱孔入而钱不湿，堪称绝技，远远超过文中陈尧咨的善射十之八九。抓住文中关键词句课堂现场描摹一番，课的生动性就大大增添。学生对"沥"的释义比字典具体得多，他们真理解了。

采用此种方法一定要看教学对象的年龄层次，他们的喜好追求，力求恰如其分。采用的目的不是为兴趣而兴趣，而是经历读、说、听、写的言语实践，加深对文本的解读领悟。

重点加温，难易适度

黄：班级教学有个特点，不管教师设计怎样的教学活动，讲述哪些知识，组织什么训练，要获得百分之百学生的认同、欢欣，满怀热情地投入学习，很少见到。您教学是否也有这种情况？

于：当然有。一个班级四五十名学生，尽管年龄相同相近，但差别很大。知识基础、学习习惯、思维方式、兴趣爱好、性格特点很不一样，教学设计当然要既针对大多数，又要照顾到两头，照顾到特别有个性的。但即使这样做，要让所有学生兴奋起来主动学习，还是难以做到。因此，课外针对有些学生的学情实际，重点加温，不可或缺。

对语文学习缺乏求知欲望的原因多种多样。有的是家庭原因，家里贫困，我去家庭访问时，看到是家徒四壁，一本书都没有，长辈无文化的概念，也不知语文为何物，学生从小没有这方面的熏陶。学生本身无责任，更要多加关心，补上开蒙的短板。有的是认识问题，认为"学好数理化，走遍天下都不怕"，语文识几个字，写篇短文没什么道理。这些学生有学习积极性，只是认识上发生了偏差，纠正了，学习状况就会改观。学生要学好数理化无可非议,更不可责备,需要弥补的只是对学好语文的价值与意义缺少应有的认识。对他们空讲大道理无济于事,要适时适事地点出语言文字正确理解与运用的必要。尤其可结合数理化的定理、公式,说明一字之差、词序调换,就会差之毫厘,谬以千里。点点滴滴开导,学生就会逐步重视起来。有的是学习困难,学语言文字的过程伴随着批评、责骂、惩罚,因而,看到就害怕,就厌恶,毫无信心。这种要多具体帮助,多鼓励,树立学习的自信。有的是性格特点,内敛的,温吞水,碰到任何事情都波澜不惊。要改变一个人的性格谈何容易,更何况各种性格各有优点与不足。教师不可能要求这样的学生热情奔放地学,但只要感情上有所关注,思想上泛起涟漪,学语文的温度也就提高。有的是家庭突发事件让学生改变了原有的轨迹。凡此种种,不一而足。

我讲这些的意图是想说明:讲到课的质量总是会想到学生学习的主动性积极性,但破解难题时往往只考虑课上怎样怎样而忽略对"人"的深入了解与研究。教语文是教"人"学语文,因材施教方能取得实效。有时我们常埋怨学生学习语文漫不经心,其实,你批评他一百次漫不经心,还不如研究一番漫不经心形成的原因,并不断加温,指点他怎样"经心"起来。

黄:课上的表现与课前课后紧密相联。沉到学生世界当中,听其言,观其行,搭准他们学习语文的脉搏,不断加温,课上学习的积极分子就会逐步增多,旁观者、不动心者就会越来越少。看来了解学生,重点加温是点燃学生旺盛求知欲的必不可少的基础工作。

于:重点加温后学生的学习积极性有所调动,在课堂教学中一定要注意搭恰当的平台,让他们有机会展示,增强他们的学习自信力。为此,提问、能力训练等均要注意难易适度。例如有名男同学学习语文困难较多,但有学好的强烈愿望,上课时我常将他力所能及的问题请他解答。学《谁是最可爱的人》一文,教材有一练习很简单,要求在空格里填写反义词,所举一组词都是课文里的。我请他解答。一组中其他的几个反义词都解答了,唯独"骄傲"这个词他不解答。问他何故?他说:"'骄傲'在文中是自豪的意思,不是谦虚的反义词,题目出得不对,我不解答。"充满自信的话语让在座的同学惊愕了,他竟然也能这样分析,许多同学并未想到这一点,他真的大大进步了。我立刻加以表扬,特别赞扬他独立思考动脑筋辨别,不被教材中的练习框住。学生蕴含的潜力不可小视,碰到机会释放,常会超出常人想象。这种批判性思维的萌芽十分可贵。事后,我有机会碰到人民教育出版社编教材的同志,讲述了此事,他们听取了意见,将练习作了修改。

教练员训练运动员要善于发挥每个运动员的才能,语文训练也是如此。教师要认清学生的差异,使程度好的、中的、差的,思维敏捷的、较为迟钝的都开动脑筋,有所进步。对学习困难的同学要保护他们的点滴进步,对学有余力的要让他们有所追求,不费吹灰之力就能理解与回答的问题就会抑制他们的求知欲。为此,在设计课堂提问时应有难有易,有简单有复杂,高低兼顾。如教读《哥白尼》一文时,对哥白尼学说的重大作用设计了三个台阶式的问题启迪各类学生的思维,组织他们进行概括能力、表达能力的训练。先要求学生找出表现哥白尼学说对人类思想发生深刻影响的关键词语。学习困难的学生也能迅速找出,这就是"天翻地覆",接着要求学生改变词序而不变本意。"地覆天翻"、"翻天覆地",一般学生都能答上。然后要求学生说明怎样天翻地覆、"天动——地动",中等程度的能用完整的语句抓住要点回答。最后要求学生组句,用复句的形式运用这个关键词,说明哥白尼学说对人类思想发生怎样的深刻影响,这就有了一定的难度了。"哥白尼的学说不只是在科学史上引起空前的革命,而且对人类思想的影响也是极深刻的,深刻到把人类的意识天翻地覆地倒转过来"。设计阶梯式的问题,由简到繁,由易到难,程度差的同学不仅能当堂积极思考,而且由于给他们指出了攀登的路径,攀登的勇气也就激发起来了。

黄: 要设计这样台阶式的问题好像并不容易,您是怎样考虑的?

于: 当然不是每堂课都这样设计,这不过是一个例子,要根据文本特点选择最合适的方法。遵循的只有一个原则,就是让各个层面的学生都能在原有的基础上有所收获,有继续前进的动力。总而言之一句话,脑子里要有差异观念,千万不能标准化,一刀切。要点燃学生求知欲须尽心尽力,而且要有耐心,韧劲。有时不经意的一句话,不恰当的评价,就会挫伤积极性,挫伤自尊,故而不能大而化之,更不能任自己的好恶行事。

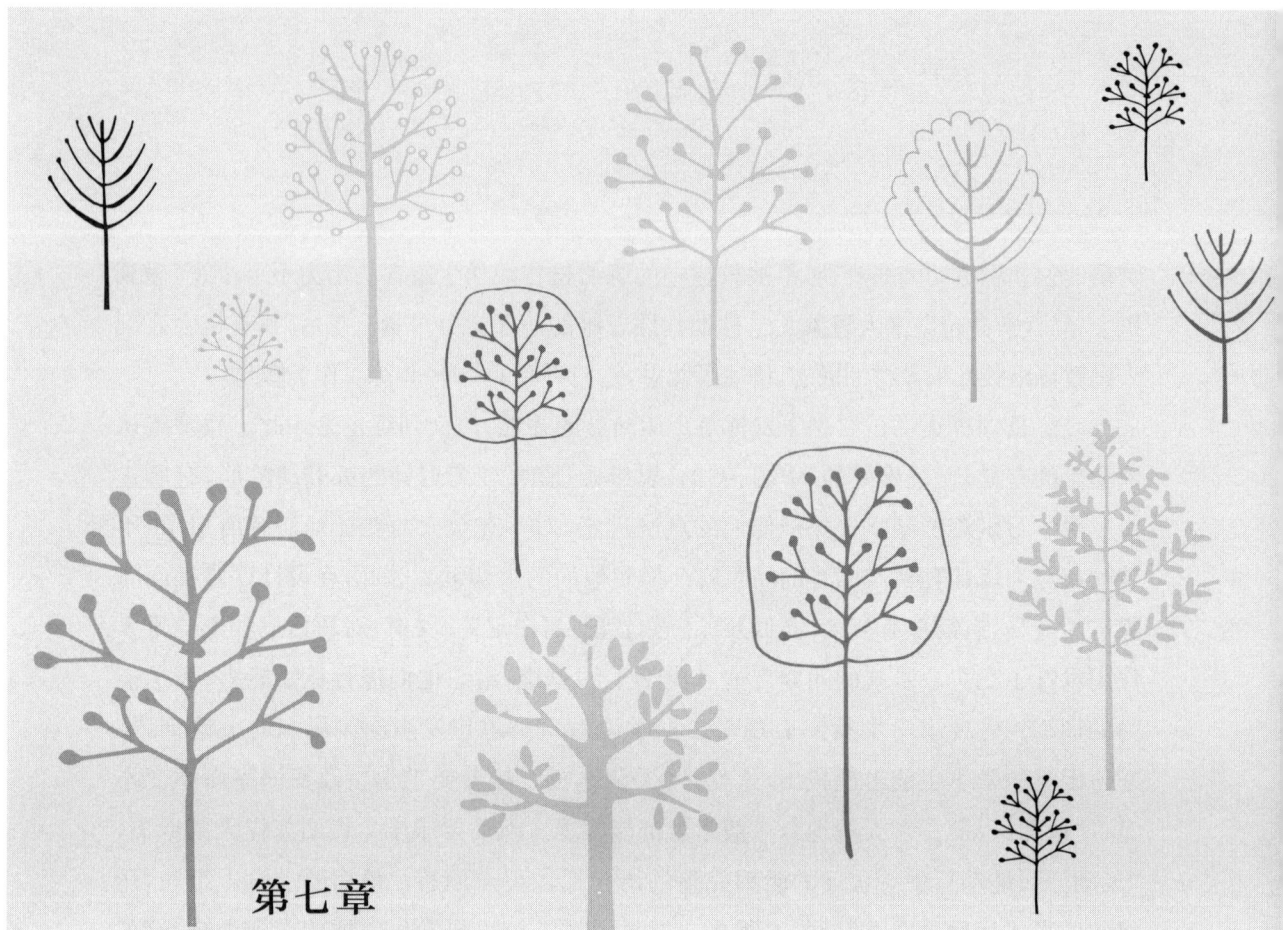

第七章
语言和思维融合发展

语言体现了民族的思维方式,语文教学时,也要有意识地培养学生发现、认识、理解民族的思维方式。

聆听
心语

　　思维,是认识的一种深化。在课堂中,会闪现灵感的光芒,会迸发思想的火花,或是在辨析中夹带理趣,或是在感受中无限徜徉,这些都离不开思维的支撑。

　　中山大学教授周海中认为:"语言是人类文化的载体和重要组成部分;每种语言都能表达出使用者所在民族的世界观、思维方式、社会特性以及文化、历史等,都是人类珍贵的无形遗产。"语言体现了民族的思维方式,语文教学在语言学习时,也要有意识地培养学生发现、认识、理解民族的思维方式。

　　学科的侧重不同,因此,许多人对语文教学在思维训练这一点上会产生两种误区,一种是认为语文更多地运用形象思维,与理科担负的抽象思维相比,更浅表,无须点拨

训练也能靠学生自己领悟；一种认为思维是对表象的操作性引起整合、改造乃至重构，创造新的事物表象和关系，尤其是创造性思维，属于高阶思维，对青少年来说太难，不知从何入手。从现象回归本质，思维在高潮部分是相通的，柏拉图说，思维是灵魂的自我谈话。语文教学对学生思维的训练应体现"综合性"，培养学生的"问题意识"，在听说读写训练中训练思维力，语言和思维双发展，双提升，于老师的认识与做法能给人以启迪。

开启思维门扉的钥匙

黄：前面所谈的点燃学生旺盛的求知欲问题，除了着力激发学生学习兴趣、学习热情之外，我发现您很注意引导学生积极动脑筋，活跃思维。求知欲旺盛的学生，不仅对外界事物充满好奇心，而且脑子里也充满了各种各样的问题寻求解答。据我了解，语文教学似乎不够重视语言和思维的关系，您是怎样认识的，在教学中又是怎样实践的？

于：你说的语言和思维是教学中必须认真研究的问题，可惜在教学中关注语言的很多，有意或无意地淡化了思维力的培养与发展。在教学实践中许多教例的正反经验给我以深刻启迪，使我体悟到思维发展的重要。早在 1984 年，我就发表了《语文教学应以语言和思维训练为核心》的文章，阐明思维训练和语言训练应放在同等重要的位置。思维是对外界事物概括的间接反映，思维是借助于语言来实现的。语言是思维的工具，没有语言的思维是不存在的；思维是语言的内容，没有思维就不可能有语言。学生要学好语言，提高语言运用能力，必须同时提高思维能力。

新世纪以来对语文学科教学中语言和思维的关系十分重视。2000 年 3 月正式颁布施行的新《全日制普通高级中学语文教学大纲》中指出："在语文教学中要重视学生思维方法的学习，思维品质和思维能力的发展，尤其要重视创造性思维的培养。"这在当今这个多元时代有着特别重要的意义。语文课程改革《普通高中语文课程标准（实验）》2003 版中"课程目标"的"思考·顿悟"部分指出"养成独立思考、质疑探究的习惯，增强思维的严密性、深刻性和批判性，乐于进行交流和思想碰撞，在相互切磋中，加深领悟，共同提高"。2011 年版《义务教育语文课程标准》在"总体目标与内容"的第 4 点指出："在发展语言能力的同时，发展思维能力，学习科学的思想方法，逐步养成实事求是、崇尚真知的科学态度。"近年修订的《高中语文课程标准》提出的语文核心素养，更是明确"思维发展与提升"的重要价值。语文核心素养作为语文素养的重要部分，包括语言建构与运用、思维发展与提升、审美鉴赏与创造、文化传承与理解。"语言建构与运用"是语文核心素养的基础，其他三方面不属于语文独有，但它们在语言建构中必不可少。摆脱思维、丢弃审美、无视文化将无法建构语言，故此三者伴随着语言建构而发展，结合在运用中发挥作用，渗透融合，难舍难分。

其中，语言与思维更是融合发展。思维发展内涵极其丰富，如直觉与灵感，联想与想象，实证与推理，批判与发现等。思维发展与语言发展关系密切，一是由语言的本质属性所决定的。"语言是思想的直接现实"，"语言和意识具有同样长久的历史；语言是一种实际的、既为别人存在并紧紧因此也为我自己存在的、现实的意识。语言也和意识一样，只是由于需要，由于和他人交往的迫切需要才产生的。"（《德意志意识形态》第34页）这是马克思和恩格斯所说。我体会，语言是人独有的，语言和意识同时产生，思想通过语言来表达，因而，"语言是思想的直接现实"。思想是思维的结晶，我们常说"语言是思维的外壳"就是这个道理。语言文字工具和其装置的思想、思维不可分割，它不可能凌空存在，这"外壳"与"内核"是不可分离的一个整体。翻译家傅雷曾说："再没有什么比我们的语言更能影响我们的思维方式了。"语言是思维的物质外壳，从来没有脱离语言的思维。思维的进行与表达过程，就是在大脑里组织语言的过程。二是学思结合的规律。早在两千多年前孔子就说过："学而不思则罔，思而不学则殆。"（《论语·为政》）光学习不思考会迷惘无知。学习困难的同学在思维方面往往有很大的弱点，比如，不管学什么课文都提不出问题。他们不是不想提，而是提不出问题，发现不了问题。不会思考大大阻碍了他们学习的步伐。由于不会思考，懒于思索，读，往往有口无心；看，浮光掠影；说，不得要领；写，内容干瘪，词不达意。因而，教师在教学实践中要想方设法让不会思考的学生爱思、会思，让爱思考的学生多思、深思。

黄：在现时代思维力的培养与发展尤为重要。面对全球化发展的趋势，面对社会发展极其复杂的情况，从小就要学会独立思考。早在上世纪90年代美国劳工部对美国教育现状和21世纪社会对人才素质需求经过调查与研究，提出21世纪就业人员应具备五大能力与三大基础。三大基础之一就是思维基础，即能进行创造性思维，有决策能力和解决问题的能力，有想象能力、学习能力和推理能力。这也助我们认识培养思维力的重要。从当今报刊刊载的一些国家培养学生核心素养来看，思维力的发展也总列于其中。

于：思维力的发展与提升也是时代的要求。随着科学技术的飞速进步和现代社会转型发展，思维能力的培养越来越受到重视，语文教学应跟上时代步伐。

教学过程应该是师生共同参加的一个统一的脑力劳动过程，教师的脑力劳动应当跟学生的脑力劳动相结合，而最终目的还是学生开展积极的脑力劳动。从这个意义上说，教师应该是学生脑力劳动的指导员。指导可方方面面，但最为重要的是引导学生掌握开启思维门扉的钥匙。什么是开启思维门扉的钥匙？我认为是"疑"。巴尔扎克曾说："打开一切科学的钥匙都毫无异议的是问号。"我们大部分的伟大发现都应当归功于"为什么"。学习也是如此。众所周知，学源于思，思源于疑；疑是思之始，学之端；小疑则小进，大疑则大进，无疑则不进。学习能否取得长进，能否获得理想效果，与学习者有疑无疑、疑小疑大密切相关。现代教育当然不能采用把知识嚼烂喂给学生的陈腐方法，也不能用"零售"的办法，把"散装"的字、词、句送给学生进行机械记忆。重要的在于学生独立思考，发现疑难，寻求解答的途径与方法。教学过程的安排实质上就是教师在语文课程标准指导下有目的有意识地使学生生疑、析疑、解疑，再生疑、再析疑、再解疑……在此循环往复、步步推进、不断深入的过程中，学生思考、辨别、分析、归纳、比较、判断，对学习内容的理解、掌握有自己独特的体验，而不是人云亦云，记诵现成的结论。

怎样才能激发学生生疑，发现问题？一是培养学生发现问题的能力与习惯。学生初步理解生疑在学习中的重要性后，就要培养他们生疑的能力。单元教学也好，单篇课文教学也好，课前一定要自学课文，独立阅读，提出问题。自学课文要做到三看一查一提问。三看就是看课文、看注释、看单元引导与课文后的教学建议或思考与练习；一查就是查阅字典、辞典工具书或有关资料；一提问就是提出自己阅读时不理解不清楚，有疑问的不能解答的问题。学生一开始不大会提问题，即使提，往往只在文章字词的表面；教师不断指导，就逐步进入篇章之中，把文章前前后后，段落与段落之间联系起来思考；学生提的问题稍有质量时，再拓开他们的思路，要求他们把课文与课外阅读的有关书报与自己的学习经验、生活经验联系起来思考。持之以恒地培养，学生对发现问题有了兴趣，独立钻研，不仅质量有提高，而且形成习惯，认为提不出问题是自己没能耐，要努力深究。比如，学契诃夫的《变色龙》，上课伊始，这些初中的学生一口气就提出了20多个值得探讨的问题。如：赫留金说了一句话，"不瞒您说，我的兄弟就在当宪兵……"为什么他有话没话地插上这一句呢？奥楚蔑洛夫为什么一会儿脱下大衣，一会儿又穿上大衣,是有意还是无意? 整篇文章没有一处提到变色龙,为什么要用变色龙做文章的标题呢? 文章注释里只说是蜥蜴的一种,皮肤的颜色随着物体的颜色而改变,字典还解释为比喻在政治上善于变化伪装的人,课文中明明是第二种意思,为什么编书的人不注释呢? 是不是编者故意留给我们学生思考? 事件明明是从人玩狗和狗咬人引起的,为什么只写狗咬人这部分,而人玩狗却一笔带过,等等。显然,阅读时脑子里已泛起涟漪,甚至掀起波澜,问题已不停留在词句的表面,材料剪裁,谋篇布局,乃至细节描写都设计了。学生问号装进脑子里是思维积极的表现,大大有助于阅读的深入。

黄: 形成习惯,有时不深入阅读,也会突然冒出问题。

于: 确实如此。教读议论文《民族的科学的大众的文化》时就冒出了想不到的问题。该文节选自《新民主主义论》的最后一节,以历史唯物主义观点阐明新民主主义文化的特点,指出新文化的发展方向,批判了各种错误倾向。总分结构,分层论述,十分清晰,便于高一学生理解掌握。谁知刚上课,一名学生就举手大声问:"科学的部分,要向马克思、恩格斯、列宁、斯大林学习,斯大林还要学习吗? 坑我们还要学习,怪!"全场愕然。这是直觉反应,当时中苏关系紧张,他心中有气。于是,说明该文创作的年代,说明随着事物的发展应持怎样的认识与态度,能提出问题是动脑筋的表现。语文难教也在于与社会生活、国内外形势紧密相连,教师必须认真学习,与时俱进。

黄: 课堂上启发学生积极思维非常重要。教课犹如写文章,如果平铺直叙,小河淌水,就会像催眠曲播放一样,学生昏昏欲睡。为此,要调动学生学习积极性,首先要让他们的思维兴奋起来,转动起来。

于: 这就是我第二点要讲的。课上,教师要抓住时机拧紧学生思维的发条,让他们动起来，转起来，发出声响，闪放光辉。有些课文，或课文中有些词句，学生阅读一晃而过，不觉得有问题，而这些地方往往容易发生差错，或是理解课文的关键所在。教师在看似无疑处设疑，促使学生思考。比如教《孔乙己》时，我故意设问："作品主人公姓甚名谁，请回答。"有的学生愣了一下，笑着回答："不知道姓和名字，绰号叫孔乙己。"这一"愣"很有好处，否则会误把绰号当姓名。不塞不流，不止不行，堵一堵，塞一塞，思考一下，理解就准确了。又如《二六七号牢房》节选自捷克反法西斯战士和杰出作家尤里乌斯·伏契克在狱中秘密写成的《绞刑架下的报告》。作者牺牲后几年，捷克获得解放，才由其妻子搜集整理出版，内容极其感人，被世界各国译成各种文字，版本多达 160 多种，产生了巨大的影响。学生阅读，文字上无甚困难，但由于他们的生活经历与文中书写的有很大的距离，难以体会。此处就要在学生无疑处设疑，激发学生认真推敲，深入阅读。文中有"挂在门口的号牌上的名字，从两个换成三个，又从三个换成两个，然后又是三个，两个，三个，两个，新囚犯来了又去了。只有从来就一直住在二六七号牢房的我们两个——'老爸爸'和我，……""可是怎样来描述呢？这是一件不容易的事。两个人，一间牢房，一年的生活。"这两段话学生阅读一晃而过，不解其中深意。要学生思考解答："为什么前一段话中相同的数量词要反复出现？字面的背后有怎样的潜台词？""后一段话是三个偏正词组，为什么用三个偏正词组组成这样一个特殊的句子？它想告诉读者什么？"学生目光停下来不再向下文扫视，而是反复阅读，咀嚼，推敲。经过思索，用语言表达自己理解时动了情，有的说"数量词的反复出现既揭示时间的流逝，更饱含复杂深沉的感情，有对离去的战友的怀念，有对牺牲者的哀悼，更充满了对德国法西斯残害革命者的愤怒与憎恨"；有的说"三个偏正短语的组合更是表达了千言万语表达不尽的思想感情。在短暂的时间，逼仄的空间里，共同的命运，地狱的风风雨雨，生死的朝朝暮暮，凝结了无限深厚的战斗友情"。思，才能透过文字栅栏将寓含的战友的深邃情意亮出照人的光彩；思，才能入心、动情，情感上受到感染。阅读要拓展学生思维的空间，从浅表走向深入，从碎片化走向链条化，有时就得引导学生发现矛盾，形成认知冲突。比如学聂华苓的《人，又少了一个》，文中骨瘦如柴的女人明明活着，还"回过头来，冷笑了一声"，还"漠然望了我一眼"，怎么说"又少了一个"呢？情理悖谬，形成矛盾，学生再翻阅课文思考，认识进入深层。人的尊严在灵魂，当灵魂的价值一步步消失，尊严丢失了，人就不成为人了，因而，"人，又少了一个"，其中寓含的深意，非积极思考，难以追寻到根源。

在无疑处设疑,在情理悖谬、情节突转,因果谬置等处引发学生思考,形成认知冲突,均能促发学生脑子转动起来,思维门扉打开。

抓语言训练,促思维发展

黄:语言和思维密不可分。当今培养学生语文核心素养重在语言的建构与运用,在构建与运用的过程中怎样促进思维的发展呢?

于:这里有个有意识与无意识的问题。其中至少有三层意思可思考。一是语言的建构与运用是语文核心素养的基础,但离开了思维、审美、文化的支撑,难以独立成行。缺少附着物,语言如何建构与运用? 二是语言训练和思维训练难解难分,有意识地抓训练,能促使语言和思维双发展;三是思维不仅有发展的任务,而且还须提升,学生在学习语言文字的同时,还须提升思维品质,养成思维的良好习惯。思维品质的提升对语言文字建构与运用能力的增强大有裨益。一个人语言文字理解与表达的能力与思维品质的高下息息相关。

思维的发展与提升,内容极其丰富,教师在教读各类体裁的课文时须从语言文字训练方面精心设计,让学生在听说读写训练中思维力获得有效培养。

从不同的角度,采用不同的标准,可以将思维划分成多种不同的类型,如形象思维、抽象思维、直觉思维、灵感思维、辩证思维、创造思维,等等。当今语文教学,我们一讲到思维,似乎就是抽象思维,逻辑思维,批判性思维,高阶思维,一个类型,相近的层面,局限于此,恐怕很不完善。学生不可能在某一学科的学习过程中只发展某一类型的思维能力,其他类型的思维能力就不发展。事实上,它的发展也是综合型的,相比较而言,不同学科对学生思维能力的影响不尽相同。对高中阶段学生学习语文而言,理性思维确实应是培养的重点,但不能忘却语文教学还有它的个性特点。在语文教学中,对学生产生教化作用的是相当数量的文学作品,它们包含着大量的形象思维表达的艺术形式,具有鲜明的形象性、具体性、生动性的特点。语文文本内容的特点如诗词、小说、散文、戏剧等决定了语文教学与形象思维之间有一种天然的独特的联系,因而,语文教学中语言训练当然也要指向形象思维的发展。再说,语文教学也要求学生从个别的特殊的事例的感受中抽象出共性,从纷乱的形象中提炼出对生活本质的认识,这又是抽象思维。李泽厚曾经说过:"思维,不管是形象思维或逻辑思维,都是认识的一种深化,是人的认识的理性阶段。人通过认识的理性阶段才达到事物的本质的把握。形象思维的高潮,在实质上与逻辑思维相同,也是从现象到本质、从感性到理性的一种认识过程。但这过程又有与逻辑思维不同的本身独有的一些规律和特点。这就是在整个过程中思维永远不离开感性的活动与想象。在这过程中,形象的想象是愈具体、愈生动、愈个性化。因此,形象思维是个性化与本质化的同时进行。"(转引自赵光武《思维科学研究》中国人民大学出版社 1999 年版)

举鲁迅的《一件小事》中一个段落为例。文中说:"我这时突然感到一种异样的感觉,觉得他满身灰尘的后影,刹时高大了,而且愈走愈大,须仰视才见。而且他对于我,渐渐又几乎成为一种威压,甚而至于要榨出皮袍下面藏着的'小'来。"为了让学生开动脑筋,理解一反观察事物常规的视觉形象描写所寓含的深意,要求学生想象人力车夫的形象,并把"愈走愈大,须仰视才行"换成比喻句,以描绘车夫的高大形象。与此同时,要求学生进行换词训练,把"榨"换成更合适的词。学生反复阅读,积极思考。按观察常规,被观察者总是近大远小,这一反常规的意图何在呢?"大"到什么程度呢?学生连续打比方:高山、青松、巨人、高山上的青松……立即又否定,不行,不行,无一比喻合适。此处用比喻,反而把车夫的形象束缚住,限制住了,显不出他精神的光华。而"愈走愈大,须仰视才见",运用了连续转动的特写镜头,留给读者丰富的想象余地,感染力极强,比以某种具体形象为喻,语言的表现力强得多。学生理解了这一点,直觉反应是"榨"用得很传神,换成"压"、"挤"均不如它的分量,因为视觉形象形成威压,力度很大,震撼了"我"的心,"榨"出了皮袍下面藏着的"小"来。"榨",音调沉重,深刻表达了车夫高尚灵魂映照下"我"自惭形秽的觉醒。如此刻画,"异样感觉"无需絮叨均能理解。从语言训练入手开展想象,发展形象思维;从形象的想象具体、生动、个性化进入形象刻画本质的思考,学生的理性思维也获得了培养。

黄:从您举的例子来看,即使是低年级的学生,只要语言训练设计得恰当,学生的感性思维、理性思维均可得到锻炼和发展,对文本遣词造句及寓意的理解都深入了一步。

于:刚才只是举了一个简单的例子,其实在教学中经常可以根据文本的特点与教学的目的要求,把形象思维与抽象思维融合起来训练、培养。比如,教读都德的《最后一课》接近尾声时作了如下的安排:

生 1:(朗读)"⋯⋯啊! 这是最后一课,我真永远忘不了!"

(录音机里传出"铛、铛⋯⋯"12 响——根据课文内容的描述设计。响声沉重、遥远,学生惊诧。)

师:(出示韩麦尔先生写完"法兰西万岁"后的彩色图片),要求学生:

1. 图文对照,仔细观察,仔细阅读文本结尾部分;

2. 在理解的基础上用饱含感情的语言描述课堂上庄严肃穆的场景;

3. 描述韩麦尔的神情、语言、动作,以及他内心的痛楚和期望;

4. 描述此时此刻小弗朗士的心情和感受;

5. 说明这个场景在文中的地位和作用。

生 2:这是一个令人心碎的场景,确实,令人心碎。

生 3:教学的钟声、祝福的钟声、普鲁士士兵的号声,是驱赶韩麦尔出课堂、出学校的最后信号,所以他难过到极点,脸色惨白。

生 4:他心里乱极了,他要和同学们作最后的告别,但痛苦使他的喉咙哽住,不能用语言表达。"我的朋友们啊",这样称呼,说明他对同学、对镇上的人爱极了,留恋极了。

生 5:他只向学生做了一个手势,什么话也不说。其实,坐在教室里的人心里都明白,韩麦尔被迫离开学校,离开家乡,他痛苦极了。我觉得这里是"此时无声胜有声"。

生 6:写"法兰西万岁"两个大字的情景激动人心。这两个大字是韩麦尔使出全部力量写的,他把丧失故土的痛楚,对侵略者的仇恨,对自己祖国的热爱,对收复失地的向往和信念,都凝聚在里面。

生 7:韩麦尔的神情、写的字使小弗朗士更加震撼了,他一下子长大了。他从来没这样敬仰他的老师,老师对祖国故土一往情深的热爱使他感动不已。

生 8:这个场景是文章的高潮,我要是小弗朗士,这一课我永远忘不了。

生 9：我不是小弗朗士，我也忘不了。

……

我为什么设计这样的语言训练？学生经过阅读梳理，人物言行推敲，朗读到"……啊！这是最后一课，我真永远忘不了"时，会误判文章主要部分已结束，后面只是尾声，思想、情绪松懈下来。为此，我根据课文的描述，播放 12 响钟声的录音，以激起学生继续聚精会神学习的求知欲望。出示韩麦尔先生在黑板上写完"法兰西万岁"后的彩色照片，要求学生图文对照阅读思考，回答问题，源于学生对全文情节及某些细节刻画已有所理解有所感悟，无须再喋喋不休地分析。四个问题的解答，有的训练抽象思维，概括能力；有的是训练形象思维，描述能力；有的是训练直觉思维，独特理解；有的是训练思维的严密性，准确表达等。学生解答，交流，语言表达的选择反映了他们思维的积极主动，发展提升。比如"令人心碎"比"令人感动"之类思维要深刻得多；"我的朋友们啊"，这异乎寻常的称呼，学生直觉反应，有自己的理解；对黑板上两个大字书写的寓含，学生归纳思维受到训练；"更加震撼"的"更加"用词准确，反映思维的严密，因这个场景前，小弗朗士内心已不断被震撼；"这个场景是文章的高潮"，是学生文章整体掌握后的推理判断，无须教师赘言。

黄：看来语言训练与思维训练真是密不可分，关键在有意识与无意识，有意识地进行训练，学生确实能双发展。有时我们往往只注意显性的、浅表的，语言素养提升不够理想也就不足为怪了。

于：课堂教学相当程度是即兴创作，并不是课前设计处处都想得很周到。学生全神贯注学习，会生成不少新的教育资源，教师要抓住良机，因势利导，让学生在探讨中获得求知的满足。因为在人的心灵深处，都有一种根深蒂固的需要，这就是希望自己是一个发现者、研究者、探索者。中学生尤其如此，他们正处于好奇心、求知欲最旺盛的时候，大脑不能只作为装知识的器皿，而是思维、求知的宝库，"心之官则思"，教师要努力满足他们发现、探索的愿望。

比如高二年级贾谊的《过秦论》是开史论之先河的一篇文章，鲁迅在《汉文史学纲要》中高度评价其为"西汉鸿文"、"沾溉后人,甚泽甚远"。学生接触史论的文章很少,学得认真。且不说文言词句的解惑与诸多史实的梳理,有两个问题就引起了热烈的争论,这是始料未及的。在讨论文中结论时,有学生提出:"'仁义不施,攻守之势异也',是秦二世灭亡的原因,我弄不明白是一个原因还是两个原因,是由于'仁义不施'形成了'攻守之势异也'一个原因,还是两个原因并存? 作者贾谊究竟要规劝汉文帝什么?"另一学生提出:"我也不明白,既然是论述的结论,那中心论点是什么,怎么推导出来的? 用了那么多的排比句,那么多组的盛衰情况的对比,是不是议论文啊?"学生在阅读文本时对语言的表达质疑,反映了他们在分析、综合、推理、判断方面作过一些思考,提出的问题比较有质量。我立即表扬,并就势引导他们认识这篇论述秦的过失的劝诫文章具有"以史带论"的特点,痛陈秦的过失的目的在规劝汉文帝吸取历史教训。而痛述秦的过失时基本上用了"赋"的形式大量铺陈,以形成气势,用今日的话来说,是作者选择了一种规劝策略,很难用一把严密的逻辑推理的尺子来衡量。对前一个问题首先让学生分析判断"仁义不施"与"攻守之势异也"是不是因果关系,"异"联系全文怎样介绍比较合理。学生各执一词,相持不下。此时,教师补充说明,指导读书如能掌握全貌,理解就可能合乎作者原意。课文是节选自《过秦论》上、中、下三篇中的上篇。《过秦论》中有这样一段话:"夫兼并者,高诈力(指权术和暴力);安定者,贵顺权(指顺应民心);此言取与守不同术(方法、手段)也。秦离(并吞)战国而王天下,其道不易(变),其政不改,是其所以取之守之者无异也。孤独(集权于皇帝一人)而有之(占有天下),故其亡可立而待也。"很显然,贾谊认为夺取天下(攻),可依靠权术和暴力,巩固政权(守),则必须施行仁义。秦统一后,不懂得攻守的形势不同,仍然依靠暴力,不行仁义,故而迅速覆亡。强调的是认清形势,顺时而治,巩固政权,作因果关系复句理解似欠妥。这个问题可存疑,有兴趣的课外可阅读通史,查证有些史实。鲁迅在高度评价这篇史论的同时也遗憾地指出该文"沉实则稍逊"。"沉实"指在铺陈战国史实时语有舛误。青少年接触先秦历史的具体史实很少,故提不出问题。如:山东九国,"尝以十倍之地,百万之师,叩关而攻秦"。据《史记》、《战国策》记载,战国时期,从未有"九国"合纵攻秦之举。引鲁迅指瑕之词,目的在进一步激发学生求知欲,懂得求学读书要踏踏实实,不能浮光掠影,大而化之。

黄：您刚才说的例子是引导学生从语文的推敲进入思维的纵深发展，其实训练的方式多种多样，比如思维的敏捷性、求异思维等均很重要。

于：对。学习困难的同学在思维方面比较疏懒，因为疏懒而反应迟钝。教师有责任在课堂教学中特别注意发展他们的思维能力。我常根据教学要求采用"面上开花"的方式进行思维敏捷性的训练，人人参与，"强迫"懒于思考的学生进行，把他们"从智力的惰性里挽救出来"，逐步养成爱思、会思的习惯。这种训练气氛似乎有点紧张，但紧张会使人的智力的潜力得到意外发挥。心理学研究表明：几乎所有的人在智力方面都有潜力，而这种不自知的潜力在困难或紧张的场合才会得到超常发挥。"急中生智"也就是这个道理。比如教学朱自清的《春》，开门见山要求学生用一个成语或一个诗句来描绘或赞美春天，不可重复。学生紧张思维，一个接一个发言，不可有间隙，两三分钟，几十个绘春、赞春的妙语佳句就从学生口中吐露而出，形成了春到人间、万紫千红的浓郁氛围，有的脸都涨红了，但很得意，很有成就感。

我们的语文教学经常做的是求同思维的事，强调统一答案，思维习惯形成定势，这在一定程度上束缚人的思想，抑制乃至扼杀人的创造性。因此，教学中进行求异思维的训练也十分必要。进行语言训练时，鼓励学生多角度多方向思考，寻求多种正确解答，可以逆向思维，推测、假想、联想、想象，推出结论。一般来说，学生对教材持信奉态度，很难有疑义，为打破这种习惯性思维的束缚，教师根据文本具体情况可引导学生品头论足，获得真知。如著名历史学家吴晗写的《谈骨气》是初一年级学生学习议论文的起步，文章举事例从纵、横两条线阐明什么是骨气，中国人应有怎样的骨气。上课伊始，我简介作者与文章主要内容，说明自己有个句子怎么也没有读懂，请同学帮助解惑。学生大有兴趣，立即阅读，思维迅速的同学争着发言：是不是"什么叫骨气，指的是抱有正确、坚定的主张，始终如一地勇敢地为当时的进步事业服务，遭遇任何苦难，都压不扁、折不弯，碰上狂风巨浪，能够顶得住、吓不倒、坚持斗争的人"这一句？询问其原因，他说："骨气"怎么是"人"呢？这一发现让大家感到特别兴奋，原来教材中也可能有病句，应该修改。跳出习惯思维的框框，又是一番天地。后来，教材中这一句作了修改。

营造畅所欲言的和谐氛围

黄：疑是思之始，学之端，学生阅读课文生疑、质疑后，对疑难问题还要辨析，寻求解答，这就有了环境氛围的问题。据我了解，有的学生很喜欢提问题，但不知是何缘故，这种积极性消退了，上课不仅不吭声，而且漫不经心。

于：这种状况确实有，原因也比较复杂。比如高中二、三年级同学提问题的情况与初中学生就有区别。他们已步入青年时代，开始走向成熟，不经思考不会贸然提问题，要提，力求要有分量，要新奇，令同伴为之一振。这种想法本没有什么不好，但过分了，太追求完美，就把自己箍住了，久而久之，不质疑就成为习惯。故而，要教育引导。

你说的思维从发现问题开始，但要不断深入进行，却有赖于分析问题、解决问题的逐步展开，因而，课堂教学中要注意设置辨疑、析疑的良好氛围，引导与鼓励学生谈看法，摆见解，分析，比较，判断推理，遵循学思结合的规律求知，获得知、情、意的提升。创设辨疑、析疑的良好环境在公开课、研究课等少数课中做到不是很难，学生懂事，容易做到。难在常态化，堂堂课学生脑子里都有问题涌动，都有求知追求，每堂课都是生意盎然，生命涌动。也只有如此，学生学习语文才会真有兴趣，真有获得感与满足感，语文能力、语文素养才会扎扎实实提高。

营造课堂教学辨疑、析疑畅所欲言的和谐氛围，对教师而言，有几点须掌握。一是保护意识，特别是年级低的学生，即使提的问题比较幼稚，也不能随意否定。高年级有时提的问题也是只知其一、不知其二的反映。不管是怎样的情况，都要保护求知质疑的积极性。不是做在形式上，而是发自内心对他们的爱护。二是包容意识。要大度，倾听各种各样的意见。学生析疑限于科学文化底子与生活经验的不足，有这样那样的不足、缺陷，乃至错误，是求学过程中的常态，千万不能责备或粗暴打断他们的表达，挫伤他们的自尊心。包容来之于尊重，每个积极学习的学生都是可贵的，应该尊重的。三是赞赏意识。学生全神贯注投入学习，发表意见时常有惊人之笔，闪现智慧的光芒，教师要及时捕捉，点评，赞赏，让智慧的火苗在全班点燃，惠及同窗伙伴，获得水涨船高的效果。四是等待意识。课堂教学有个怪现象，就是"课时紧，赶进度"，就怕学生发表意见占了时间，因而打断发言，终止讨论比比皆是。且不说课堂教学应是学生在教师指导下进行言语实践的场所，单是教学内容的取舍剪裁恐怕都值得研究。因而，教师要树立等待意识，切不可越俎代庖。学生之间特别要营造"独学而无友，则孤陋而寡闻"（《礼记·学记》）的气氛，互相尊重，互相学习，和谐发展。

举例来说，学《宇宙里有些什么》说明文时，一名男学生突然提出一个问题："'这条天河淹没了一千万万颗以上的星星'。一千万万颗是多少啊?"不少学生笑起来，有的大声说："'亿'都不知道!"这名小男孩低下了头。我立即说："这个问题问得好啊，我们很容易忽视，眼睛一扫而过。一千万万就是一千亿，为什么用'万万'不用'亿'呢?'万万'是叠词，有气势，读起来响亮。我们一起把'(恒星)表面温度至少有摄氏三千度;有的可以装得下八十万万个太阳;这条天河淹没了一千万万颗以上的星星;太阳系每秒钟要走二百五十公里'这句读一读，再把'万万'换成'亿'读一读，是什么感觉。"齐读以后，不少学生嚷开了："不一样，'万万'给人的感觉就是很多很多，八十万万个太阳，一千万万颗以上的星星，比用'亿'生动、形象。"我立即肯定："看来，我们体验一下，还得感谢×××同学了。大家为他鼓掌。"他抬起头笑了。初一学生年龄小，问题幼稚不奇怪。其实，一万万是一亿他不会不知道，只是读到那么大数字时未经思考，问题就脱口而出。课堂上出现突发情况，教师须用心保护弱者。

黄：您这样处理真是"即兴创作"，乍看，是教育智慧，实质是您对学生浓浓的爱，保护，呵护，不让他受丝毫伤害，当然也保护了他质疑的积极性。爱，还得讲究艺术。

于：教学过程中，教师和学生本就应该心贴心，教师多一点理解，多一点鼓励，多一点支持，辨疑、析疑的气氛就有了温度，学生也就敢于畅所欲言。质疑有质量，也同样如此。比如：学《藤野先生》时，有同学问："文章劈头一句'东京也无非这样'，'也'是关联词，前面没有句子，关联什么呢?"这个不易发现的发现被他发现了，我肯定他阅读的细致，并运用学过的语法知识来推断。学生剖析的积极性很高，有的认为：这正是绝妙的地方。作者身处的大清帝国，政治腐败，官府乌烟瘴气，民不聊生，实在痛心疾首，东渡日本留学，为的是寻求救国救民的真理，没想到东京的清国留学生也是如此腐败，"也"用得好，有的学生认为："也"好在前面有许多潜台词，如果把国内情景写出来，岂不累赘？此时我突然想到苏霍姆林斯基在《给教师的建议》中一段有趣的话："学生不仅从我手里接过知识的砖头，不仅考虑把它们垒到哪里去，而且还仔细地端详这究竟是些什么样的砖头，它们是不是用那种构筑一座坚固的楼房所必需的材料制成的。"学生拿到了"也"这块砖头，而且知道放在哪儿，起什么作用，教师原先并未考虑。学生能独立思考，我当然点赞，赞得他们心里热乎乎的。

　　高中学生比较注意把问题前后联系起来思考，问难较有质量，非三言两语能解答。教师既要肯定质疑的质量，又要引导深入剖析，还须指出解疑路径。学习契诃夫的《装在套子里的人》，学生被别里科夫这个可悲、可笑、可恶、可憎的形象所吸引，提出：小说刻画人物先从衣、住、行、待人接物、精神状态、语言习惯、社会影响等方面做一般性描述，然后把他放到"爱情"这件事中作具体描绘。显然，二者并不并列，前一部分是概括介绍，后一部分是具体刻画，以印证前面的介绍。但仔细推敲，又觉得不对劲。别里科夫逢事必讲："千万别闹出什么乱子。"事情大到差点要与柯瓦连科的姐姐华连卡结婚，倒反而没有一句这样的话，似乎不合情理。再说，柯瓦连科，华连卡那么活泼、好动，但是骑自行车就够吓死别里科夫了，他怎么不怕"闹出什么乱子"来呢？学生思考到这一点，我在肯定这个看法的同时，趁势拓开，说："课文是节选的，只有原作一半篇幅。该小说原是以中学教师布尔金跟兽医伊凡·伊凡内奇讲故事的形式来介绍别里科夫的。现在请大家就结婚这个问题想一想，别里科夫会有怎样的心理活动，根据文中语言描写、心理描写的基调，开展想象，有声有色地加以补充。"学生积极思考，热情叙说，接着我把删节的有关部分请一名学生朗读一下，当读到"不成，婚姻是终身大事，应当先估量一下马上要承担的义务和责任，……免得以后出什么乱子"时，不少学生笑出了声，得意地认为自己的补充描述全对上了号。与此同时，又让学生知道高中课文有节选情况，节选部分有时与全文的主旨、重点不尽相同，有兴趣的话可追根寻底一番，找全文读一读，会有新的发现、新的感悟。对学生的看法、见解不是为赞赏而赞赏，重要的是引领他们阅读往纵深发展，爱思、会思、深思，保持旺盛的求知欲。

黄：我觉得您讲的等待意识很重要。课堂里常会发生煞风景的情况：学生讲述问题比较啰嗦或不得要领，教师立刻制止，或请别的同学讲。教师也许不以为意，但原本发言的同学受到伤害，以后不大会主动发言。

于：这种状况的发生多半是由于教师赶教学进度，认为讲不清楚还不如不讲。其实，学生在求知过程中，对问题的分析、归纳、推理、判断说不清楚、说不周全不足为怪。学习是艰苦的脑力劳动，要在极短的时间里组织恰当的语言把自己的理解、认识表达出来不是一件容易的事，它涉及到思维品质，如敏捷、严密，形式逻辑与辩证思维的把握，涉及到语言的理解与准确表达，更涉及到对讨论内容的知识积淀和理解高度。故而，教师要有耐心，要真心诚意地倾听，参与讨论，适时适度有针对性的提醒、指导。更何况同学之间精神振奋地发表不同意见时，能敞开心扉，畅所欲言，出现心智交流是很可贵的。比如教《藤野先生》，由于学生提出的问题多，又对"思考和联系"中的题目有异议，并展开争论，于是延长一课时，倾听学生发言。教后，我曾作了记录，现摘其中部分说一说。

"这次教《藤野先生》，好几个同学问了这样的问题：文章既然是写藤野先生，为什么好多笔墨不是写他？前几节文字好像与藤野先生联系不起来，似乎不搭界，是不是废笔？文章到底是写鲁迅自己还是写藤野先生，简直弄不清楚。学生质疑突破词句的局限，进入选材，谋篇的探索，思考问题能力加强。

原打算该课文两课时授完。课堂上小周同学提出关于'日暮里'的问题，引起了争论，临时改变计划放手开展讨论，延长一课时。小周认为'思考和练习'的第二个题目有欠妥之处：'为什么一直记得日暮里、水户两个地点，后者可理解，表露了鲁迅强烈的爱国主义思想情感，而前者难以理解，拉扯不到爱国主义思想情感上。'有同学认为文中的话不一定每个句子都会包含什么意思，法国大作家雨果就曾这样说过；有同学表示异议，认为长篇小说尚可这样说，短篇小说、篇幅短的散文，如是好文章，就不应如此。小章说：鲁迅先生自己说'不知怎地，我到现在还记得这名目'，没有什么理由，不应该外加。此时，小曾用期待的眼光看着我，我立刻请他发言。他说：'日暮'象征着国家的衰败。鲁迅东渡日本为的是寻求救国救民的道理，可是到了东京看到清国留学生如此醉生梦死，感到前途茫茫然。旅途中一看'日暮里'这个地名，触景生情，故而记得。因此，记得这个地名同样是表露鲁迅先生爱国主义的感情。他一口气讲得那么流畅，同学用带着惊异的眼光看着他，我也有些愕然。这个不轻易发言、说话常噎在喉咙里的高个子男同学不是不会发言，不是不会响亮地发表意见，只要真正拨动他的心弦，心中的话就会顺畅地流淌。我对他的了解深了一层，为他口头表达的进步而高兴。

　　抓住这个有争议的问题，就势对做学问的方法进行了指导。向学生指出：考证事物应注意本证，不能牵强附会。鲁迅先生说'不知怎地'是最可靠的证明。推论要有根据，不能建筑在臆断的基础上。'不知怎地'，字面上理解为不知什么缘故，是否寓含深意，同学们可再思考。"

　　……

黄：同学之间互相启发，热情高涨，气氛和谐，使不喜从众的学生也受到了感染，心弦被拨动，故而也能弹奏出美妙的乐章。从这儿也可看出教师的态度也很起作用。

于：和谐氛围的营造与教师本身的态度与素养也密切相关。教师并非在所有方面都超过学生，学生在探讨问题时有的会超水平发挥，令人刮目相看，故而在求知过程中，教师与学生应平起平坐，虚心好学，更要有自以为非的勇气，服从真理。举例来说：

　　一天教学契诃夫的《变色龙》，我设计了一个板书，将奥楚蔑洛夫善变的现象以波浪形的线条来显示，边讲边绘，最后以一条直线横贯波浪，揭示其不变的谄上压下的本质。画到最后一个波峰时，突然一名女同学站起来大声说："错了，错了！"我还没有反应过来，不知道错在哪儿。当时听课的有一百几十位来自全国各地的老师，我随即老老实实对同学说："我还不知道错在哪儿，请上来对大家讲。"这位同学上讲台讲述波峰波谷等距离不能准确表达主人公的内心活动，应该是距离不等，不规则，频率越来越快，当主人公知道咬人的狗是将军哥哥家的时候，巴结奉承的心情达到高峰，曲线应该把这种心情表示出来，她讲得头头是道。我当堂致谢，并请同学上讲台修改板书，用红色粉笔修改白色粉笔的画线,学生那个兴奋劲儿难以言表。修改到大家满意后,我对同学说:"为什么线条会画得不准确呢?我的思维在习惯性的轨道上运行得多了,只想到主人公多变的现象与不变的本质之间的关系,故用一条横线来贯通。我自己却忽视了多变的现象本身也是在变化的。我是单向思维,指出板书错误的同学是多向思维,从这一点说,她是我的老师,我感谢她。"教师坦诚谦虚,师生平等相处,学生发表意见就毫无顾忌,课堂气氛就会和谐宽松,温情脉脉。此种气氛的形成非一朝一夕,一时一事,而是长期孕育的结果,孕育得如何,关键在教师的素养与追求。

鼓励独特看法与创新精神

黄:当代的语文教学显然不能只在记忆力上着力,不能把思维方面应有的负担与锻炼转嫁到记忆上来,因为这不符合时代对人才培养的要求。然而,思维与语言训练也不能人云亦云,追求热闹,而要在阅读体会、思维质量与语言表达方面真正获得锻炼,有学习个性的特点。

于:你说得对。浅表的讨论不可能替代个体阅读的深思熟虑,看似课堂气氛不错,实质浪费时间。思想的碰撞,心智的交流,一定建筑在个体自主学习、独立思考,确有心得的基础上。学生思考问题通常有自己的习惯性思路,怎样由感性认识上升到理性认识,怎样根据种种事实下判断,怎样进行分析、进行归纳。有时由于某些因素的触发,会突破习惯性思维的羁绊,闪发出创造性的火花。教师无论如何不能以自己思考问题的范围给学生"画地为牢",叫学生"就范",要鼓励他们的独特看法,培养他们的创造精神。

例如学茅盾的《白杨礼赞》,课伊始,一名女学生举手提问:"茅盾先生把白杨树写得怎么美怎么美,实际上白杨树并不美。白杨树是不成材的,而楠木是贵重木材,为什么作者贬楠木,说白杨树怎么美怎么好,我是学生,人微言轻,说了也无用。屠格涅夫是大田园作家,他的《猎人笔记》中也写了白杨树,也不美。(说着,就从课桌里拿出该书)请问老师,作者是不是言过其实了?"是来和老师"较量"的。我立即肯定她课外阅读好,并能用课外阅读所得印证她的观点。我请她翻开该书,阅读相关语句:"白杨树叶子硬得像金属,枝条也不美,只有夕阳西下的时候给人以一点美感……"她的独特看法引起了争论,我指出:这篇散文是用象征手法写的,在文学家笔下,常常"物"随"情"移,认真阅读后会理解。话音刚落,又引出了不少问题,其中有个男同学说:"这一点我能理解,但有个句子看不懂。'如果美是专指婆娑或旁逸斜出之类而言,那么,白杨树算不得树中的好女子,但是它伟岸,正直,质朴,严肃,也不缺乏温和,更不用提它的坚强不屈与挺拔,它是树中的伟丈夫。'根据我的生活经验,温和的人使人容易接近,严肃的人使人敬而远之,在一个形象身上又温和又严肃,我实在想象不出是什么样子,是不是茅盾先生疏忽,用词用矛盾了?"学生十分可爱,摆出一副生活经验丰富、满腹经纶的样子,我表扬他读书很仔细,问题问得好,请同学辨析、解答。学生七嘴八舌,思维活跃,最后我才引述了《论语·述而》中的"子何人也? 子温而厉,威而不猛,恭而安"来作结。课前这些问题我均未想到,学生思维活跃,表达积极,已形成常态,哪怕有几百人听课,有些同学仍敢于发表自己的看法。例如学阿累的《一面》,以复习旧知,导入新课。让学生背诵臧克家的《有的人》:"有的人活着,他已经死了;有的人死了,他还活着……"引入几十年前一个年青的穷工人写的怀念鲁迅先生的文章。正当大家对文中的人物描写形神兼备深入探讨时,一名同学突然站起来说:"作者说鲁迅是他的同志、朋友、父亲和师傅,鲁迅也不是什么都对的,比如他对李四光的看法,对梅兰芳的看法,就不对、不正确,有时比较苛刻。"立刻有同学认为对鲁迅这样伟大的人物不能不敬重,发言不可"狂妄"、"自高自大"。我肯定了那位同学能坦率发表自己的看法,课外重视阅读,能了解一些史实,但更在思想方法上进行指导,要大家学习用历史唯物主义方法认识问题、分析问题,懂得任何人对一些问题的认识有历史局限不足为怪。提问题的同学也终于频频点头。

黄:初中生对问题的一些具有个性特点的看法,我觉得还是直觉思维、感性思维比较多,真正的理性思考、抽象思维似乎还比较少见。高中学生情况是否有些不同?

于：你说的情况是存在的，初中生由于学科知识、文化基础、生活经验等均不够丰富，处于不断积累的状态中。但不能因为他们底蕴不厚就不进行语言和思维训练，更何况感性思维、直觉思维在使用中会不断提升，进入理性思考，抽象思维能力也会获得锻炼。

一般来说，高中生提出自己的见解，总是经过一番斟酌、判断，推理总有论据的支撑。例如学《孔雀东南飞》这首我国古代少有的五言长篇叙事诗，学生阅读时，常被诗中人物的悲欢离合所感动，对这曲爱情悲剧绝唱有诸多感慨。但在探讨酿成悲剧原因时，看法很不一致。约定俗成的看法，也是绝大多数学生的看法是：酿成刘兰芝、焦仲卿爱情悲剧的根本原因是封建社会家族制度。

有的学生认为这种说法不仅笼统，而且标签化。他认为悲剧的造成是由于焦仲卿母亲的"恋子情结"。理由是刘兰芝太完美了，博得焦仲卿爱情与欢心。她美丽，"腰若流纨素，耳著明月珰。指如削葱根，口如含朱丹。纤纤作细步，精妙世无双"；她勤劳能干，"鸡鸣入机织，夜夜不得息"、"三日断五匹"；她没有违背做媳妇的家规，"奉事循公姥，进止敢自专？昼夜勤作息，伶俜萦苦辛"，尊重婆婆，服侍婆婆，而这位婆婆蛮不讲理，横加指责，以至被休，被遣归。这是因为焦母觉得自己辛苦带大的儿子被别人夺走了。焦母早年丧夫，对儿子的母爱逐渐发展成为一种自私的精神占有，这种情感是"无意识"的，尽管为了延续焦家香火，为儿子娶了媳妇，但看到儿子对这个无可挑剔的媳妇情有所专，她情感上受不了，这就是她要休刘兰芝的潜在原因。奥地利心理学家弗洛伊德在精神分析著作中曾指出，人的心理有意识和潜意识两个对立部分，潜意识很厉害，有时能摆布人的命运。"再说，我们家邻居就有相似情况。母亲守寡，儿子30岁了，总找不到女朋友，要求太多，母亲百般挑剔。30岁了，还与妈妈睡一床……"学生忍不住哈哈大笑。他最后还补一句："当时，那个时代封建礼教，一家之长是绝对权威也是原因，刘兰芝母亲迫婚就充分说明这一点。"

这一番话又是归纳论证，又以理论支撑，再佐以事实旁证，说得头头是道。这位同学的独特看法不仅自己抽象思维获得锻炼，对同学也很有启发作用：一部艺术佳作，不仅有特定的历史文学研究价值，审美研究价值，从心理角度而言，还有一定的心理研究价值。这就打开了思维的又一个新角度，经典作品活在时间深处，在不断解读的过程中，随着时代的发展会使意义丰厚起来，启迪人生感悟。

学生养成爱思、会思的习惯，对任何课文都会在语言上作一番钻研，提出自己的见解。学习鲁迅的《记念刘和珍君》，有同学提出："'我向来不惮以最坏的恶意来推测中国人的',前面又说,'有限的几个生命,在中国是不算什么的,至多,不过供无恶意的闲人以饭后的谈资,或者给有恶意的闲人作流言的种子',作者用了三个'恶意',似乎太多了。显然,它们的含义不一样,容易混淆,反倒不好。再说,'以最坏的恶意来推测中国人也不应该,中国人不都是坏的。'"把文中前后的语句联系起来思考,抓住关键词"恶意"进行推敲,触发了大家的思考。阅读、比较、辨别、讨论,有的认为,"有恶意"、"无恶意"的"恶意"是指坏心思、坏心眼,而"以最坏的恶意"是指最坏的设想、最坏的估计,并不是对中国人有恶意。鲁迅先生"横眉冷对千夫指,俯首甘为孺子牛",怎么可能对所有中国人有看法呢?显然,作者"推测"的"中国人"是指那些"下劣"、"凶残"到使他难以预料的反动派及其走狗,以此来揭露他们远比自己推测还要坏得多的嘴脸。如果改成"来推测有些中国人"就合适了。不过,文章的味道就不一样了。这是作者气愤到极点、悲哀到极点喷出来的话,读者能看懂,能领会。

这种阅读的独特体会闪烁的火花又引发了其他同学的思考。有同学认为,"向来不惮以最坏的恶意来推测中国人",是鲁迅思想的真实表露。他生活在归营垒之中,看到的丑恶现象太多,愚昧状况太多,包括妇女在内的人民群众,推测她们落后、软弱、冷漠、无知,而今,三·一八惨案使他觉醒,"中国的女性临难竟能如是之从容",从这一点说,他有自责的意思,这是从另一角度歌颂中国女子的勇毅和伟大。

显然,学生如此聚精会神地发表自己的看法,特别是发表有一点"与众不同"的看法,显示了他们感兴趣的不全在长知识,更在于独立开展抽象思维的本身,也就是喜欢长知识与长智慧的相互结合的智力活动过程。

黄:这些教例很精彩。说道理,从理论到理论,还是比较容易的,关键在实践,让学生真正获得培养,提升学习能力,并为日后的生存能力与发展能力奠基。看起来不少学生训练有素,大概非一日之功吧。

于:当然非一日之功,有个持续培养的过程。把问题装到脑子里不是一件容易的事。在现当代,一个不会思考的人,学习,必然事倍而功半;工作,很难事业有成。有了问题要辨析,要解答,寻求正确的途径与方法更是不易。因而,学生在求学阶段就要积极创设条件，认真培养。

　　学生的知识基础不是零，他们有知识"库存"，即使语文程度差的同学也有"库存"。辨析起始，启发他们挖库存，使他们知识小仓库里的货物运转起来，发挥作用。既让他们有话可说，树立信心，又能"温故而知新"，激发求知欲望。如《藤野先生》一文中描写清朝留学生的丑态时，有"实在标致极了"的句子。为了让学生正确理解"标致"的含义及运用，要求同学迅速举出与之相关的同义词、近义词、反义词，学生积极性高涨，举出美丽、俊俏、婀娜、妩媚、潇洒、方言"帅"、"嗲"等，反义词丑陋、难看等。讨论句子"标致"该怎样理解时，有的学生说：这里是说反话，"丑陋"、"难看"还要加个"极"，实在恶心到极点，要吐出来了。用反语来表现作者对醉生梦死的清国留学生极端厌恶的感情。学生在自己知识小仓库里寻找适当的词句锻炼时，思维得到锻炼，语言识别能力加强。

　　运用比较的方法也可创设辨析的条件，俄国教育家乌申斯基曾说，比较是一切理解和思维的基础，我们正是通过比较了解一切的。学生产生疑问不能获解时，用比较的方法做钥匙分析、思考、鉴别，往往就能迎刃而解。我常启发他们纵向比较，横向比较，换词换句比较，学生就会有新的较深的理解与体会。纵向比较如古今类似主题的作品比较，不同时代作品表达的特点比较，同一作品中关键词语使用的前后比较等。比如，学习《孔乙己》时，学生对作品主人公喝酒前"排"出九文大钱觉得非常可笑，经济地位已沦落到和"短衣帮"一样，只能"站着"喝酒，还装什么蒜，摆什么架子，"排"字用得生动。但这个细节描写对人物刻画究竟起怎样的作用，不甚了了，也不去探究。为此，可用比较的方法指导他们深入理解教材，挖掘思想和艺术的内涵，探求作者的艺术匠心，弄清作者深刻之处，为他们的思想深刻性导航。要求学生不仅注意"排"，而且要找出与它相应的词"摸"，并启发学生辨析：为何此处作者把"排"改易为"摸"？对刻画人物精神面貌起怎样的作用？学生比较、辨析、领悟到："排"与"摸"同是在咸亨酒店付酒钱的动作，一字之改，就入木三分地反映出孔乙己处境的变化。"排"，活画出孔乙己冒充斯文的酸腐相；而腿被打折以后，他已经够不着柜台台面，无法"排"了，到了欲充斯文而不能的地步。"摸"，用意十分深刻，刻画了孔乙己精神被彻底摧毁的悲惨。通过前后比较，学生突破了满足只知其一、不知其二的惯性，对作者遣词造句的功力赞叹不已。

　　教学中也可采用横向比较的方法启发学生阅读思考。即在一个时间平面上同时将几个方面的问题进行比较,开拓他们视野,培养他们思维的广度,培养他们学会比较全面地、具体地分析问题,把握这一事物与那一事物之间的本质联系。同一作家的不同风格的作品可以进行比较,如李清照的《如梦令》与《声声慢》,辛稼轩的《清平乐·村居》与《破阵子·为陈同甫赋壮词以寄》,经过比较辨析,学生对作者与作品的认识与理解要丰富得多,准确得多。同一作家同类作品比,不同作家相同相近的风格特点比,同一对象不同作者比,等等。比如学习《有的人》时,引导学生与《论鲁迅》比较。《论鲁迅》是 1937 年 10 月 19 日,延安陕北公学纪念鲁迅逝世一周年大会,毛泽东同志在会上作的重要讲话,汪大漠做了详细记录。1938 年 3 月号《七月》上刊出。为纪念鲁迅诞辰 100 周年,新华社于 1981 年 9 月 21 日正式发表此文,部分错漏之处作了订正。两篇都是课文,都是纪念和评价鲁迅,但体裁、写法、语言等均不同。通过比较,学生思考问题的广度有所锻炼,对作品的个性特征也就认识得更为清晰。

有时哪怕对词句特点有无的比较,也能取得良好效果。如《论雷峰塔的倒掉》中"和尚本应该只管自己念经。白蛇自迷许仙,许仙自娶妖怪,和别人有什么相干呢?他偏要放下经卷,横来招是搬非,大约是怀着嫉妒,——那简直是一定的"一句,要求学生阅读时去除"偏要"、"横来"、"那简直是一定的",读起来味道如何,不用行不行?用了起什么作用?学生从有无的比较中体会到这样写,笔锋犀利,讽刺辛辣,揭开了法海的伪善面目,让其卑鄙的灵魂公布于众,语言的表现力极强。

在读写听说能力的训练过程中,把比较的方法用在节骨眼上,学生思维能得到有效的锻炼。语言和思维训练的主体是学生,教师所做的工作就是精心地帮助他们铺路搭桥,走向远方。

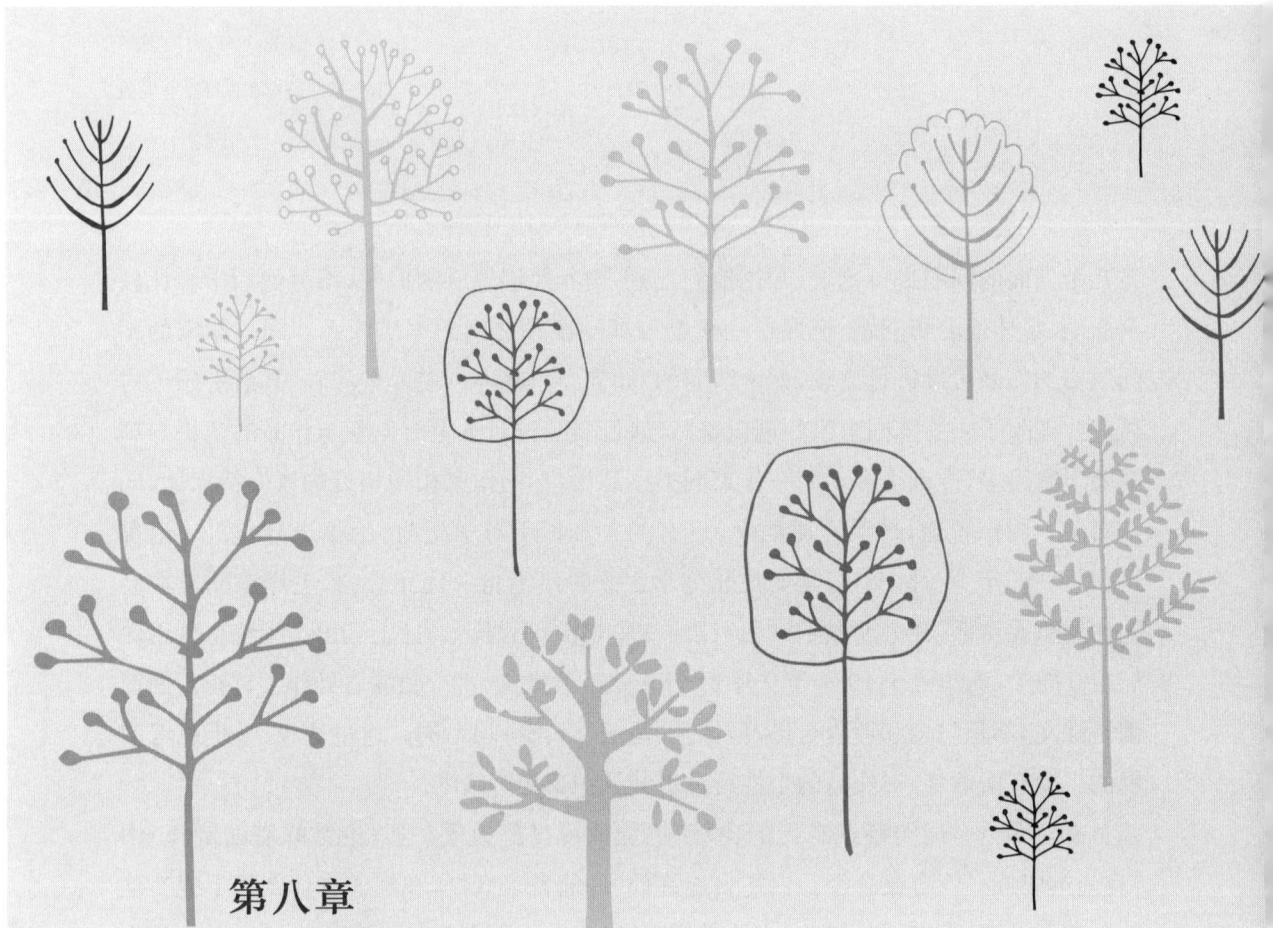

第八章

在美的熏陶感染中

开通学生的情感通道,就可达到审美的状态。

聆听
心语

　　人是万物之灵,有思想的天地之心。自然界的万物确立了形体,发出声韵,文章随之出现。"夫以无识之物,郁然有彩;有心之器,其无文欤?"(《文心雕龙·原道》)没有意识的物体尚有文采,富有心智的人必然更能做文章了。

　　鲁迅在《汉文学史纲要》中指出:"文字有三美,意美以感心,音美以感耳,形美以感目。"诗文是物的回应、情的回响、心灵的光芒,语文课上,如果错过美感的燃烧,岂不可惜?

　　"人禀七情,应物斯感,感物吟志,莫非自然"。(《文心雕龙·明诗》)说的是人有喜怒哀乐等情感,接触外物产生感应,由此吟咏出自己的情志,这是再自然不过的。文章的美,美在其中流露的真情实感。教文育人,以文化人,"课上,开通学生的情感通道,

就可达到审美的状态"。语文教学的素材大多是古今中外的佳作名篇,张爱玲的小说是"纸上电影";沈从文的人文圣殿里有超拔于常识之上的"混沌"理想;《诗经》那说不尽的江河水里流淌着三千年前的情诗;萨福的七弦琴谱下的诗歌美似爱琴海⋯⋯不同的文章有不同的审美意趣,黑格尔说:"情致是艺术的真正中心和适当领域,对于作品和对于观众来说,情致的表现都是效果的主要来源。"文学的审美意识形态既是一种理性的认识,又是一种情感体验。情感本身就有一种熏陶的力量,教师抓住课文的"灵魂",教出真情实感,使学生有所领悟,并与自身的情感交融、碰撞,无需赘言,审美的历程诠释无声的震撼。

如坐春风与芒刺在背

黄：记得鲁迅先生在《文化偏至论》中曾说："生存两间，角逐列国是务，其首在立人，人立而后凡事举；若其道术，乃必尊个性而张精神。"

语文教学的终极目的当然也是"立人"。在立人过程中，从学生的认知特点和语文学科教学规律入手，开启学生智慧，锻造良好情怀。您讲的语言和思维训练，着重于开启学生自身智慧，形成学生自身的言语能力与思维能力，情怀方面培养您又是怎样思考与实践的呢？

于：我历来主张教文育人，以文化人，智慧的开启与情怀的培养难以截然分开，在相当多的情况下，二者是融合在一起的。语言文字的背后是一种文化的深层编码。一个个汉字的故事中无不蕴含着中华文化的基因，哲学智慧、伦理道德、风俗习惯、审美意识，稍加触摸，就会感受到它的博大精深，无穷魅力。语文教学，在让学生习得语文能力的同时，让文中装载的优秀文化基因植入自己的血脉，可促进心灵发育，养育美好情怀。

语文本是美丽的事，汉语是最优美又富于诗性的语言，平、上、去、入（而今是阴平、阳平、上声、去声），极富音乐性；汉字平面二维，端庄优美，有的雍容华贵，有的挺拔俊秀，充满神韵，使人赏心悦目。语文教学整天与语言文字打交道，本应诗意盎然，美不胜收。但课堂教学状况并非如此。有些课学生有如坐春风的温馨；有些课学生如芒刺在背，急盼下课铃声的解救。为何教学效果如此的迥然有异，大相径庭呢？原因多种多样，但主要原因可能在对语文教学的性质、功能、目的任务认识的正误与深浅，学术素养的厚实与浅薄之间的差距。语文核心素养中语言的建构与运用，必然要以审美的鉴赏与创造、文化的传承与理解为支撑，离开了丰富的情、意的内涵，语言如何建构，又怎样运用？早在 2003 年《普通高中语文课程标准（实验）》就提出："高中语文课程必须充分发挥自身的优势,弘扬和培育民族精神,使学生受到优秀文化的熏陶,塑造热爱祖国和中华文明、献身人类进步事业的精神品格,形成健康美好的情感和奋发向上的人生态度……"又指出:"审美教育有助于促进人的知、情、意全面发展……高中语文课程应关注学生情感的发展,让学生受到美的熏陶,培养自觉的审美意识和高尚的审美情趣,培养审美感知和审美创造的能力。"这些论述清晰地告诉执教者语文课程是综合性很强的课程,正好像人干活不是只用一种细胞,因为人是一个完整体,要发挥多重功能。语文教育也如此,应追求综合效应,发挥多功能作用。

语文教学对成长中的青少年而言,本该有巨大的吸引力。因为语文学科与其他学科最重要的区别在于它始终是指向人的,与人的思维、情感、品质、能力密切相关。语文就是人生,伴随人一辈子。有人粗略地统计,一个人一辈子大约用汉字说话 4 亿次。语言文字来自人生,而不是来自书斋,学生与它有天然的联系,有心灵感应。学生成长、发展,内心思想情感的表达离不开语言文字。语文的三尺讲台演绎的都是古今中外经典中的历史风云、社会百态、世事人情、人生感悟,其中思想的精辟深邃、情怀的宽广厚重、语言的精粹斑斓,对心灵正在发育的学生而言,无疑是琼浆与醍醐,享受到吮吸精神养料的快乐。

汉字具有特别的魅力,诗人、教授郑敏说:每一个汉字都是一张充满了感情的向人们诉说生活的脸。打开小学生的语文课本,就好像进入了画廊,这些字争先恐后向你诉说自己的神韵。语文教材中有相当数量的文学作品,诗词、散文、小说、戏剧,都是语言的艺术,源自人,源于生活。许多经典作品不仅有历史文化传承的功能,而且有很高的审美价值。文学作品的鉴赏是重要的审美活动。审美是心的沟通,情的交流,学生身处其中,能感受到语言文字的温度,学习环境的温暖。可惜这些年来,课堂教学中审美的鉴赏相对弱化,乃至缺失,碎片化的实用功能大大强化,脱离生活,枯燥无味,架空说教,无数次重复,学生无所适从,以致见而生畏,产生厌恶。这种状况必须改变。语文教学应该回归本质,应该以诗意的光辉向着学生微笑,来感染、影响学生。课堂应该营造一种气氛,让未成年的求学者身处美的熏陶感染中,发现美,崇尚美,追求美,创造美,养育情操,塑造健康人格。

黄：在语文教学中我们着力聚焦于语言文字的运用，为此反复操练，不遗余力，对审美素养的培养不够重视，因而，语言文字往往失去了它固有的光彩，对学生吸引力感染力也就式微。其实，语文教学"诗教"不能丢。

于：你说得对，以诗为教，以文化人，温柔敦厚的君子人格是通过"诗教"熏陶出来的。中国传统教育重视"诗教"。众所周知，孔子"兴于诗，立于礼，成于乐"。王国维认为孔子之教人也，始于美育，终于美育。朱自清在《经典常谈》中说："'文化'者，人文化成，人格熏陶者也。"浦江清在《论大学文学院的文学系》中说："文学修养就是人格修养。"罗庸在《国文教学与人格陶冶》中说："国文课本的内容，比较可以滋润青年枯竭的心灵。……对于学生心理的陶冶，国文教师负有很大的责任。"至于蔡元培对美育的重视与提倡更为大家熟知。中国的学者、专家有此远见卓识，外国的也如此。美国培根强调："美德有如名香，经燃烧或压抑而其香愈烈。"（《培根论说文集》）赫·斯宾塞在《教育论》里说得好："没有油画、雕塑、音乐、诗歌以及各种自然美所引起的情感，人生乐趣就会失掉一半。"显然，语文教学中如果忽视或抽掉美的熏陶，将会苍白无力，失去育人的作用。要教育未成年人脱离低级趣味，识别假、恶、丑，并有抵御能力，美育应发挥其重要功能。朱光潜在《谈美》中说："要求人心净化，先要求人生美化。"教育家苏霍姆林斯基曾这样说："美，似乎在打开观察世界的眼界。长期在美的世界里熏陶，再碰上坏的、丑恶的东西突然会觉得不能容忍。教育规律之一，就是用美把邪恶和丑恶的现象挤跑。"

语文教学的审美绝不是脱离文本凌空说一套名词术语、美学理论，而是紧扣语言的魅力、文章的色彩有意识地给学生以熏陶，使学生能欣赏美好，对学习对生活有健康的、积极的追求。如辛弃疾的《清平乐·村居》，就是一幅美丽的农村风情画。

> 茅檐低小，溪上青青草。醉里吴音相媚好，白发谁家翁媪。大儿锄豆溪东，中儿正织鸡笼。最喜小儿无赖，溪头卧剥莲蓬。

诗词就是凝固的画，优秀诗歌是由一幅幅画、一个个动人的场景组成的。学生学习这首词时，不能满足于读读背背，而是要求学生开展想象，脑子里出现立体的图景：

人、物、景、事、情、声各在什么位置？一幅图容纳得下吗？变成连环画行不行？学生边读边思考边描述，有的还在纸上画简笔画，对"无赖"一词有众多质疑。于是，查词典，争论。此时，学生已将意象、画面、情感融为一体，体会到农村日常的纯朴温馨之美扑面而来，不仅看到全家老小的各具神态，而且耳畔还能听到柔软糯媚的吴音。尤其是最后一句描写"卧剥莲蓬"的小儿，用"无赖"一词形容，学生大有兴趣。学生只知"无赖"是贬义词，形容放刁撒泼，蛮不讲理，指游手好闲、品行不端的人，怎拿来形容小儿呢？经过咀嚼、品味、懂得了原来是贬词褒用，鲜活灵动，使一个天真无邪、顽皮可爱的儿童形象跃然纸上。在此处，还能用什么词比它更生动、更贴切、更形象呢？汉语中许多词语含义丰富，神韵非凡，在使用过程中，特别是出于大家之手的时候，褒词贬用，贬词褒用，显现出无限的魅力。"无赖"用作此意也非个案，杜甫《绝句漫兴九首》中有"眼见客愁愁不醒，无赖春色到江亭。即遣花开深造次，便教莺语太丁宁"。杜甫客居成都，终日愁思满怀。春天来了。春光把他从客愁中唤醒。诗中用"无赖"形容春色，生动别致，细细体味，春光的明媚烂漫。调皮可爱之状如在眼前。画意美、民风美、语言美，学生在美的氛围中受到熏陶。

美的本质就是和谐，和谐反映了事物发展的协调、平衡、秩序和合乎规律性的特征。课堂教学也是如此。语文学科课堂教学美的熏陶感染不仅要处理好教学目标、教学内容、教学环节、教学方法，使之协调发展，而且要处理好师生之间的和谐、协调。学生如芒刺在背时，不仅有教学内容与方法的问题，也有教师态度、情绪的不当因素。学生学习知识，提升能力本就是一件十分辛苦十分不易的事，更何况学生之间智力差异、情商差异、家庭环境、文化基础是客观存在，意图毕其功于一役，一斩齐，不可能。因而，教师要有平和的心态，等待的耐心，不躁的情绪，修身养性，学会微笑，学会风趣，学会温柔。温柔是心灵的优雅。上课不总是板着面孔，严肃得令人生畏，而是要根据文本的个性特点与学生认知的状况，让感情的细流在教学互动中流淌，润泽心灵的交流、思想的碰撞、生命的成长。笑，是感情的浪花，能增进理解，化解矛盾，创造和谐。长此以往坚持不懈，学生会有如坐春风的舒心。举例来说，一次，学生学习写景单元的课文后作写景的练习。当时，秋色正浓，就以秋景为练笔的范围。那时，各类作文选已铺天盖地，交上来的随笔不少是抄袭的。上课讲评我未责备，而是笑着请同学破解我碰到的问题。我说："人的五官都是按一定的规则排列的，但天公造物就是那么奇妙，一个人一个样，即使孪生兄弟、孪生姐妹，也有不同之处。这次我批阅你们的随笔时，发现不少面孔一模一样，一点差别都没有，这是怎么回事呢？我还没有想明白，请你们解答。"起初，学生有点紧张，接着，笑起来，大声嚷："抄!"出于我的口与出于学生的口，效果是不一样的。学生意识到自己的差错，教师再剖析抄袭的危害，剖析影响获得写作真本领的危害。他们入了耳也入了心，从此再也未犯类似的错误。和谐，是为了心悦诚服地解决问题，提升学生学习的自觉性。

攀登宝山，领略无限风光

黄：语文教学在培养学生语言建构与运用素养的同时，还担负着中华优秀传统文化的传承与发展的重任。中华优秀传统文化是自古以来中华儿女在建设家园中不懈奋斗的精神追求，其中不少思想智慧、处世方式、人生美学等不仅有历史意义，而且有时代价值。如道法自然，天人合一，大同世界，自强不息，厚德载物，以义制利、义利相生，仁者爱人，养浩然之气等，仍然闪放光芒。语文文本中蕴含着众多的自然美、人格美、情操美、文字美、音韵美等，均是教学中渗透审美教育的极好资源。

于：语文教材中的课文一般说来均经过精选，饱含自然美、人文美，乃至科学美的宝藏，犹如一座宝山，矿藏极其丰富，关键在有无觅宝的热情、探宝的眼力与坚持不懈的韧劲。艺术家罗丹在《罗丹艺术论》中早就说过："美是到处都有的。对于我们的眼睛，不是缺少美，而是缺少发现。"

审美的语文课堂应是才、思、情、趣的和谐统一，而要出现这样的境界，首先教师要有敏锐的目光发现文中美的事物、美的精神、美的语言，透过文字的栅栏触及作者的心灵、作者的情意、作者的胸怀、作者的现实世界与理想追求，感知、理解、体验，寻觅其中宝藏。教师有了这份情怀，美好事物就会奔涌眼前。古希腊神话中的普罗米修斯把火种偷到人间，使人间有了光明，是因为他心中渴望着光明。教师渴望美、追求美，把美的种子撒播到学生心中，滋养心灵成长作为自己的责任担当，眼光就会敏锐起来，发现文中的人、事、景、物在灵动地展现生命的力量，一路风景一路歌，有时候你目不暇接。

如鲁迅的《社戏》,尽管课文是节选,但审美的资源十分丰富。以"月夜行舟"的场景而言,只停留在修辞手法、静物动态描写的技能传授,不仅失去了文字神奇的光彩,而且学生难以动情,也失去了学习的愉悦。我采用了调动学生的知识储存与生活经验的方法,引领他们开展想象,再现文中描绘的景象。富有诗情画意的情景描写,往往要涉及到景物的形、声、色,初一年级小同学笼统地想一想,效果不理想。根据课文的特点我从视觉、听觉、嗅觉等多方面设计一环连一环的小问题,使他们脑中的图景清晰起来、立体起来。学生边阅读边想教师提的问题:你看到什么?回头看到什么景象?听到什么?仔细辨一辨有哪些声音?再倾耳听一听,管乐还是弦乐?嗅到什么?和什么味一样?感性知识是想象的基础,学生感觉器官运作起来,把生活经验与文字表达融为一体,远看、近觑,作者写景,读者造境,把书中的无我之境想象成有我之境,使外物和内情融合、情景交融,就增添了真切感。学生反复朗读"那声音大概是横笛,宛转、悠扬,使我的心也沉静,然而又自失起来,觉得要和他弥散在豆麦蕴藻之香的夜气里"后,大讲"自失",说自己也和迅哥儿一样,陶醉在月下行船的美景之中,已忘却自己,和大自然融为一体了。一会儿用鼻子嗅一嗅,一会儿侧耳听一听,那种高兴的劲儿使满室生辉。脑子里留下印记后,有些学生在自己习作中也学着运用这种写作方法。作家毕飞宇在《苏北少年"堂吉诃德"》中说:"如果你的第一位老师是大自然,你应该感到幸福。"丰子恺在《教育杂志》中载文说:"自然是美的源泉、艺术的源泉,亦可说是人生的源泉。"大城市里的孩子接触大自然比较少,不能不说遗憾。鲁迅有的作品充满自然气息的乡土味儿,满眼的自然及童心的释放、自由、畅快与欢乐,也有失去"自然生活"的忧虑与惆怅,发挥审美功能,对学生成长十分有益。

黄:从您举的例子来说,审美,重要的是形象直觉性,沿循的是情感的而不是理智的通道。语文教学就其特性而言,应该是包含丰富情感的过程,课上,开通学生的情感通道,就可达到审美的状态。教材中提供的审美天地广阔,与种种高尚的思想接触,跟诸多高尚的人物谈话,在不知不觉中,思想、情操、意志、品格收到熏陶和感染,逐步培养起发现美、感受美、表现美的能力。

于：随风潜入夜，润物细无声。情感本身就有一种熏陶力量。教学中营造符合文本特定情感的氛围，不仅学生受到熏陶感染，而且能直接促进学习的创造与延伸。氛围不可能自发形成，必须营造。教师从美好的事物中发现美后，要巧妙地引发学生阅读、思考、想象；要创设与教学内容相应的情景，渲染气氛，让学生有身历其境之感，耳濡目染。引的方法多种多样，如果是以问题引领，千万不能大而化之，一般化，要能够选择最佳入口处，激荡学生的感情。如王愿坚的《七根火柴》中红军无名战士牺牲的场景极为感人。为了让学生感受到无名战士生命的意义与价值，我曾三易问题的提法。第一次设计的问题是：这儿对无名战士进行了怎样的语言描写和动作描写？随即否定了，在写作技巧上打转，问得苍白无力，学生难以激动。换个提法行不行？无名战士牺牲前说的什么话？有怎样的动作？表现了怎样的思想？和前一个相比，进了一步，摆脱了纯文字技巧的客观立场，把无名战士放在重要的地位。但仍难激荡学生的感情。众所周知，一首激情洋溢的歌曲，主旋律一出现，就会把人的心抓住，把感情"吊"起来，欲罢不能。关键之处提问也是如此。最后把问题改为"读后请思考回答：无名战士留给人间的最后话语是什么？最后的动作是什么？显现了他怎样的内心世界？"一个人的遗言是心声的表露，学生感情的潮水被"吊"起来，涌上心头。最后的话语是"记住，这，这是，大家的！""好，好同志……你……把它带给……"他留给人间的最后动作是"用尽所有的力气举起手来，直指着正北方向"。无名战士用生命珍藏的几根火柴托付同志，把生的希望留给别人，把死亡留给自己的无私忘我的精神给学生以深深地感染。有的学生说，这是一个极其悲壮的场面。"卢进勇觉得臂弯猛地沉了下去"，无名战士牺牲了，故而卢进勇的眼睛"模糊"了，这表明他心里非常悲痛，为失去战友无限悲痛，眼泪夺眶而出，视线模糊，所以"远处的树，近处的草，一切都是灰蒙蒙的"。至于手"清晰"，那是强调手的作用，指向长征部队前进的方向。有的学生说，"模糊"和"清晰"同时运用，收到了独特的艺术效果。既表现卢进勇失去战友的无限悲痛，又给无名战士高擎的手再加上一个特写镜头，叫我们永远铭记。这就好似舞台上的场景，周围的景物都暗淡了，把光束集中在那只手上，这就使无名战士的形象不仅矗立在茫茫的草地，也矗立到我们的心中。"模糊"和"清晰"交织在一起，我们会如卢进勇一样，伴随着整个草地的哭泣，为顶天立地的英雄唱哀歌，唱赞歌……学生不仅感受到美，而且能表达美，并情不自禁地背诵尼古拉·奥斯特洛夫斯基关于生命的意义的名言。有的学生在练笔中写道："学了这篇课文，我难以抑制心情的激动，回到家里，我拿起小小的火柴端详着，端详着……"学生可爱，在高尚美、人格美的熏陶感染下，自觉地开启了自我成长的生命修为。

黄：确实很感人。这类文章德育、美育的资源比较显性，只要做有心人，就能发挥它们的作用。有些课文审美因素不明显，须认真开掘，方能体会一二。

于：你说得对，有些审美资源隐含在文字栅栏的背后，草率略过，自以为已得要领，实际并未品尝到其中的甘甜。须潜心阅读，深入开掘，才能把握文章真谛。英国文艺批评家、牛津大学教授约翰·罗斯金在读书一文中有段名言："当你接触到一本好书的时候，你应该问一问自己：我是不是愿意像澳大利亚的矿工一样干活？我的丁字镐和铲子是不是完好无损的？我自己的身体行不行？我的袖口卷上去了没有？我的呼吸正常吗？我的脾气好不好？而且呢，这种干活的架势要坚持得时间长一些，即使令你感到神疲力倦，因为它是十分有用的。而你所探寻的真金便是作者的心灵或意思，他的文字好像岩石那样，你非得碾碎熔炼，才能有所收获。你的丁字镐就是你自己的心血、机智、学问；你的熔炉就是你自己会思考的灵魂。切莫指望不用那些工具和那份磨炼就能把握任何优秀作者的意思，往往你需要最猛烈、最精心的打凿，最耐心的熔化，然后才能够拾起一点真金。"①这位学者讲得极是，语文教学这方面的正反经验真是不少。教师不仅要锻炼目光，而且要锻炼开掘的本领。如《劝学》是高中一年级的课文，是《荀子》32 篇中的第一篇，它集中反映了荀子的教育思想，是我国古代论述学问问题的一篇重要文章，具体阐明了为学应有的方法、态度、内容、途径，堪为经典。文章很有气势，提出"学不可以已"的论断，强调学习的重要性，人的才能不是先天决定的，而是后天努力的结果。论证时运用的比喻有 20 个之多。把这些比喻与文章所论述的道理联系起来融为一体，用以喻代议、寓议于喻的方法进行论证，把道理说得透彻浅显又气势充沛，很有说服力。学生对议论一泻而下的气势美，用生活中常见的各种事物为喻说理的形象美也能感知一二，但如不深入探究，脑中往往是杂乱形象一大堆，只记住"喻证

---

① 杨自伍主编.英国经典散文［M］.上海：上海文艺出版社，2004.4.

法"的知识,并不能真正受到形象美、激情美、理性美的熏陶。美是一种秩序,一种和谐,杂乱无章是丑不是美。因而,须开掘比喻运用之间的"秩序"。文章在论证过程中,比喻虽多,但比喻之间有内在联系,很有秩序。有的是相关并列的:"青,取之于蓝,而青于蓝;冰,水为之,而寒于水。"有的是互相对偶的:"登高而招"、"顺风而呼",一见一闻;"假舆马者"、"假舟楫者",一陆一水,讲的都是客观条件,说明善于利用外界有利条件就能达到良好的效果,反复强调。有的是正反相对的:"积土……积水……不积跬步……不积小流……";"骐骥一跃……驽马十驾……";"锲而舍之……锲而不舍……";"用心一也……用心躁也"。通过正反对照,突出了正面道理。文章的比喻虽众多,但变化多姿的外表中却寓含着内在的秩序,层层深入论述,理性的逻辑美就闪发光彩。而比喻、排比的匠心运筹,更增添了形象、生动、多彩、激情的气息,学生学习、诵读,身心受美感熏染,十分愉悦。

黄:从教读《劝学》可以看到严密的逻辑推理也是可以使用形象思维的语言来进行的。在议论文中挖掘其寓有的审美的情感因素,思维与情感相辅相成,并驾齐驱,能更好地发挥化育作用。进入宝山,要能领略无限风光,情趣必不可少,如缺情少趣,观赏就只能走马观花,有时连"花"都看不见,空留遗憾。

于:这就看是否能把握住文章的个性,对审美资源有洞悉力。《庄子·杂篇·列御寇》中说:"夫千金之珠,必在九重之渊而骊龙颔下。"刘勰《文心雕龙·知音》指出:"夫缀文者情动而辞发,观文者披文以入情。沿波讨源,虽幽必显。世远莫见其面,觇文辄见其心。岂成篇之足深,患识照之自浅耳。"宝珠在九重之渊的骊龙颔下,当然要深入挖掘;挖掘须"沿波讨源",披文入情,就怕自己缺少见识。这些都是提升审美认知力、体验力的至理名言。对学生进行美的熏陶时,视文本特点可整体可局部也可细部点染情趣,激发观赏的热情,获得美的享受。如《荷塘月色》文中描写的荷塘,本只是北京清华园一个很普通的荷塘,经朱自清的妙笔刻画,大生幽美之辉,再加上月色的描摹秀美,精致,梦幻,意味无穷。现实的普通与文字创造的优美,轻轻一点,已初透情趣。欣赏美,首先要调动感觉器官,要求学生边读边用自己感官体验,边想象荷塘图景,学生对声色之美的感性美,如出水很高的荷叶的"形"像亭亭的舞女的裙;"色",点缀着些白花,凝碧波痕;写月色的光,如流水、似牛乳,像轻纱;影,有黑影、倩影等,皆能感受一二,但对以"缕缕清香"比喻为"远处高楼上渺茫的歌声"难以欣赏,鼻子嗅的怎变成耳朵听的?又以"梵婀铃上奏着的名曲"来比喻光和影和谐组成的柔美的月色,眼睛看的又变成耳朵听的,怎么回事呢?学生赏析遇到障碍,教师要及时指引。赏析的荷塘不能只散见某些景某些物,它是一个整体,荷塘的景物是月色下的景物,月色又是荷塘里的月色,独特的环境,独特的景物,构成了典型美。素淡朦胧。而这种美景的刻画又贯穿了作者对生活的感受与委婉惆怅的感情,把嗅觉、听觉、视觉打通,增添诗意,呈现出意象美。意象美是美的最高层次,从在场的具体景物追寻背后不在场的作者情、思、意,作者的精神追求。此时,让学生完整地想象荷塘月色的图景,情是景中的情,景是情下的景,融情于景,学生鉴赏力就会有所提升。学生未接触过"通感"这种描写手法,课上简单介绍。钱钟书先生在《通感》一文中说:"在日常经验里,视觉、听觉、触觉、嗅觉、味觉往往可以彼此打通或交通,眼、耳、舌、鼻、身各个官能的领域可以不分界限。颜色似乎会有温度,声音似乎会有形象,冷暖似乎会有重量,气味似乎会有体质。"又说:"培根的想象力比较丰富,他说:音乐的声调摇曳和光芒在水面荡漾完全相同,'那不仅是比方,而是大自然在不同事物上所印下的相同的脚迹'。这算得哲学家对通感巧妙解释。"学生有了美感体验,佐以知识指导,学生攀登宝山觅宝的积极性往往不能自已,欲罢不能。

以情激情,美读感悟

黄:中学语文教材中的诗文,大多是文质兼美的名篇,本身就具有审美的价值。审美,不是哲学的理性思维,也不是阅读历史材料,从中理性地归纳出某个规律性的结论,而是,凭借直觉,从形象到形象,从心灵到心灵。虽然,有时也能达到哲理的境界,但那是通过"悟"来实现的,是一种具体的抽象。您刚才讲得多的是营造氛围、创设情境,其实,以情激情也是熏陶感染的有效做法。

于：对。文章不是无情的，白居易在《与元九书》中说："感人心者，莫先乎情。"文艺作品尤重以情感人，情动于中而形于言，有必不可解之情，而后有必不可朽之诗。怎样用好这类诗文，引导学生进入求真、求善、求美的境界，须认真研究，有效实施。千万不能把热血沸腾的诗文教得冷若冰霜，只在文字符号、语文知识传授上做文章，采取无动于衷的、旁观的、冷漠的、与己无关的立场。课堂教学审美境界的出现离不开教师的教学激情。有人说激情是文学家艺术家头上的光环。英国著名诗人拜伦称激情是"诗的粮食，诗的薪火"，难道激情只是和文学家艺术家有缘？不，我不这样认为，激情也是教师必不可少的素质。教师激情不是造出来的，装出来的，《庄子·渔父》中早已一针见血地指出："不精不诚，不能感人。故强哭者虽悲不哀，强怒者虽严不威。"教学激情，首先是自己要燃烧。要使学生感动，首先教师自己要感动；要使学生热爱语文，首先教师自己对祖国的语言文字要一往情深，孜孜矻矻钻研；要把学生培养成为祖国的建设者和接班人，做教师的心中就要揣着一团火，对党对中国特色社会主义满腔热情满腔爱，对中国梦的实现有忠贞不二的信念。

赞科夫在《和教师的谈话》中曾告诫："教师本身先要具备这种品质——能够领会和体验生活中和艺术中的美，才能在学生身上培养出这种品质。如果照着教学法指示办事，做得冷冰冰、干巴巴的，缺乏激昂的热情，那是未必有什么效果的。"可见，教学激情不是什么"方法"，什么"技巧"，而是教师出自对人生至善至诚的追求，对肩负育人使命的自觉担当，因为只有真理、真知、真情才能震撼未成年人的心灵。如学柯岩的《周总理，你在哪里》这首悼念的诗时，教师首先以自己无比悲痛与敬仰的强烈情感体验引导学生回忆1976年1月8日的周总理逝世，十里长街哀悼总理、呼唤总理的悲壮场景。1月15日追悼大会召开，哀乐低回，江河垂泪，大地哭泣。为人民鞠躬尽瘁的我们敬爱的周总理与世长辞了，一颗伟大的心脏停止了跳动。人民失去了自己的总理，心如刀绞，泪如雨下，千家万户，万户千家，涌向周总理生前战斗过的地方，涌向天安门广场，涌向十里长安街，呼唤人民的好总理，渴望最后见一见与人民心连心的好总理。当时的悲壮情景正如赵朴初先生在《人民日报》发表的《金缕曲》所描绘的："念年前伤心情景，谁能忘记？缓缓灵车经过路，万众号呼总理。泪尽也赎公无计。"十里长街送总理，万众号呼总理，冒着凛冽的寒风，爷爷抱着孙子，老泪纵横，父亲挽着孩子，失声痛哭，男女老幼，无不沉浸在巨大的悲痛之中。这是人民的悼念，是古今中外从未有过的悼念。社会动乱失序，经济停滞不前，民生艰难困苦，人民需要总理，想念总理，要把自己的总理找回来。诗人柯岩就是在这样广阔的历史背景下,代表人民的强烈意愿,写下了这首感人肺腑的诗篇。教师情动于中而言溢于外,学生受到感染,迅速进入诗歌情境。

抓住起笔句式,冲击学生心灵,以引起强烈共鸣。大声朗读"周总理,我们的好总理,你在哪里啊,你在哪里?"用询问的句式起笔,把由衷的爱戴、无限的思念、被"文革"中"四人帮"不准佩白花、戴黑纱,不准人民悼念的悲愤之情喷涌而出,如大海波涛,敲击读者心灵,引起强烈共鸣。"好",读重音,带着强烈的感情。"你的人民想念你","你的人民"表明总理与人民血肉相连,心心相印。这一句要读出发自心灵诉说的深情。学生感情涌动上来,就紧扣诗中"找",和诗人一起急切地到高山、到大地、到森林、到大海以及到天安门寻找。以读代讲,饱含感情,领读、齐读、单读、片断朗读,全诗朗读。有呼有应,有喊有答。喊,发自肺腑,"——"表示延长,把声音送得很远很远,震天撼地,强烈地,急切地,一定要把总理找回来。答,形象鲜明,感情真挚,山谷"回音"、大地"轰鸣"、海浪"声声"、松涛"阵阵",与呼唤交织成强烈的回响,回旋于山河之中,荡漾于天地之间,绵绵不断。而每幅生活气息浓郁的画面都重复着一句共同的语言,那就是"他刚离去,他刚离去",这就极其深刻地表明,祖国到处留下了总理的光辉业绩,总理和祖国雄伟壮丽的山河永世长存。指导朗读,指导呼唤,适当点拨,学生身入其中,不仅似乎看到诗人在奔跑,工人、农民、战士、学生在奔跑,我们自己也在奔跑,找寻总理,我们也仿佛听到山山水水都在颂总理,心灵受到浸润,受到震撼。清人魏禧在《日录·论文》中说:"文之感慨痛快驰骤者,必须往而复还。往而不还,则势直气泄,语尽味止;往而复还,则生顾盼,此呜咽顿挫所以出也。"诗歌朗读道理相通。这首情寓其中,意蓄其内的歌颂总理的诗歌,诵读时必须"往而复还",左右照应,前后关联,时而热情奔放,高唱入云,时而低回舒缓,思绪远扬。在"往而复还"的美读中,思念、崇敬、爱戴的感情就如开了闸的水流奔腾向前,久久不能平静。

黄:学生沉浸在诗的熏陶感染之中,不仅学习劲头足,精神成长也获得了极好的滋养。

于:确实如此,学生被周总理的高尚品质和革命精神所感动,注意力十分集中,当堂就能背诵。课后小张同学对我说：这首诗是诗人真正从心里写出来的，一想到，我就激动。课结尾时请同学讲述对"周总理，我们的好总理"这一诗句的理解。学生非常兴奋，有的引用了杜甫诗中的"万古云霄一羽毛"歌颂，有的用鲁迅名句"横眉冷对千夫指，俯首甘为孺子牛"赞颂，许多同学列举了总理在政治、军事、经济、外交、关心人民疾苦、关心边疆建设等各方面的丰功伟绩，揭示"好"这个十分普通字眼所蕴含的极其丰厚极其感人的内涵。最后发言的是小许同学，她激动地说："周总理是亘古罕有的伟人，文能治国，武能安邦，功盖天地，万古流芳。"受到同学们的称赞。简单的口头练习，不仅深化了读诗的体验，而且周总理这永恒的丰碑在学生心中留下了深刻的不可磨灭的痕记。

黄：学生生活在甜水中，不知过去社会的苦难，也不知革命征途的无比艰难曲折。读诗文，不仅能学习语言文字的生动表述，艺术构思的引人入胜，而且在认知、情感上也很受教益。有智者说，没有入过地狱的人，不体会天堂的美好。语文教材中有一些描绘旧社会老百姓在苦难中挣扎的文章，与学生有相当的距离，要学生能入目入心，受到感染也是十分不易的。

于：老舍先生在 1954 年 9 月重印《骆驼祥子》写的"后记"中也说过类似的话，他说："不忘旧社会的阴森可怕，才更能感到今日的幸福光明的可贵。"初中课文中的《在烈日和暴雨下》就是节选自该小说的。要让学生体会文中主人公这个处于社会最底层的贫苦人的生死挣扎，就得紧紧扣住文章的个性特征，调动学生的生活经验、阅读、想象、表述，激发爱憎感情。人的情感是一个多元体，喜、怒、哀、乐、爱、惧、憎，爱与憎是基本元素，通过一节节语文课把爱与憎的感情深深植入学生的心田，引导学生热爱生活中所有真善美的事物，憎恨一切假恶丑的东西，让情感世界沿着健康高尚的航向发展。美的种子会结出善的果实，塑造优美的心灵。《在烈日与暴雨下》是以细致逼真的景物描写与主人公的心理、神态刻画结合起来表达。"烈日"之"烈"、"暴雨"之"暴"的狂虐的场景引导学生结合已有生活积累加以感受，再佐以以情激情的讲解，如"祥子照旧在烈日下拉车，难道他不怕死吗？不，他正是为了生存不得不这样做。你们看，他的心里有多矛盾：看到烈日，他胆怯，可是见了坐儿还想拉；心里明明不想喝水，可是见了水就想喝。正是通过祥子复杂的心理矛盾，揭示了一个善良的苦人儿，正在烈日下为生活而卖命……"抓住渲染烈日之猛、酷热之甚、风雨交加，无情袭击的词句反复朗读，调动触觉、视觉、听觉、嗅觉来感受，体验祥子"半死半活"的惨状，激发同情之心，怜悯之情。拉车的人命运悲苦，哀哀无告，而坐车的人安然若素，冷酷无比。显然，祥子所受的苦难，绝非只是恶劣天气造成，而是黑暗的社会使穷苦老百姓挣扎在水深火热之中。教学中不是在理论上说道理，而是充分运用文中具体、生动、触及心灵的形象，拨动学生情感世界的心弦，使他们在熏陶感染中升腾起爱憎分明的感情。

青少年学生的情感天地由于经历少，积累不多，比较单薄，缺乏厚度，缺乏浓度，缺乏深沉，须不断地滋润、培养。他们的道德观、善恶观、价值观基本处于模糊状态，容易受外界的影响，有时跟着感觉走，有时情绪化，尚未定型，可塑性很大。因而，语文教学在传授语文知识、训练语文能力的同时，须有意识地施以情感、态度、价值观的教育。在社会上多元价值并存，多样文化驳杂的情况下，青少年学生受社会上负面影响的浸染，冷漠，冷眼，无动于衷，难以感动，不会感恩，也常见到。如何掸除情感世界的灰尘，让对生活充满热情，对理想充满憧憬，对造福人民的人和事心怀感激植根于学生心中，也是教学中应有的责任担当。根据文本的特点，耐心地精心地进行熏陶感染，坚持不懈，润物无声，必有成效。以闻一多先生的《最后一次讲演》来说，尽管学生与这篇讲演有隔世之感，但只要教师把自己作为一块煤，投入炉火，燃烧得通红，就能以强烈的情感体验放射出的火光与热量传递给学生，从而产生巨大的感染力。

首先，撒播激情的火种，把学生引入课文的情景。我是这样安排的：上课起始，我一言不发，就转身在黑板上写：

　　　　请将你的脂膏，
　　　　不息的流向人间，
　　　　开出慰藉底花儿，
　　　　结成快乐的果子！

（学生屏息抄写，然后我讲述。）
这是闻一多先生《红烛》"序诗"中的几句诗，他是这样说的，也是这样做的。他从一名新月派的诗人,成为研究旧经典的学者,最后成为青年所爱戴的昂头作狮子吼的民主战士,走了一条爱国知识分子为国作贡献的道路。为了争取和平民主,反对发动内战,遭国民党反动派杀害,将"脂膏"流向人间。他学识渊博,才华出众,牺牲时才48岁,真是千古文章未尽才。凡是对我们国家民族作出贡献的人,我们是永志不忘的。(出示《闻一多传》,封面黑色大理石的花纹,正中上方一支醒目的红烛。)红烛精神是先生的自我写照。毛主席对他有着极为崇高的评价,曾在文章《别了,司徒雷登》中这样说:"闻一多拍案而起,横眉冷对国民党的手枪,宁可倒下去,不愿屈服","我们应当写《闻一多颂》",因为他"表现了我们民族的英雄气概"。今天我们学的是闻一多先生留在人间的最后一次讲演,文章题目是当时整理记录的人加的。这篇讲演距今虽已近70年,然而那鲜明的立场、爱憎分明的感情,一泻千里的气势、慷慨献身的红烛精神仍然深深地叩击着我们的心弦。

课的起始,学生被《红烛》"序诗"与《闻一多传》深深吸引,学习热情往上涌,了解作讲演的原委后,敬仰之情油然而生。于是运用朗读和讲演手段进一步激发学生的爱憎感情。先放录音,要求学生聆听,对照课文,划出表达强烈感情的语句。听后,立即请学生谈感想,内容、感情、遣词、造句等方面皆可。学生情绪开始激动,初步理解这篇讲演是庄严的宣言,动员的号角,讨伐国民党反动统治的檄文。它像一团炽热的火焰,从肺腑中喷射而出。它没有作词句上的修饰,但句句像投枪,像匕首,直刺敌人的要害。在初步理解的基础上,要求放声自由朗读,字句清晰,节奏分明。叙述的语言要读得较为缓慢,热烈歌颂与愤怒斥责的语句要读得泾渭分明,要注意把握讲演始而悲愤,进而愤怒,最后充满必胜信念的感情。在学生全神贯注读顺畅的基础上,让他们由"读"转换为"讲",先默读深思,怎样把反问句、排比句讲得有气势,怎样把阐述真理与正义的句子讲得字字清楚,铿锵有力。学生思考蓄势,然后请一位同学讲演,在严肃的气氛中,学生感情的浪涛在褒贬扬抑中向前推进,讨伐敌人,伸张正义,激励革命者踏着烈士的血迹前进。无须分析长短句的交错运用,无须讲述对比、排比、反复等修辞手法的作用,学生在讲演的一泻千里的气势与爱憎分明的感情倾诉中获得了真切的感受。讲的人感情不能自已,听的人在共鸣中跃跃欲试,心灵都受到了爱憎分明感情的洗礼,对视死如归、义无反顾的大无畏的革命精神充满崇敬之情。

黄： 您刚才说过，文章不是无情物，感人心者，莫先乎情。如此以生命相许感人肺腑的文章如果也去讲究落实哪些知识点，进行哪些句式的操练，教学也就失魂落魄，抽掉了灵魂，只剩下躯壳，学生怎会感动？其实在指导朗读，指导讲演过程中，知识已寄寓其中，与文章精神融为一体了。

于： 中华优秀传统文化、革命文化，社会主义先进文化的优秀基因要能真正撒播到学生心中，内化为思想的锤炼、品德的修为、人生理想的追求，外化为言行举止，离不开情感的激发，情感世界的哺育。亲情、友情、乡情、赤子情并非皆生而有之，要靠精心培育，让学生情感世界丰富起来，优美起来，高尚起来，纯粹起来。语文学科是储满了人间美好感情的宝库，教师要抓住第一流作品的色彩、形象、语言、节奏、气势，用巧引、情讲、趣溢、美读的方法叩击学生心灵，让他们能耳醉其音、目醉其行、心醉其情、思醉其意，陶醉其中，流连忘返。青少年求学时代在学习语文的过程中，心里总要留下一些激情洋溢充满魔力的审美场景，成为人生的财富，一想到它们，就会心弦拨动，热血奔流，为追求理想、创造美好而不懈奋斗。如梁启超先生 1900 年 2 月作的《少年中国说》中的"故今日之责任，不在他人，而全在我少年。少年智则国智，少年富则国富，少年强则国强，少年独立则国独立，少年自由则国自由，少年进步则国进步，少年胜于欧洲，则国胜于欧洲，少年雄于地球，则国雄于地球。红日初升，其道大光；河出伏流，一泻汪洋；潜龙腾渊，鳞爪飞扬；乳虎啸谷，百兽震惶；鹰隼试翼，风尘翕张；奇花初胎，矞矞皇皇；干将发硎，有作其芒；天戴其苍，地履其黄；纵有千古，横有八荒；前途似海，来日方长。美哉，我少年中国，与天不老；壮哉，我中国少年，与国无疆"，就要引领学生反复诵读，经久不忘。要读出豪情壮志，读出博大胸怀，读出责任担当，读出想象的奇妙，读出语言的铿锵。文章的神采与精髓流入心田，就会形成生命的力量。别小看学科教学中播撒的火种，也许有朝一日会闪发无限的能量。

熟读积累，培育文化气质

黄：中学生学习语文，从文质兼美的作品中学习语言文字的运用，思想感情受熏陶之外，背诵积累也很重要。有人认为人类已进入计算机时代，记忆、储存是计算机的事，教学中还要熟读、背诵，岂不是多此一举？

于：我不这样认为，不管科技怎样发展，就是人工智能时代，大脑里也不能去除记忆功能。人之所以为人，当然不能只停留在生物学的层面，还要进行精神层面的追求，让生命的清泉汩汩流淌，创造生命的意义、价值，创造生命的丰厚和完美。语文教学就是带领学生在先哲先贤、在思想者和践行者们一篇篇充满睿智的文章和一部部感人肺腑的作品中进入思想高地、智慧高地，去感悟社会与人生，去实现精神的觉醒和灵魂的提升。

文化是语言文字的命脉，教语文，必须站在文化的平台上。语言本身是一种工具，但同时，它又是一种文化，一种语言是一种文化的承载体，对于培育民族精神，孕育民族情结，发扬民族文化有极强的凝聚作用。汉语言文字记载着中华数千年的古老文化，蕴涵着中华民族独特性格的精灵，它本身就是文化。有人说："母语是父母给的，母语是家给的。家给的语言，是一种有形无形、有声无息的存在，是历史流注的民族精神，是万方辐辏的智慧融合。她宽厚地孕育涵养着每一个子民，全息地体现着民族流动不息、丰富多彩的生活。"余光中先生曾说过："中文乃一切中国人心灵之所托，只要中文长在，必然汉魂不朽。"显然，语文教学不是识多少字，做多少练习，写几篇文章，而是在理解语言文字的同时，受到民族文化的教育、民族精神的熏陶和民族情结的感染，涉及到文化的认同、文化的自信问题。这些年来，科技飞速发展，社会迅速转型，多元价值并存，多样文化各展其态，学生没有中国文化的最基本的底子，思想、道德、价值追求无明确的底线，就识别不了光怪陆离的物质层面和精神层面的诱惑，由于缺乏文化判断力，往往照单全收，甚至错把腐朽当神奇。面对一切都是"洋"的好的一波波浪潮，学生必须好好补补中国文化的课，任其发展，是会数典忘祖的。也许有人又会认为：你管得了吗？"精神训练"语文学科来担负吗？是不是语文"界内"的事？我想：作为语文老师，有八个字不能忘——教文育人，以文化人。教师的责任是教育学生成长，成人，成为思想道德素质、科学文化素质良好的中国公民，学科传授的知识、培养的能力，是攀登做人的阶梯。语文学科核心素养中的"文化的传承与理解"绝不是口号、标签，对中国文化中的精粹要传承，对外来先进文化要理解，要借鉴。

　　文化的积淀靠的是积累。"厚积而薄发"，积累离不开记诵，学生腹中佳词美句，佳作美文储存极少，"积"得可怜，又"发"什么呢？我们这样的泱泱大国，需要千千万万素质良好的建设者和接班人。我们从事的是基础教育，是为未来国民素质打基础的，它的质量高低影响到未来国民素质的高低，我们培养的学生，不管他们将来从事什么职业，总希望他们身上具有一些文化气质，有点文化底蕴，成为现代社会的文明人。这不是一朝一夕所能解决的问题，因为素质不是一种技巧，可以轻松掌握。素质是一种心灵的创造，在塑造人的心灵过程中，中华优秀文化能起到以一当十的作用。如果没有积累，语文能力提高是空中楼阁，语文表达上的干枯贫乏就不足为奇，良好素质的培养当然也随之受到影响。

黄： 在现代社会，人要有点文化气质，仍然离不开读书积累。苏轼在《和董传留别》诗中说："粗缯大布裹生涯，腹有诗书气自华"，大家对后一句非常熟悉，腹中无诗书积累，气质怎么美得起来呢？

于： 积累不是死记硬背，要在熟读理解的基础上择其精要储存，咀嚼回味，常忆常新。也就是说，诗书要读到心里去，化为血液，化为品格，化为气质，才能显示人的尊严。在指导学生读经典、读文学佳作、读历史名著当中，让学生在理解、感悟的过程中，懂得人和人的根本差别在灵魂，人生的意义取决于灵魂生活的状况，即精神世界高尚还是猥琐，丰盈还是枯涸，正直还是歪邪，从而激发记诵、积累的积极性。有些佳词美句只要稍加点拨，学生积累的积极性就很高。如《闻一多先生的说和做》中写闻一多孜孜矻矻、日夜不懈的治学精神，用了"兀兀穷年，沥尽心血"来形容，指导阅读时指出，"兀兀穷年"出自韩愈《进学解》中"焚膏油以继晷，恒兀兀以穷年"，并顺带指出《进学解》就是语言的仓库，佳词美句、成语特别多，对治学、修身、前人文学艺术的特点等阐述得言简意赅，言简意深，语言的表现力发挥到极致，学生要求再举例，并去查检成语词典，有的读一读《进学解》，一一圈画，于是"业精于勤，荒于嬉；行成于思，毁于随。""爬罗剔抉，刮垢磨光"、"纪事者必提其要，纂言者必钩其玄"、"贪多务得，细大不捐"、"沉浸醲郁，含英咀华"、"诘屈聱牙"、"同工异曲"等就成为不少同学积累的语言财富，口头表达，书面表达时常会运用。积累多了，语言就有点文味。这是就激发兴趣角度而言。

更多的是有意识地引导学生积累，与中华优秀文化为伴，以人类先进文化为伴，为他们成为有中国心的现代文明人铺上亮丽的底色。"一章三遍读，一句十回吟"，是古人常用的读书之道。我首先以古诗词给学生打底子。孔子早就说"诗可以兴，可以观，可以群，可以怨"，中学生如果有上百首诗词打底，就能开启灵性，净化感情，发展形象思维，充实语言宝库，也培养了他们对中华古诗词的热爱。教学中在三个方面着力，一是课本中的古诗词必须熟读成诵。从导入到课外赏析。既注意诗情、诗意的熏陶，又注意朗读中节奏、音韵的指导，还注意适当地扩展内容，营造诗歌文化氛围，让学生浸染其中。如初一年级起始学《诗八首》，不是机械背诵，而是先激发他们好奇、向往的感情。先放《诗八首》表情朗读的录音，用优美的语言诉诸他们的听觉，让诗中情、诗中景、诗中人、诗中物徐徐流入他们的心田，进入诗歌的佳境。引导他们初步感受到人们一谈到诗，会立即联想到驰骋的想象，充沛的感情、鲜明的形象、音乐般的语言，联想到优美、动人、鼓舞、力量；初步感受到诗，像种子一样，有一股顽强的爆发力，好的诗歌破土而出以后，会和芳香的空气融合，长久地弥漫大地。诗八首中有的距今 900 多年，有的约 1500 年，今日诵读咀嚼，仍可闻到其中的芬芳。学生心有所动，指导识字认词，想象诗中情景，理解诗中含义，他们"一句十回吟"的劲头很高，好几首当堂就能熟背如流。课外再带领学生开展赏析活动。如看诗作画。以"风吹草低见牛羊"、"笑问客从何处来"、"千朵万朵压枝低"等诗句为题分别作画。（与美术课结合，请美术老师指点评论。）自读三首诗，辨别它们在内容与写法上与所学八首诗的异同，并讨论、交流。扩充读的是李绅的《悯农》、王昌龄的《出塞》与苏轼的《六月二十七日望湖楼醉书》与诗八首中的张俞的《蚕妇》、王之涣的《凉州词》与杨万里的《晓出净慈寺送林子方》可对应起来熟读理解。与此同时，希望他们在月夜时观察月光、月色，增加对"地上霜"的感性认识，并选择恰当的词句对它们进行描绘。观察周围的花、草、鸟、蝶，注意它们的静态、动态,并用恰当的词句表达出来。二是不断地重复,达到信口悠悠。重复是记忆的母亲,有些已学过的优美的古诗词结合授新课的时机以背诵、引用等方式融入,不仅洋溢文化气息,学生背诵时那种成竹在胸的成就感、得意的状态也很感人。如学习朱自清的《春》,课起始,我这样引领:一提到春天,我们就会想到春光明媚,绿满天下,鸟语花香,万象更新。古往今来,许多文人墨客用彩笔描绘它,歌颂它。请同学们想一想:诗人杜甫在《绝句》中是怎样描绘的?(学生齐声背诵《绝句》)王安石在《泊船瓜洲》中是怎样描绘春色的?(学生兴奋地背诵《泊船瓜洲》)苏舜钦的《淮中晚泊犊头》一诗中又是怎样写春色的呢?(学生高声背诵《淮中晚泊犊头》)学生背诵绘春的美词佳句,师生似已进入了万物苏醒、生机勃发的春景之中,为学习朱自清在《春》中怎样描绘春景的色彩、姿态铺设了愉悦的心态。授新课时,也可先教一首诗,引领学生进入课文学习。如教读《出师表》,先讲授杜诗《蜀相》,对诸葛亮有个总体了解。唐宪宗时(约760年春),杜甫瞻仰成都城西北的诸葛亮祠堂,写下了这首著名的诗。特别是“三顾频烦天下计,两朝开济老臣心”句,表明诸葛亮经历先主刘备、后主刘禅两朝,开创大业,匡济危时,兢兢业业,一片忠贞。以诗引路,有助于理解文中说理精辟透彻、感情真挚深厚、语言质朴恳切的特点。三是编写课外读本,第一本就是古诗词,平时读读背背,定期背诵交流。

黄:中华古诗词当然是中华优秀文化的宝贵财富,其他体裁的文章在培养学生语言建构与运用时,同样不能遗忘文化的传承与理解。有无这个意识,教学的厚度、深度、育人价值的创造与收效会大不一样。我读高中时,对这一点特别有体会。语言的灵动,内容的巨大吸引力,总是有独特的文化细流在其中涌动,您能举个例子说说吗?

于:可以。比如《林黛玉进贾府》有这样的句子:“天下真有这样标致的人物,我今儿才算见了!况且这通身的气派,竟不像老祖宗的外孙女儿,竟是个嫡亲的孙女,怨不得老祖宗天天口头心头一时不忘。”粗读,大家都能体会到王熙凤见到林黛玉在贾母面前说的这番夸赞林黛玉的话是极尽了阿谀、奉承、拍马的能事。但稍加咀嚼、推敲,就可发现这并非一般性的夸奖、赞美,而是放在特定的封建文化人际关系中来表达的。王熙凤夸赞林黛玉的真正目的是阿谀老祖宗,讨老祖宗的欢心。但她生活在贾府复杂的人际关系中,王夫人、邢夫人得罪不起,众姐妹也不能怠慢,于是就有了两个"竟"的语言:明明是老祖宗的外孙女儿,"竟不像";明明不是"嫡亲的孙女",却"竟是个"。像还是不像,是还是不是,尽在不言中。一句话,把上上下下,左左右右,全都照顾到,听的人不仅感到悦耳,而且心里也舒服。这种有深厚内涵的语言艺术令人叹为观止,没有一点文化眼光,很难读出语言背后特定的家族文化,特定的世故人情。就是比较浅近的说明文,阅读也不能忽视文化的功能。如沈括的《活板》(选自他的《梦溪笔谈》)以洁净平实的语言说明宋朝平民毕升创制活字印刷的情况。活字印刷本身就是文化,这项发明创造了世界活字印刷的新纪元。文章介绍其制作、特性、使用、功效时就离不开文化,稍不留神,就会出差错。如文中"钱唇"一词,课文注释为"薄如钱唇"译为"像钱的边那样薄"则与一般译作边缘有出入。一枚胶泥刻字薄如钱边是不可思议的。"钱唇"应是指钱边的一圈"周郭"。汉时钱本无周郭,为防止磨钱取铫(铜屑),钱就变为有周郭了。以后历朝鼓铸的钱,边缘上一般都有周郭。"钱唇"即周郭,周郭有一定的宽度。因此说"薄如钱唇"是通的。

黄:您能记住这些,很不简单。电脑能储存海量的信息,但不能代替人脑,电脑里储存的东西不等于自己脑子里就有了。特别是思想、情感、创造性的劳动,将来无论从事什么工作,这些都不能缺,自己脑子里有一些基本的、不可缺少的知识牢牢储存在那儿,学习思考、实践创造才有知识基础。如果腹中空空,与"文明"就会越来越远,别说气质怎样,就是干起事来也会力不从心,捉襟见肘。有人风趣地说;现在碰到过一种高学历的"野蛮人",文化常识一问三不知,关键在肚子里墨水太少,不注意文化积淀。中学阶段是人生中记忆力发展的最佳时期,语文教学中有计划地培养和发展他们的记忆力很重要。他们牢记一些名言名篇,不仅能有效地提高阅读能力、表达能力,而且能受益终身。

于:人的记忆潜力是惊人的。记得美国麻省理工学院科学家一份报告里说:一个人如果始终好学不倦,脑子里一生储存的知识相当于美国国会图书馆藏书的50倍。据说,该图书馆藏书1000多万册,那么,人脑记忆的容量要相当于5亿本书的知识总量。由此可知，人的记忆潜力很大，关键在怎样很好运用，充分发挥。

学生记忆力的培养确实不可忽视，发展记忆力实际上就在发展人的智能。俄国心理学家谢琴诺夫曾指出："在人的一生中，凡是经过大脑的思想，没有一种不是由记忆中的因素形成的。"又说："关心发展识记的事物，也就是关心发展人的全部智能的内容。"人的记忆力确实有差别，有的过目不忘，有的前学后忘，有的记此易记彼难，有的记彼易记此难，但不管是怎样的不同，青少年时代注意培养仍然要精心。首先是记什么要把握。一个人脑子里储存的信息很多，尤其在现代社会，学生脑子里乱七八糟的信息也不少。语文教学引导学生记忆的确实须是文化经典、文化精品、语言精粹、思想结晶，而不是莫名其妙地死记硬背什么段落大意、中心思想、考题答案。"高分作文"等，要爱惜学生的脑力劳动。二是引导学生寻找记忆的支撑点，提高记忆能力。如要背诵一篇文质兼美的文章，须在脑子里构成一幅有许多支撑点的彼此联系成的网络图。图的全貌怎样。由哪几条粗线，哪几条细线组成，在每条线上有哪些支撑点，这些支撑点就是关键性的词语，点与点之间又是怎样接通的。掌握了这些要领，诵读，思考，背起来就比较容易。第三，要学生积累的名言名文，让学生有充分的心理准备。因为有意识记忆与无意识记忆效果是不一样的。根据科学实验表明：提出明确的记忆任务，70％的受试者能正确地记住要求记住的材料，否则，只有13％的受试者能记住。这就告诉我们记忆目的越明确，记忆效果越好。这是因为任务明确，在大脑皮层有关区域就形成兴奋中心，外在信息就落在兴奋中心的"焦点"上，记忆的痕迹就特别清晰而深刻。比如，教读范仲淹的《岳阳楼记》，一上课开宗明义告诉学生这是千古流传、脍炙人口的名篇，要熟读成诵，牢记心间。学习任务明确，课学完，学生基本上就能背诵。当然，课要教得得法，层次清晰，熏陶感染，学生学习积极性高涨。第四，调动辅助手段，加强记忆。古人读书强调"五到"：眼到、口到、耳到、心到、手到，协同"作战"，记忆可加强。教育家乌申斯基说："蜘蛛之所以能够非常准确地沿着极纤弱的蛛网奔跑，是因为它不是用一个爪，而是用很多爪来抓住蛛网，一个爪坠失了，另一个还抓着。"说得真是有趣。古人读书、记诵用得多的是圈点、划线、批注，今日现代化手段很多，恰当运用，也能收到记忆积淀的良好效果。

记忆非常个性化，各人有各人的特点，有各人的"拐杖"支撑，我们重视知识积累，不是塑造双脚书柜，不是缝制书口袋，而是造就有良好道德素质有文化品味的现代文明人，虽不能"满腹经纶"，但素养优质，"腹有诗书气自华"。

第九章

练就一支灵动的笔

作文教学要引导学生与生活对话,与内心对话,
找到属于自己的创作天地,徜徉于其中。

　　有一句玩笑话,说学生有三怕,"一怕文言文,二怕写作文,三怕周树人"。教师将写作教学认识的原点定在"为考而写",那学生只能挖空心思"为写而写"了。写作文不再是锻炼观察力、逻辑思维能力、材料筛选能力和语言组织运动能力的创作过程,转变为对记忆力的挑战。教师指导学生对几篇习作反复打磨,精雕细琢,考场上的即兴发挥局限于将熟记的习作内容剪裁拼凑,补充开头和结尾便大功告成。

　　学生怕写作文,逐渐变得看到作文纸还没提笔就心生厌倦。"文章'意'的确立,实际是认识能力、感受能力、思维能力的发展与提升,是思想情感价值取向的锤炼"。作文教学不是作文应试教学,需根据写作的过程按计划实施,教师要就命题及指导、批改

和讲评三个环节"备好课"。潜心研究，作文教学可发挥的余地真不少。课内"助学生找'米'下锅、指点学生搭架子、助选'砖瓦'"，课外"开拓语文学习三条线——吸收、输出、活动和展示"。

歌德说：思考比认知有趣，但比不上观察。学生的经历和体验都可能转化成写作的素材，因此，生活中有意识地积累很重要。对于作家老舍先生来说，北平就是他身后的一片海，只需信手一捞，就能做出一桌"满汉全席"。"激发写作的好奇心，助推写作的冲动感"，是写作的要义所在。作文教学要引导学生与生活对话，与内心对话，找到属于自己的创作天地，徜徉于其中。

扫除心理障碍,激发内心需求

黄：我们谈了许多关于阅读教学有趣的事,其实写作教学也应该是丰富多彩的。可惜的是较长时间以来研究写作总是聚焦于高考、中考,企求获得好成绩,而忽略表达能力如何持之以恒地有效培养。这也是一种错位,平时循序渐进地把书面表达能力培养得棒棒的,还怕什么检测? 相当数量的学生看到写作就惧怕,这个心理障碍不破除,表达潜能很难发挥。您是怎么对待的?

于：其实有些语文教师、有些学生对写作还是很有兴趣的,特别是热爱文学的师生,但由于考试的巨大力量,这根指挥棒驱使写作教学越来越向功利的方向跑,其中的兴味、追求、个性的张扬也就几乎荡然无存了。

中学生应当具备一定程度的写作能力,这种能力不仅是今日学习语文,学习各门功课的需要,更是为日后从事工作打下必不可少的基础。为此,过去的语文教学大纲,新世纪语文课程标准,均有明确的阐述,初高中各应达到怎样的要求。写作教学尽管有明确的要求,但要有效地培养与提高学生的书面表达能力绝非轻而易举。一是写作能力往往是学生语文素养的综合反映,文字运用能力的背后是思维、情感、知识积累、价值判断等支撑,后者单薄、空虚,"织锦成文"就成了空中楼阁。二是写作能力的提升是渐进的,不是靠什么套路就能突飞猛进,以功利之心、功利之眼对待,总以失望的心态相伴,因而,觉得写作难度很大,不可捉摸。三是神秘感,特别是有不少学生认为作文是做出来的,自己不是那块"料",不会"做",再怎么努力也"做"不出来。确实如你所说,学生学写作文,有多种多样的心理障碍,不清除这些拦路虎,学生书面表达的积极性不可能充分发挥。

说写作多么多么重要,空说道理,无济于事。首先要摸清学生究竟有哪些心理障碍、思想障碍,形成的原因是什么,然后有针对性地加以疏导。不能大而化之,毛估估,对不上号。其次是摆正疏导与引导的位置。就问题讲问题,学生往往处于被疏导的位置,有的学生会消极对待,甚至有的还会有抵触情绪,"我反正不会写,算了"。重要的在于积极引导,以事实为根据,激发学生好奇心,激发他们把自己的所见所闻所思所想诉诸文字的内在需求。教师几乎普遍地认为学生怕作文,怕写作文。其实并不如此。深入了解,真正对写作文有恐惧感的并不多,不到五分之一,而且惧怕的程度也不一样。惧怕得严重的犹如条件反射,不知所措。这种情况多半是在学写初始阶段,心理受到难以忘怀的伤害。辱骂,讽刺,一而再,再而三,有时是教师、家长双重奏,幼小的心灵难以承受。这种学生重在心理医疗,抓住点滴进步,积极鼓励,医治创伤。有的是不良习惯使然,草率从事,胡乱涂抹,屡遭批评而不知原因何在,找不到破解的路。这种学生抓良好写作习惯的培养尤为重要。有的惧怕不是对写作本身,而是怕得不到好成绩好分数,分数栅栏成了写作的心病。"育分"的负面作用对学生的影响真是无处不在。

学生动笔有难度,这种状况比较普遍。一个班级能用文字挥洒的毕竟极个别,因而,写作上帮助学生攻克困难应是写作教学的主攻方向。形成困难的原因多种多样,思维的、情感的,生活实践的、文化积累的,思想认识的、文字运用的,历史积淀的、现实感受的,等等。写作,即使初学者个性特点也比较明显,家庭环境正面或负面影响也都有反映。较长时间形成的个人写作内外环境,要因势利导,扬积极因素,弃不良影响,绝非一日之功。要从学生的实际情况出发,抓住最主要的写作环节培养,步步提升,坚持不懈。

黄:从我自己动笔的体会来说,写作上个性特征很鲜明。同样记叙一件事,10个学生10个样,正确、差错,词句、文采可能大相径庭。要切实提高每个学生的写作能力,因材施教必不可少。但为了帮助不同层面的学生克服写作上不同程度的困难,写作要义的全面施教更是十分重要。

于:我觉得写作要义首先是激发写作的好奇心,助推写作冲动感,而不是先搞什么写作知识的堆砌。有了好奇心和冲动感,写作就有了发动机,内在的发动机转动,学生被迫写作的状况就能逐步扭转。

要让学生体会,写作是非常有趣的事,有的文章没撒辣椒末,但你读了禁不住会开怀大笑,眼泪直往下流。比如我向学生推荐《我的"她"》,隐去最后一句,要学生猜一猜"她"是谁,"她"为何对"我"有如此大的魔力,读完以后又有哪些想法。

我的父母和长官非常肯定地说,"她"比我出生早。我不知道他们说的是否正确,只知道我的一生中没有哪一天我不属于她,不受她的驾驭,她日夜都不离开我,我也没有打算立刻躲开她,因此,我们之间的关系是紧密的、牢固的……但是,年轻的女读者,请不要嫉妒……这种令人感动的关系给我带来的只是不幸。首先,我的"她"日夜不离开我,不让我干活。她妨碍我读书、写字、散步、尽情地欣赏大自然的美……我写这几行时,她就不断推我的胳膊,像古代的克娄巴特拉对待安东尼一样,总在诱惑我上床。其次,她像法国妓女一样,毁坏了我。我为她,为她对我的依恋而牺牲了一切,前程、荣誉、舒适……多亏她的关心,我穿的是破旧衣服,住的是旅馆的便宜房间,吃的是粗茶淡饭,用的是掺过水的墨水。她吞没了所有的一切,真是贪得无厌! 我恨她,鄙视她……我早该跟她离婚了,但是直到现在还没有离掉,这并不是因为莫斯科的律师要收四千卢布的离婚手续费……我们暂时还没有孩子……你想知道她的名字吗? 请你听着……这个名字富有诗意,与莉利亚、廖利亚和奈利亚相似……

学生读了,猜啊,"她"是谁呢? 众说纷纭中,我出示了最后一句:"她叫'懒惰'。"学生开怀大笑,有的嚷了:"上当了,还以为是人呢!"再回过头来读全文,笑得眼泪直往下流。原来这是一篇讨伐"懒惰"的檄文,列数懒惰的罪状,痛斥懒惰的危害,表明不与懒惰决裂,必然断送前程的观点。这篇短文出自俄国短篇小说大师安东·契诃夫之手,令人耳目一新,拍案叫绝。看来那么严肃的话题,没有板起面孔来进行议论,而是写得那么有趣,那么好玩,文字的神奇寄寓其中。学生对文字运用的高明有所感悟,如"我"和"懒惰"之间的关系描绘得如胶似漆,难舍难分的写法;既恨"她"的诱惑,又不打算立刻离开她;断断续续述说中表达的复杂感情等,尝到奥妙,心开始动,手也有点痒,有点想用文字表达的冲动感了。

这种好奇心的激发与写作冲动感的培养不是完成任务似地做一两次,而是要适时适境地以经典或同龄人的优秀习作作为蓝本,给学生开阔视野,增长见识,增添对写作的兴趣与感情。蓝本一定要精选,能够让学生动心动情的。如闻一多的诗《一句话》,是诗人对祖国命运满怀的深情浇灌而成。炽热的爱国情感燃起了势不可挡的写作热情,这种写作热情浇铸的诗句铿铿锵锵,唤起读者的共鸣。要让学生切实体会到,文章是心灵的轨迹,有旺盛的写作热情,有一吐为快的冲动感,一行行文字就会从心头奔涌而出。

黄：写作热情当然重要，但热情不能代替能力，要克服惧怕，克服下笔的困难，还须指点入门的路径。

于：你说得对。其实在阅读教学中一直有指导文章怎样写的内容，只是这种指导是有意识还是无意识，能否恰当地结合学生的实际水平。读与写关系密切，教师教学要善于在二者之间搭桥铺路，有时二者可结合起来进行。

给学生指点写作入门途径，方法很多，我认为先着力抓最基本的。一是帮助学生找"米"下锅。学生写作最大难题是"做饭无米"，为"无米之炊"苦恼。总觉得无话可说，无事可叙，无物可记，心中茫然。其实"米"无处不在，关键在自己识别、寻找、捕捉。启发学生打开记忆的仓库，引领学生观察周围的事物，使模糊的清晰起来，零散的串连起来，具体的、生动的写作材料就涌现到眼前。如冬青树春天落叶，黄金条先开花后长叶，五彩海棠的花蕾掩映在绿树之中……这些校园景色以往视而不见，如今打开认识的窗户原来"外面世界真精彩"，只要有眼力捕捉，可写的东西还真不少。学生有了发现写作材料的喜悦，"米"荒就逐步解决。二是指点学生"搭架子"。文章本无固定模式，形式由表达的内容巧做安排。但初学写作者必须懂得基本规矩，没有规矩，不能成方圆。"搭架子"不是结构上的几段式，而是主要解决两个问题。首先是写前必须明确究竟要盖什么建筑物，心中要有数，不是脚踏西瓜皮，想到什么就写什么，也就是写前必须想清楚，明确文章的中心思想。其次是言之有序，指导他们梳理思想与材料，先说什么，后说什么，再说什么；怎样开头，怎样发展，如何过渡，如何收尾，要通盘考虑。再次是先列提纲，师生共同讨论、修改，具体指导。反复多次，乱麻一把、杂乱无章的毛病就有所改进。三是助选"砖瓦"。词句是文章建筑物的砖瓦材料，选得恰当，运用得规范，建筑物就坚固、美观。主要解决病句丛生的毛病。要求不写自己也看不懂的话；不搞障碍赛跑，有的字、词写法、含义吃不准，无把握，就立刻请教不说话的老师——字典及词典；试写一两段，读一读，是否上口，不上口处，疙疙瘩瘩处必有问题，咀嚼、辨别，加以修改。一次、两次、多次，不仅让写与读、听、说紧密联系起来综合培养，而且逐步养成认真负责的习惯，对自己写的文字应采取负责任的态度。

黄：满腔热忱、持之以恒地"帮"，学生从写作实践中会悟到一点门路，心理障碍、思想包袱也会逐步放下。

于：确实如此。坚持必有成效，有位原本视作文如仇人的同学居然喜笑颜开地对我说："对作文我不恨了，也不怕它了，我已经有点会写了。"一名女学生原本碰到写作文连觉也睡不着，她母亲来学校对教务主任说："于老师是用什么魔法把孩子的心结打开的啊？现在我的女儿不仅不怕作文，而且积极得不得了，吃晚饭时看到个什么节目，立刻放下筷子说，'太好了，我马上把它写下来'，站起身来就走。"学生十分可爱，可塑性很大，只要引导得法，潜能就会发挥。当然，克服困难也不是一次就成功，随着写作难度的增加、问题的多样、思维深度与广度的拓展，还会遇到各种各样的困难，写作教学与助学生攻克困难总是结伴同行的。

语言文字、思想情操双锤炼

黄：有一种看法很普遍，认为会不会写文章，关键在文字功夫的深浅，只要掌握语言文字，写，就不在话下。学写作文也是如此，只要掌握美词佳句，文章就漂亮了。于是，背词语，背佳句，背作文选中的优秀作文。其结果，下笔仍然千钧重，不能顺畅地表达自己的情和意。这种状况您是怎样认识的？又如何来改变呢？

于：你说的状况确实存在，而且不在少数。总认为写作的问题只是语言文字运用的问题，忽略了写作内容的存在。这是对写作能力培养与提升的一种误解。须知：任何文章都是内容和形式的统一体，思想内容是灵魂，语言文字形式为内容服务。思想内容正确、充实、闪亮，再佐以准确、优美、精彩的文字，文章就站立起来，给读者以启迪、感染，乃至力量。学生学写作文，当然不应有过高要求，但言之有物，言之有序、言之有文应是基本要求。不管是哪个学年段的作文，均应有实实在在的内容，均应文从字顺。

中学生作文世界是稚嫩的、不成熟的,乃至粗糙的,残缺不全的。有时柔弱得缺少脊梁骨,站立不起来;有时东纠结,西拉扯,说来说去说不清;有时红花忘了绿叶衬,画龙忘了点睛笔。学生在学习写作过程中有这样那样的不足与缺陷,不足为怪,也不可避免,关键在于应满腔热情地具体指导,切实训练,引领他们跨越幼稚,走向成熟。

弥补不足与缺陷不能停留在就事论事的层面,满足于打几个补丁,而是在弥补不足的同时,更要整体设计,在语言文字和思想情操两个方面同时着力培养,既引导学生锤炼语言文字,又引导学生锤炼思想情操,二者紧密结合,方可收到相得益彰的效果。

古人说"文以载道"、"文以明道",要写出像样的文章,须有实实在在的内容。实实在在的内容从何而来?靠的是平时对客观事物认识能力的锤炼,分析能力的锤炼。首先要有观察生活的能力。德国诗人、剧作家、思想家歌德有句名言:"理论是灰色的,而生活之树是常青的。"确实如此,生活之树常青,生活是取之不尽、用之不竭的写作源泉。写作文,实际就是写生活。学写作文,必须在生活这一关上认真下功夫,要关心、了解、发现、寻觅、感受。大脑中采集的自然与社会的信息越多,写作的素材就越丰富。过这一关,必须紧紧抓住两个"入",一是"身入",二是"心入"。"身入"除了学习生活外,多参加家庭活动、社会实践活动,更重要的是"心入"。要对接触到的人、事、景、物有浓厚的兴趣,不仅用眼看,用耳听,更要用心去想,去感受。"心入"有突破,目光才会敏锐起来,能像摄像机一样把客观物象摄入自己的眼帘,印入自己的脑海,而且能在极其普通极其平凡的事物中发现一般人所看不到的新鲜东西,生动的,带着生活露水的。根据学生观察只注意一鳞半爪,记忆中留下残破不全印象的通病,特别强调不管观察环境、观察景物、观察人物,都要做到既注意整体,又注意局部,还要注意细部;要努力捕捉特征,要按一定的顺序:既要观察其静态,又要了解其变化。多角度多侧面了解、分析,就能把握全貌。不断指导,提醒,举实例阐述,比较,努力做到老舍先生告诫的:"观察事物,必须从头至尾,寻根究底,把他看全,找到他的'底',不知全貌,不会概括。"持续地进行训练,学生笔下的内容就具体起来,丰富起来,带着生活露水的鲜活形象就会不时地凸显在眼前。例如,原本一名写作较为困难的男同学,记述自己教室时,出现了不少妙趣横生的语言——"从清晨到傍晚,只有上课的时候是宁静的。一到课间和放学以后,各色人物一齐出场,各显神通。集邮家们大呼小叫,大肆拍卖自己的狗皮膏药;打手们你推我绊,鏖战一场,然后便是亲热地抱成一团儿。""课堂上大家盯着老师看,竖着耳朵听。虽然举手的人不多,但看得出'机器'早已开动。你看孙栋听到出神的地方,张着嘴,拿着一条手绢咬在嘴里,生怕'啊'出声来。再看,张浩双手托着眼镜脚,身子前倾,紧盯着黑板,脸都不由得由白变红了。"班级交流,读这篇习作时,教室里笑声此起彼伏,有的说:"太像了,真好玩!"有的说:"了不起,活灵活现!"有的跷起大拇指对这位习作者说:"你怎么会捕捉到这么多细节,看来对你要刮目相看了。"这位写的同学当然乐不可支,他用"心"看,用"心"想,用"心"感受,取得了良好的效果,成就感洋溢脸上。

黄:心入生活,不仅获得了写作材料,更重要的是分析、筛选,取哪些材料进入文章,达到怎样的目的。捡到篮里就是菜,看到什么就写什么,有时也会成为乱柴一堆的。

于:你说得对。打开认识窗户是第一步,接下来就要对众多材料分析、判断,作一番取舍详略的处理。以什么为标杆来处理呢?那就是文章的"意",即通常说的文章的主旨,文章的中心,也就是你写这篇文章的意图或宗旨。不管是命题作文、话题作文、材料作文或自由作文,你写这篇作文总有一定的意图,一定的目的。描述生活现象也好,说明纷繁的事物也好,议论种种问题也好,总想告诉人们什么,达到怎样的目的意图。这就是文章的"意",文章有了这个"主心骨",就站立了起来。"意"确立得如何,对文章全局起很大作用。明末清初大学问家、思想家王夫之曾说:"无论诗歌与长行文字,俱以意为主。意犹帅也;无帅之兵,谓之乌合。"(《薑斋诗话》卷下)"意"是文章中的统帅,缺少主旨的文章,即使材料丰富,也会杂乱无章,甚至不知所云。学生习作这方面最易犯的毛病,一是想到哪里写到哪里,多中心或无中心;二是人云亦云,写人家说过的话,重复过去的认识,就是没有自己的见解;三是说大而空的话,不着边际。为此,要指导学生学会为文章立"意"。"意"是提炼出来的,要学会在动笔之前从掌握的材料中提炼观点。要鉴别,分析,区别正误,分清美丑,不仅要锻炼自己的眼力,而且要锻炼自己的思维力,思考探究,有自己独特的理解,独特的感受,领悟写作对象客观事物中寓含的真谛。文章正确、深刻、新颖的"意"的确立,实际是认识能力、感受能力、思维能力的发展与提升,是思想情感价值取向的锤炼。指导要具体,结合学生的写作实际分析,又以佳文美作作为榜样引领,切忌空谈。认真思考,持续训练,眼力增强,思想水平提高,情感丰富起来,文章立"意"的能力也随之会明显提高。

黄：炼意的过程其实语言能力也获得了锻炼。

于：说得对。一般来说，人总是用母语思考的。中学生思考总是用祖国的语言，语言是思维的外壳，锤炼思想，反复思考，语言的运用也获得了锻炼。文章的"意"立得好，不等于就能把文章写好，织锦成文有一整套的写作技能技巧。孟子曾说："梓匠轮舆，能与人规矩，不能使人巧。"（《孟子·尽心下》）意思是木工以及专做车轮或车箱的人能够把制作的规矩准则传授给别人，但不能够使别人一定具有高明的技巧。写作文与制作车轮等工作有某些相似之处，总要有"规矩"，没有规矩，不能成方圆。语言文字怎样来表情达意，怎样连缀成篇，是写作教学必须担当的重任。从学生的习作实践看，有三个方面几乎是普遍存在的问题，须重点指导，努力改进。一是写作材料的筛选与主次详略的安排，二是语句与语句之间逻辑层次理不清，三是语言贫乏无味，用词不当。写作材料是文章的质地，学生在占有有限写作材料的基础上仍然要花一番功夫挑选。下笔前不能懒于思考，定要审视材料本身的意义，由表及里，去伪存真；定要紧紧扣住"意"的标杆决定取舍，要选取与中心思想关系密切的材料，没有关系的即使材料本身有意义有价值，也要坚决删除，舍得割爱。写文章是很严肃的事，无论是叙事、写人、记物、说理，均有明确的写作意图、写作主旨，而不是材料的堆砌。学生由于文化积淀与生活阅历所限，不可能做到如苏轼所说"博观而约取，厚积而薄发"，（《稼说送张琥》）但写前总体思考，"量体裁衣"，形成习惯，对提高写作能力大有裨益，能有效地改掉记流水账、材料芜杂或马虎潦草的毛病。还要根据表达文章主旨的需要，对所选材料作一番裁剪，作主次详略的处理。最反映事物本质的、最精要、最新颖的，最能表达写作主旨的要详写，有的可三言两语，有的可一笔带过。所有的材料都并驾齐驱，文章就密不通风，主旨表达就受到影响。材料筛选时，虚假、差错，更不能掉以轻心，必须舍弃。

　　第二个普遍存在的问题是语句表意纠缠不清。文章分三段还是四段来表述，总体架构已耳熟能详，不会出大偏差，但在具体叙说、发表议论时，常意思纠缠，思维跳跃，前言不搭后语。要克服这个毛病，既要抓语句组织的能力，特别是多种复句组织的能力,又要抓思维的条理化,还要抓认识事物的准确、有序。对事物发展的前因后果弄不清楚,事物的内在逻辑与其他事物之间的关系理不清楚,病句丛生就不足为怪。复句关联词用得不当的毛病也大抵出于此。持久地抓语句的有序训练,能促进思维条理化;而思维条理化有所进展,又能促进语言的顺畅表达。第三个问题语言贫乏无味,主要是积累太少,靠抄写美词佳句并不能解决问题,还得在大量阅读上下功夫,接受中华优秀文化与人类先进文化的熏陶,增添文化底蕴。文章千古事,得失寸心知。学生时代学写文章既要掌握基本的写作技能技巧的规矩,更要积极主动地在思想情操、语言文字方面认真锤炼,悟得其中奥妙。在写作中获得自由,倾情吐露心声,上乘作品就会不断涌现。

开拓课外语文学习广阔天地

黄:学生书面表达能力是其语文素质的综合反映,要有效地提升他们的写作能力,光靠语文课,光靠有限的几节写作课,我总觉得无济于事。课内阅读积累,精心指导,当然有作用,但更应打开视野,打通课内外。毕竟课内有限,课外无限,天地广阔。这个问题您是怎么认识的,又是怎样实践的?

于:很同意你的看法。课内有限,课外无限,生活无处不语文。关起门来学语文,在分数上斤斤计较,不可能学到语文真本领。语文学习就是要着力于语文素养的整体培育,要学用结合,以用为主。课内我按教学要求完成阅读、写作任务,课外开拓语文学习三条线。一是吸收,二是输出,三是活动,展示。

吸收主要是打基础,拓视野,重点培养读与听的能力,养成阅读书报杂志与听广播、看电视新闻及听文学讲座的习惯。结合课本中古诗词的学习,拓展古诗词的背诵,编课外阅读教材,进行中华文化"根"的教育。每周两三首,读读背背,信口悠悠,没有负担。在教学时需要引述,不少学生就自告奋勇背诵,以表示自己"胸有成竹",教师激励几句,学生自读、背诵积极性更高,能坚持不懈。推荐阅读文学、艺术、科学,如《少儿文艺》、《青年一代》等多种杂志,班级订阅的杂志多达数十种,学生自己选择,自己订阅,经费用我的特级教师每月津贴支付。学生阅读面很广,航空、航海、军事、兵器知识、棋谱、画谱、乐谱、科技制作等均有涉猎。有的学生兴趣专一,有的有多种兴趣;有些杂志大家抢着看,封面脱落,破损不堪。定期开杂志阅读交流会,既推荐,又谈心得,分享阅读欢乐。记得有名女同学介绍一本漫画杂志时,把欧美几个国家领导人的漫画头像介绍得妙趣横生,线条、块面、手法、内涵,有分有合地描述,听者全神贯注,笑声不绝。无须解说,这本杂志立刻成为抢阅的对象。定期推荐阅读精品佳作,推荐由教师和同学共同负责。教师偏重于推荐传统文化经典与红色文化经典,适应学生的年龄特征与接受水平,推荐以文学作品为主,开书单,与图书馆沟通,借阅。学生推荐是自己到书店选购,每人一本,(购书款仍是我特级教师津贴),自己先阅读,然后加以评论,推荐。学生根据自己的兴趣自我选购,挑选得十分认真,十分高兴,要求做一点读书笔记,两个月开一次阅读心得交流会或好书推荐会。尽管没有考查与分数的束缚,但不少学生读得还是很有兴趣,交流时常有亮点闪烁,给人以启示。例如《傅雷家书》刚出版不久,阅读交流时,读这本书的学生不仅历数父亲对儿子教育的真挚与感人,而且还郑重地提出自己的看法,认为教育儿子成才的过程中还不时渗透着封建主义的色彩,比如哪封信哪封信。十五六岁的初中生文学鉴赏能力与文化判断力有限,但读得如此认真受到同学们称赞,他的语文程度在班级里不过是中等偏下水平。有的学生喜欢读大部头的文学作品,一般来说,他们的语文程度较好,阅读能力较强,阅读兴趣也比较浓。有名男同学读肖洛霍夫的《静静的顿河》,读书笔记是作品人物形象分析,分析了十几个形象,每个形象均数百字上千字。分析虽不一定周全、准确到位,但这种阅读态度、阅读功夫仍然使同学十分佩服。同学之间的行动鼓励比教师单提出要求,效果要好得多。读书交流的内容,初一年级起始真是简单、幼稚,有时就是作品中的内容简述,三年下来,一日不多,十日许多,持之以恒,有的交流内容就有理有据有情有文采,成长不仅显示他们语文质量的上升,也给教师带来快乐与幸福。

黄:这种文化种子的撒播,既环境宽松,又有个性色彩,在有趣、好玩的气氛中吮吸精神养料,滋润心灵成长。有时候,教师为完成教学任务,总是"我布置,你完成",缺少点人文情怀,故而效果常不理想,事倍而功半。

于：教育的活儿绝不只是技巧的活儿，教师的情意倾注其中，任务就有了润滑剂，师生容易和谐。阅读、背诵，教师参与其中，也背诵，也谈认识与体会，学生向师性就更明显。读作品，一定要打开视野，切不可只是语言文字练习。比如我与喜欢国画的一起读《芥子园画谱》，一起评画，亲密无间。文化底子打得宽，对语文素养、审美情趣提升能创造很好的条件。吸收，不仅是读书报杂志，而且要充分发挥"听"的作用。听新闻广播，听各种内容的讲座，接受多种信息，了解世事人情，关心社会发展。看电影，看《焦点访谈》，我们一起议论，一起听作曲家老革命朱践耳讲创作《接过雷锋的枪》的故事，听《哥德巴赫猜想》讲座，听讲述陈景润研究数学皇冠上的明珠攻坚克难的故事，听盲人乐队励志成长的故事，等等，听的过程有时师生也会交流。初中学生没有高中学生那样能理性思考，但能留下印象，留下记忆，留下感动，精神在悄悄成长。

输出，我抓说与写。坚持口头训练，一般说，早读课除诵读古诗词外，有计划地进行口头训练，从叙述一件自己的见闻开始，到介绍时事新闻，到推荐报章杂志上的佳品，到评论某个热点问题的是非曲直。以说的训练促对生活的关心与热爱，以说的训练促思维的条理化。全员训练，一个同学都不落下，一轮训练一个主题。说的内容要简明扼要，控制在三分钟左右，评的要抓住关键，三言两语。每次口头训练两三人，评论一人，掌握在 10—12 分钟。说得清就能写得明，坚持不懈，学生口头表达能力获得切实的锻炼，那种说话低头不敢看人，"嗯、嗯"、"后来，后来……"、"但是，但是……"的语病大为减少。有的学生为了讲得好，先把讲的内容写下来，做点修改，再背出来，一句句讲，以写促说，说写结合，对语言文字运用的敏感性加强，经过一段时间训练就完全脱稿，有了"说"的自信。情意的输出，书面表达能力的培养与训练，同样要经常化、兴趣化。那种为了应试，一学期写一到两篇的习作，反反复复修改，使样板化，背在腹中用以套题，排列组合，这样"教学"，也可能赢得考试的好分，但对书面表达能力的切实提高负面作用很大，歪曲了培养写作能力真本领的主旨，抑制了学生视野、思维的发展，无意识地在传递压题、套题、走投机取巧捷径的不良思想与做法。我们按照教学大纲的要求，每学期的写作都有一定的量的训练，我认为一学期大作文不得少于 8 篇，基本上两周一篇，不间断。与此同时，配以随笔、小作文 8 篇，即周周要动笔。随笔是写自己最感兴趣的事，最有体会、最为感动的事，人、事、景、物均可，长短不拘，教师批阅，择优鼓励交流。学生的随笔确有好文章，真情流露，有时还真有点过人的见解，我这个批阅者也受到娃娃学生的教育。学生写作习以为常，制度化了，也就与"怕"、"难"逐步告别。

黄：从您的做法中我体会到教育真是细水长流，培养学生读、写、听、说的能力绝不是一蹴而就，而是长流水，一点一点地渗透、熏陶、浸润尽在不言中，语文学习跟生活融在一起，跟生命的成长融为一体了。

于：你说得对，我早说过，语文与生活同在，语文陪伴人一辈子。我教学生语文一直有个信念，就是不为博得考试高分所左右，而是在热爱、自觉、真本领上下功夫。后者真正能有所落实，考试取得好成绩也就是意料中事。如果前后颠倒，那就本末倒置了。也许有人认为这是理想化的，不现实。在功利泛滥的时代，是非曲直为工具理性所左右，学术是没有尊严的。但是，教育事业是理想的事业，没有理想的追求，又怎可能塑造人的核心素养？吸收、输出，都有语言文字技能技巧的切入口，但最终目的还是能力与素质共同成长。为此，我们在活动、展示方面也做了大量工作。如周六下午或周末组织学生参观各种展览，菊展、灯展、自然博物馆、历史博物馆等；组织缅怀活动，瞻仰革命烈士陵园、鲁迅纪念馆、一大会址等；组织各种游览，郊区踏青、金山看海、浦江夜游、杭州访胜；组织各种趣味活动，让学生充分展示才华。如中秋节组织月光晚会，从提议、策划、撰稿、组织到主持、表演的节目及人选全部由学生设计、实施，高涨的积极性令人感动，单是撰写的晚会脚本就长达一两万字，诗歌、舞蹈、乐曲，中外兼备，从杜甫的《月夜》到贝多芬的《月光曲》，学生是花了功夫的，主动性和文字才华都令人刮目相看。组织语文知识竞赛也是如此，有学生多次向我表达，要做主持人，她有能力评判。题目也都由学生设计，必答题、抢答题，不仅要反复斟酌、推敲，而且保密工作也做得很好。社会上刚有什么学习新招，他们就要搬到学校来尝试一番，体验一下。写童话故事，到附近小学为小朋友讲童话故事，看谁讲得好，最受小朋友欢迎。办小报，从内容到报头、排版均自我设计，然后展示评比；随笔、童话故事、读书笔记均编辑成册，用心美化，学期末，展示成果，激励士气，增强继续前进的动力。

黄：课外您组织语文学习语文训练三条线的活动，哪来那么多时间保证？

于：做有心人，一是见缝插针，二是有机结合。比如口头表达训练，一部分插入早读课，一部分利用课的起始几分钟，点点滴滴积累，长期训练就看到效果。阅读主要是学生自主安排时间，交流，小组比较灵活；全班，就安排课后大块时间，一两个月一次，还是挤得出来的。参观访问有的安排节假日，有的与班级活动结合，有的与其他单位需要结合，有的与课内学习的内容结合。课内外贯通，学生有兴趣，有追求，习以为常，就不感到有多少负担。说说，笑笑，看看，听听，玩玩，在比较自由自主的氛围中，观察力、想象力、思维力与语言文字的理解和运用的能力均获得了发展，写作业就有了直接经验与间接经验的源头活水。当然，教师是比较辛苦的，许多活动要参加要指导，读书笔记、随笔、发言稿要看阅、批改，指点。事情都是人做出来的，眼怕手不怕，更何况帮助学生成长，自己也会有长进，教学相长嘛。一名班长初中毕业考入市重点高中，高三毕业后写信给我表示谢意，说过去年龄小不知事，此时此刻才真正体会到初中三年底子打得多么扎实，多么宽广，高中三年几乎无时间顾及，但读写能力仍然是顺风顺水，不落后。我想，每个学年段都应切实把好关，为学生进行高一阶段学习提供扎实的基础及发展的潜力。

整体设计，有序落实，忌零打碎敲

黄：当今学生写作文，相当程度是为了应付考试，尤其是升学考试。初三、高三更不必说，拿历届高考、中考作文题做，拿各种模拟的作文考卷做，就是起始年级，应考的元素也不少，这与课程标准、教学大纲的要求差距实在太大了，这个问题您是怎样认识，怎样处理？

于：作文教学由于认识进入误区，行动上走样也就不足为奇了。作文教学最常见的有三种毛病。一是随意性，想到什么作文题，就让学生写一写；有什么问题，业内或社会上炒得很热，就让学生写一写；读到什么课文，想到有关内容，就让学生写一写，没有什么计划。二是应试指挥棒，如你所说，围着考试转，猜题、压题，反反复复操练，着力于按评分标准剖解，怎样四本八稳可拿到二类卷、一类卷的分数。三是写作过程缺乏具体指导,特别是有针对性的指导,通常所见到的是作文题与分数的结论,批改极少,讲评或缺失,或简单化、浅表化。最常见的符号是"√"加"阅",有些连"阅"都没有,只剩下红色的"√"了。

其实,中学语文教学中写作能力的培养与阅读能力的培养一样,都有明确的具体的要求,《义务教育语文课程标准(2011 年版)》7—9 年级,即初中学段,写作目标与内容就有 8 条之多,从"写作要有真情实感,力求表达自己对自然、社会、人生的感受、体验和思考"开始,到观察生活、搜集素材、构思主意、列纲起草、表达方式的选择、不同文体文章的要义、文章的修改等方方面面均目标明确,内容具体,包括写作的数量也有规定。第 8 条规定:"作文每学年一般不少于 14 次,其他练笔不少于 1 万字,45 分钟能完成不少于 500 字的习作。"《普通高中语文课程标准(2003 年版)》的必修课程里对于"表达与交流"同样有明确要求,如第 3 条"书面表达要观点明确,内容充实,感情真实健康;思路清晰连贯,能围绕中心选取材料,合理安排结构。在表达实践中发展形象思维和逻辑思维,发展创造性思维"。第 4 条、第 5 条在积累素材,创意表达、综合运用多种表达方式,推敲、锤炼语言等方面提出明确的要求,第 6 条也有写作量的规定:"能独立修改自己的文章,结合所学语文知识,多写多改,养成切磋交流的习惯。乐于互相展示和评价写作成果。45 分钟能写 600 字左右的文章。课外练笔不少于 2 万字。"修改后的《新课程标准》同样对表达有要求。高中的目标、内容与初中的比较,坡度十分明显,初中更基础,是写作能力的奠基,高中更丰富,更强调综合性,更重视写作中的个性发展,创意表达。

《语文课程标准》中的写作目标、内容、要求,语文教师很少有整体印象,深入钻研的就更少。阅读教学目标、要求比较能落实到位,主要有文本依托,有一个单元一个单元、一篇课文一篇课文来落实,有现成的载体;而写作没有单独的教本,有的课本中有点写作的内容与要求,但与阅读比,十分单薄,系统性更差。随意性大,围着考试转,写作教学中零打碎敲成为常态。这种状况对提高学生的写作真本领极为不利。

学科教学必须有计划有目的,写作教学也不例外。在这方面,语文教师既是从教者,也是这个学段这个年级写作计划的制订者,而首先应是计划制订者,然后按计划有序地加以实施。即使教某一年级,也要有全局观点,怎样承前,又怎样启后。同年级的教师这方面应加强备课,发挥聪明才智,共同制订出切合学情、有序培养学生写作能力的计划。

　　有计划与无计划效果迥然有异。要制定计划必然要钻研课程标准中有关写作教学的目标、内容、要求，对写作中须认知、训练、掌握、运用的诸多要素梳理清楚，整体思考，合理安排。比如，对自然、社会、人生的观察、发现、感受、体验、思考、想象；比如，观点明确、感情真实、思路清晰、表达顺畅；比如，搜集素材、立意构思、选材组织、安排详略；比如，记叙、说明、描写、议论、抒情等基本表达方式的单项训练与综合培养；比如，记叙性文章、说明性文章、议论性文章及常见应用文写作能力的培养，缩写、扩写、改写以及评改文章能力的培养，等等，均须通盘考虑。制订计划的目的在于把《语文课程标准》中的写作目标通过一次次学生的习作训练落到实处，使学生在这一段的学习，写作上受到符合身心发展规律的较为全面的培养。也就是说，初中学生经过有计划地习作训练，基本上掌握了写作的规矩，能写出表达自己所见所闻所想、内容充实、文字通顺的文章，为进入高一级学校学习打下扎实的基础。到了高中，在原有的基础上加深、拓展、提升，使思想、情感、视野、思维、文字表达获得进一步地发展，更注重理性思考与创意表达。写作教学中写作能力的培养应该说循序渐进的要求还是很明确的。写作目标，要素提炼，也不是平面的、1＋1＋1的做法，而是抓住重点，有机结合。比如，遣词造句的问题、结构组材的问题，几乎每篇习作都会碰到，因而，要根据习作训练的重点技巧做安排。

　　写作应试教育最大的弊病是学生写作中未获得系统的全面的培养，在某一方面或某几方面强化训练，其他的缺失，形成残缺不全。最糟糕的是背诵几篇现成的所谓"优秀作文"在肚子里，考场中套，也许得了还满意的分数，但丧失了写作的真本领。写作能力是综合能力，教学中要培养学生写作真本领确实不容易，但学生有了这个真本领会受益终身，更何况求学时代，学生学习写作真本领是他们的权利，应受到尊重和爱护。

黄：为了培养青年骨干教师，您曾经被调到初中教语文，您能说一说初中三年对学生写作能力是怎样有计划地培养的吗？

于：因工作需要初次教初中，对少年学生不熟悉，只得边学边干。但写作还是订了计划，按照当时《语文教学大纲》中关于写作的要求。写作教学过程按计划实施，我主要抓三个环节。一是命题及指导,二是批改,三是讲评。为了避免内容的重复,我把计划安排与作文讲评结合起来讲述。

　　初中三年写大作文 50 篇,每个年级确立习作训练的重点,由叙事、记人开始,进而说明、议论;由比较单一的表达方式的训练到多种表达方式的综合运用,由浅入深,循序渐进。初一年级起始,学生初进中学,要与小学的想法、做法衔接。小学生作文往往"三段"式,程式化,或在文章末尾还来一句点题,这是就表达而言。就材料而言,学生常有无"米"之苦。为此,第一阶段习作就在开拓思路,到生活中发现材料、寻找材料上着力,与此同时,引导他们发展观察力,想象力。习作讲评就是按写作要求展开。如第一阶段:

次数	作文题	讲评课题目
一	夏天的夜空	让思想长上翅膀飞翔——谈开展联想与想象
二	夜(看图作文)	再谈插翅飞翔
三	记一个最熟悉的人	打开认识的窗户——谈用眼看
四	听践耳同志谈音乐	再谈打开认识的窗户——谈用耳听

　　写前先作简单的指导,激发写作兴趣,并提出要求。第一篇作前指导与要求:夏天的夜晚是孩子们的天下,打着扇子在室外乘凉,数星星,讲故事,猜谜语,海阔天空,乐不可支。请同学们想一想:夏天的夜晚,当你仰视晴朗的天空时,你会看到怎样美丽的景象? 当你看到天空中闪烁的群星时,你会想到什么呢? (同学们七嘴八舌议论)刚才同学们的思想插上翅膀在想象的天地里遨游了一番,有的说想到了月亮中的嫦娥、吴刚、桂树、玉兔,有的想到北斗星、北极星,有的想到牛郎织女的故事,有的想到宇宙飞船、宇宙人,总之,想到天空中有无数的奥秘,想到人们怎样去星空探索奥秘。每个同学都多次仰视过夏天的夜空,也都由灿烂的天空引起不少美丽的想象,现在就以"夏天的夜空"为题写一篇作文,把自己的所见所想写下来,看谁写得丰富,写得通顺。字要写端正,卷面要整洁,格式要正确,标点要清楚。

　　根据学生习作的状况选取了 3 篇与刚学过的课文郭沫若的《天上的街市》为材料进行讲评。针对习作较为普遍的问题,讲评确定四个要点,即:选择想象的"触发点",拉出想象的"线头";想象的内容要具体实在,生动形象;眼前实景和想象中的"虚景"要过渡衔接,既渡过去,又渡过来;应表现出人们的美好愿望、美好理想。讲评的要点实际上就是第二次习作训练的指导。学习绝非一次就可完成既定目标,习作训练也是如此。于是学写第二篇作文,继续培养联想与想象的能力。作后根据习作状况再进行讲评,要点集中在:观察——"夜中景、夜中物、夜中人",须看仔细,看真切;思考——运用心灵思考,体会画中情,理解画中意;想象——紧扣"触发点",在同一个方向上想象出多种类型的场景;想象要以客观实际为依据,合乎情理。

第三篇作文写人。写前指导与要求为:学阿累《一面》时,我们曾为他的观察能力所折服。阿累在内山书店只见过鲁迅先生一面,但他能抓住鲁迅的外貌特征由远而近逐步深化地描写,并能通过外貌的刻画着力表现鲁迅内在的气质和旺盛的战斗精神,刻貌传神,形神兼备。我们每个同学都生活在家庭之中,生活在集体之中,对家里每个成员应该比较熟悉,因为朝夕相处,彼此了解;对班级集体也比较熟悉,因为同窗学习,终日为伴。现在,请你们从中选择一位最熟悉的人写一写(另外最熟悉的人也可),看谁能抓住人物的外貌特征进行刻画,看谁能通过外貌、语言和行动的描写显示人物的精神,看谁笔底下的人物最活,给人印象最深。写人离不开事,要写好你所熟悉的人必须选择有关材料写清楚事,事情叙述清楚,人物形象鲜明,你们就成功了。学生认真写,从中选出了三篇习作进行讲评,强调:要善于使用自己的眼睛,摄入种种物景;要善于抓住人物的主要特征,提高观察质量;要善于见到别人之所未见的细节,提高观察的精密度;要善于把观察人物所得,用以形传神的方法写成文章。讲评时再引导学生细读《一面》中三段形貌描写的文字,体会什么叫抓住特征。以读引写,又以写促读。学生有种误解,认为认识生活、认识事物靠用眼睛看,忽略用耳听也是获取外界信息的重要通道,第四篇习作主要引起学生重视,平时注重听的训练。用耳听获取信息再写下来很不容易。针对习作状况,讲评时指出;要听真切,无差错;抓重点,梳条理;既储存,又舍弃。即用耳用心,提高听的质量。还要积累知识,扩大知识面,增强听懂的能力。课后再听录音或听录音片段,边听边记,有意识地训练听的能力;发现自己习作与原意有不符合处修改一下。总之,从命题到指导到写作到批改、讲评,一步一个脚印,扎扎实实往前行。

三年教学内容很多,不能一一述说,就以初二年级习作讲评的题目而言,也可见到写作计划的一点端倪。

初二年级上学期	初二年级下学期
生活是写作的源泉 ——《暑假乐事》习作讲评	立足点与观察点 ——《观灯展》习作讲评
要使人物站立起来 ——《我的××》习作讲评	筛选与胶合 ——《"班班有歌声"比赛大会散记》习作讲评
托物叙事见精神 ——《记一件心爱的物品》习作讲评	围绕说明的中心选材 ——《语文学习方法》习作讲评
剖析物情,咏物言志 ——《××赋》习作讲评	事物本身的条理性和说明的合理顺序 ——《一次××实验》习作讲评
情中景,景中情 ——《故乡游》习作讲评	要善于截取精彩的横断面 ——《课余》习作讲评
透彻了解说明的对象 ——《竹影赏菊》习作讲评	激情铸文文意浓 ——《当我向少先队告别的时候》习作讲评
学会在尺水中掀波 ——《故事一则》习作讲评	精致物品的观察与说明 ——《一件工艺品》习作讲评
以事实来说道理 ——《谈学习习惯的培养》习作讲评	感之深者言之切 ——《〈黄生借书记〉读后》习作讲评

黄：显然,表达方式训练已不只是"记叙"的训练,说明、议论、抒情等均有所涉及,难度大一些,而"说明"方式的训练分量更重一点。我总的感受是您对作文讲评这个环节很重视,为什么?

于：我认为习作讲评是写作教学中至关重要的环节,它在活跃学生思维,训练和提高学生表达能力方面发挥着独特的作用。它是作文批改的继续,但又不同于教师的批改,而是师生结合的全班性的面批面改;它是作文指导的继续,但又不停留在作文前指导的水平,而是以习作为依据,进行从实践到理论的概括,学生看得见,摸得着,倍感亲切。习作讲评切合学生的需求,有利于激发他们习作的积极性,能有效地培养他们分析能力、鉴赏能力和书面表达能力。这样的课绝不是表面化地讲一讲习作的优缺点,更不是把病句、不合情理之处来一顿批评指责,甚而夸大、讽刺,引得大家哄笑一番,使习作者难以自处。讲评要持爱护的态度,以正面激励为主。写作是有难度的,说这个不行、那个不行,说一百个不行,学生也不会行,关键在教师要启发、指点学生怎么行。讲评就是正面具体指导,输送养料,教学生应该怎样写。只要正确的写法讲得深,评得透,不该怎么写点一点就明白了。讲评课要有文化含量,要取法乎上,打开学生的眼界,激发他们上进的追求。我常引用文论诗评营造文化氛围。如讲评题目有《着意原资妙选材》、《文无"意"不立》、《"心神"与"物境"合拍》、《"目注"与"神驰"》、《在尺水中掀波》,等等。如引用清刘熙载《艺概》中"叙事要有尺寸,有斤两,有剪裁,有位置,有精神"的论述来讲文章的主次详略处理;引用明谢榛《四溟诗话》中的"凡起句当如爆竹,骤响易彻;结句当如撞钟,清音有余"来强调开头和结尾的要求;引《文心雕龙·论说》"论如析薪,贵能破理"来阐述议论文写作的关键在于分析说理要论透要害。由于有文化的熏陶、理论的滋养,文字运用的具体指导,很多学生爱上习作讲评课,巴望自己的习作哪一天也能成为讲评课的评析文章。有的学生在随笔里写道:"有了好文章,老师就讲评。在讲评时,我常发现有些美词佳句自己用时往往糊里糊涂,根本没想到讲评时所分析的效果。开始有点儿吃惊,然后又觉得好笑,稀里糊涂写,哪会有那么些优点?课后,特别是成语、引文我就尽量找它的出处,看看它在原文中事怎样写的,再看看自己作文中又是为何用的,为什么要用,用了有哪些好处,以后可以怎样再用。解决了这些问题,自己就有了收获,以后也就比较自觉地按文章的需要去寻觅去组织恰当的语句了。"学生写的是真实体会,学生写作对自己文章佳处及毛病往往不自知,或知之不确不深,因为它们不熟谙写作中的规律,生活积累、文化积淀均有限,习作讲评就是以习作为依据把他们从无意识的境地中逐步引出来,提高他们运用语言表达思想的自觉性,提高书面表达的能力。当然,每次讲评须突出重点,不是胡子眉毛一把抓。即使重点讲评某一个问题,也不能企求毕其功于一役。知识的掌握尚且不可能一下子印入脑中,更何况能力的培养,写作训练中的一些基本法则,就须反反复复让学生加深理解,加强印象。但不能炒冷饭,让学生厌倦,要根据习作情况,选取不同的角度,采用不同的方法进行,使学生始终有新鲜感。

黄:处处从学生角度考虑,把写作之苦之难,逐步转变为有趣有味有追求,学生就会有如沐春风的感觉了。作文批改也是教师头疼之事，一是花时间，二是学生不重视，往往看个人成绩就算了。因而，出现了批改简单，甚至不批改的现象，对这一点，您是怎么认识的？

于：习作批改应是写作教学中不可缺失的环节。写文章和修改文章都是训练思想使之明确化、条理化的方法。好文章不仅是写出来的，也是改出来的，任何作品只有反复修改才能臻于完善。有个古代的著名故事就说明了这一点。黄鲁直（黄山谷）在开封相国寺得到宋子京撰写的《唐史稿》，拿回去仔细推敲，发现宋子京"窜易句子，与初造意不同"，而理解了宋子京的写作意图和运用文字的妙处，从此，自己的文章日有长进。文章不厌百回改，作文写好以后，自己读几遍，把多余的词句删除，把意思含糊的语句段落改得清楚明白，甚至重写一遍，也是必要的。教师批改作文本身就是给学生示范，告诉学生修改的内容、方法，从修改错别字到理顺句子，到结构布局，到思想内容的增删，等等，让他们有章可循。即使是表达能力较强的学生，写出来的文章也会有瑕疵，因而，须培养自觉认真修改的习惯。对教师而言，批改学生习作是应该具有的责任担当。学生自我修改，由于语言文字运用规律不熟悉以及判断力的不足，难以抓准问题，切中要害，教师批改根据学生写作水平的差异，可简改、详改、细改、深入改，让学生切实认识到自己习作需改进之处。对作文的眉批，总批，更是与学生进行心灵交流，好的点赞，不足的指出改进路径，激发提升写作能力的积极性。学生很重视乃至珍惜教师的批语，认为在提高写作能力上教师与他们站在一起，是心心相印的。教师批改确实比较辛苦，那时高中班额 56 人，后来初中班额 48 人，教两个班语文，两周一次大作文，批改量真的很大。但坚持这样做，教师判断力、修改文章的能力也得到锻炼，写眉批、总批的表达能力也大大加强。更可贵的在于对每个学生的学情、写情有深入的了解，师生关系更为和谐。

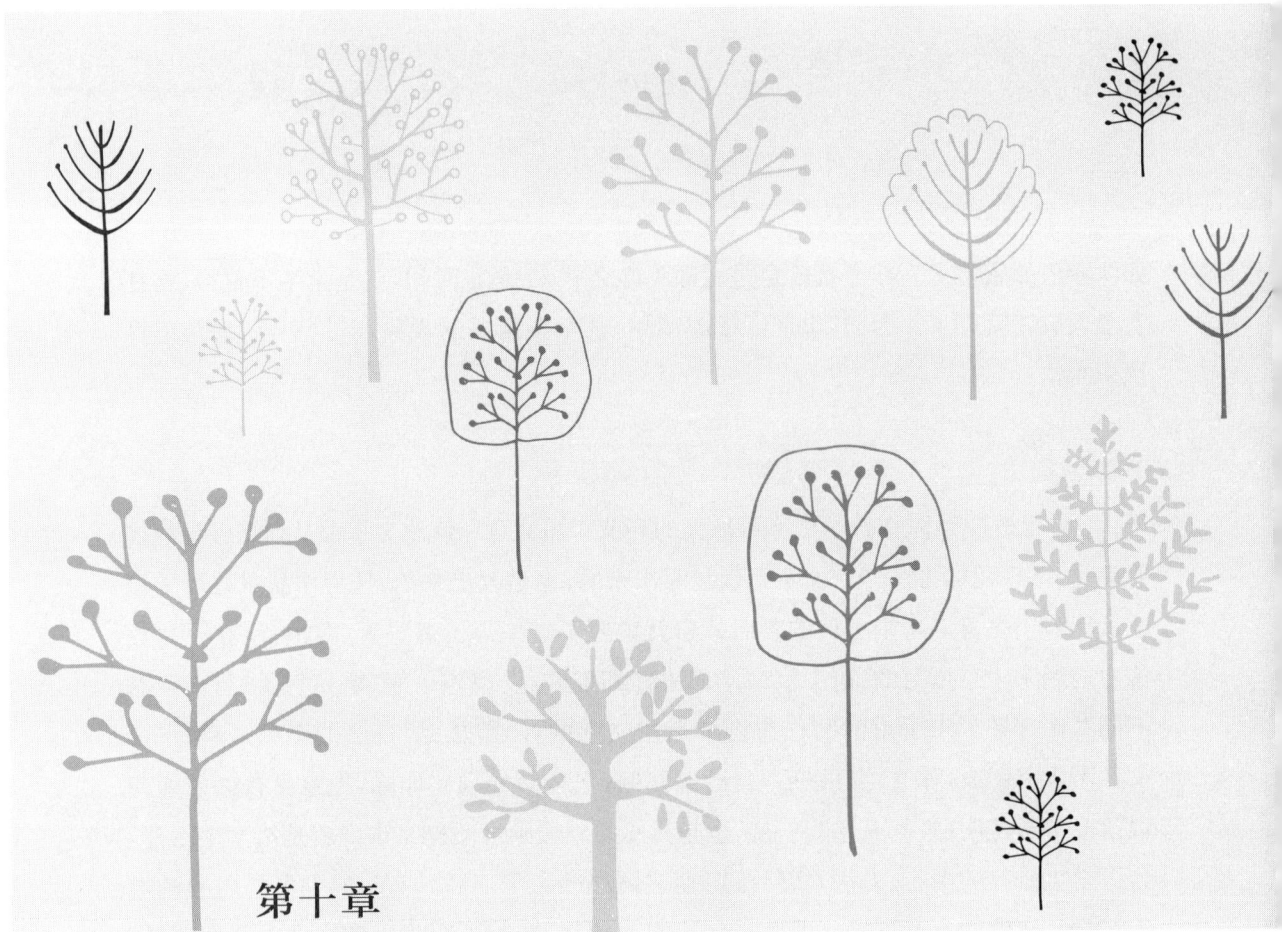

第十章

备课是一辈子的功夫

备课,备教材、备学生、备问题,真正是"台上一分钟,台下十年功"。

　　做教师是一件幸福的事,总能在学习钻研中进步,在反思改进中深化认识。外行人看教师,误认为随着经验增多教得会越轻松,几轮执教后,教材烂熟于心,教学内容、教学步骤,课堂上什么时候该干什么,该说什么,都有板有眼,有迹可循。事实上,教师的成熟意味着对教材的熟悉和对教法的熟知,但并不代表能"躺"在经验上日复一日,年复一年做"复读机"。

　　教师的专业能力和核心竞争力往往是在备课和反思过程中不断打磨,不断积累,不断升华的。

　　备课须独立思考,认真磨脑子。对同一篇教材从看山是山,到看山不是山,再到看

山又是山，认识是在不断加深，要备到"文字都站立起来和你对话"。博览经典、辨别优劣、汲取养分，而不单纯依赖他人的经验，站在巨人的肩膀上，不是把"巨人的肩膀"移植到自己身上。

"细读不等于细教"，备课时还需有所扬弃。"有些经典诗文被研究的文章很多，但意见相左也十分明显。备课时可参阅，但必须首先自己独立钻研，有自己的认识，不能照单全收，杂乱无章，更不能不分青红皂白塞给学生"。靠出奇制胜，语不惊人死不休来吸引学生的注意力，调动好奇心并不明智，"引领学生解读文本，深奥、离奇、标新立异、琳琅满目，不是目的，与质量好不等同。对学生而言，适合的就是最好的，教学要牢牢把握适切性"。

备课，备教材、备学生、备问题，真正是"台上一分钟，台下十年功"。

读懂教材是教师绕不过的"坎"

黄：听了您讲的写作教学，受益良多。不说别的，单是讲评课就不知要花多少功夫备课。批改作文实际上也是为讲评作文备课，不具体全面地把握学生习作的状况，必然讲不到点子上，更不用说深入指导，让学生真正有收获。陆游对儿子逾说："汝果欲学诗，工夫在诗外。"（《示子逾》）看来，要把课上好，工夫在课外。

于：你说得对，要把课上好，使学生学有兴趣，学有所得，学有追求，工夫在课外。教师要花极大的力气备课。备课有诸多内容，诸多方面，读懂学科教材应该是基本要求，是教课的底线。读懂教材看来方便，特别是有了"教学参考书"，有了"课例下载"，认为照搬一下，移植一番，就可以了。其实，那是假读懂，是做这些资料的"二传手"、"传声筒"，自己并未真正进入教师角色，没有直面教材，与作者对话、交流，懂得作者写作的意图。这种走捷径的办法，影响教学的质量，也影响教师自身教学专业的成长。

阅读教学的质量与教师的阅读能力息息相关。过硬的阅读能力不是天生的，而是在较长时间的阅读实践中独立思考、反复琢磨，逐步锻炼出来的。所有的资料皆可参阅，但必须"以我为主"，有自己的认识，自己的理解，自己的深入思考，然后，借鉴他人，分辨正误、优劣，吸收优质养料，提升阅读质量。千万不能自己尚未阅读钻研，脑子里就被别人的种种说法"马蹄杂沓"，丢失了自我。

对教材加以解读，或称之为文本解读，要陪伴语文教师一辈子，要真正读懂，无差错，十分不易，是绕不过的"坎"，要努力跨越。怎么阅读理解，自古以来中国读书人累积了极其丰富的经验，俯拾皆是。西方人文论研究了几百年，流派纷呈，有的影响很大，如阐释学、现象学等。这里不作理论阐述，只就解读时须把握的一些要点以及碰到的某些难题如何破解作简要说明。

为什么要文本解读？因为作者与读者之间，有时间与空间的差距，有的时间差距数百年、数千年，地域数百里、数千里、上万里，人、事、景、物，语言、思维、感情、行为等均有很大距离，很容易产生对作品的误读。要读懂，牵涉到许多相关因素，故而，须认真解读。学生由于年龄、经历、知识水平等局限，读的难度更大，需要教师引领。文本解读先要明确两端，一端是作品，一端是读者。读者要读懂作品，会产生许多不同的看法，但阅读时，力求能再现作者的原意。读者阅读解析，会有自己的主观意识。解读作品须抓住两点：一是作者的原意，这是第一层；二是文本的意义，即第二层，作者写作时未曾想到，在历史的进程中，作品产生的丰富的意义。解读文本时，不可能和作者原意完全符合，只是尽量接近作者的原意。读者要对作品原意进行揣摩，尽量接近作者原意。随着经典作品在时代发展的进程中，意义越发显露、丰富，读者可有自己独特看法，加以发展。如有位年轻教师教《殽之战》，既继承了对《左传》原有的认识，又有他新的见解。尽管孔子讲"春秋无义战"，但在某一场具体的战争中，还是有"义"和"不义"的。蹇叔是文臣，原轸是武将。文死谏，武死战。在秦晋殽之战中，晋是正义的一方。认真解读后，他认为这是一种责任，一种担当。写文官，写武将，写郑的商人弦高，在不同的角色里都有一个责任，一个担当。这是我们中华民族了不起的一个传统。他从《殽之战》中读到了传统，读到了我们民族的心声。这种备课就是在多少年阅读形成的固有结论的基础上叠加了新的认识，不是从外面贴标签，而是从教材本身挖掘出来的，可称之为生成阅读。不是完全走老路，照搬以前的东西，那种复合式阅读，意义不大。

黄：复合式阅读基本上是照搬，生成阅读是把自己摆进去，真有了体会，读懂了文本。还有一种阅读是颠覆性的，不顾作者的原意，只管读者自己的认识，有时是为了吸引眼球，招揽"顾客"，这是不行的。

于：阅读有创见，这是鼓励的，颠覆性的不行。读书、备课，都是严肃的事，要讲究科学，不能随性子，更不能广告操作。

　　备课，一定要把握文章的个性，弄清楚作品的来龙去脉，知人论世，否则在不经意中就会发生误读情况，如归有光的《项脊轩志》被誉为"明文第一"，是传统的文言经典。备课时梳理文字，掌握文言实词、虚词、句式、活用情况，理清文章脉络，从"喜"到"悲"，"喜"在老屋修葺一新，环境优美，"悲"在家道中落，物在人亡，均易把握。但止于此，显然还未读懂。这篇文章与其他文章很不一样是分两个不同的时间写的，课文是节选，一定要查找原文核对，才能把作者的写作原意弄清楚。可查《震川先生集》，也可查《古文观止新编》。查阅后可知晓课文节选的是文章的前三节与后两节，"项脊生曰"论赞一节未选。前三节写于嘉靖三年（1524），作者19岁，后两节是附记，写于作者35岁中举之后。这一时间节点弄不清楚，读"五年后，吾妻来归"至"庭有枇杷树，吾妻死之年所手植也，今已亭亭如盖矣"，就会误读，把附记时间搞错。翻阅有关分析的文章就有把附记写的时间搞错的。有的说附记是"五年之后补写此段"，大概是受文中"余既为此志，后五年，吾妻来归"的影响。有的说附记是13年之后补写的，由文中"五年"、"六年"、"二年"累计起来，修阁子距正文写成的时间是13年。仔细阅读，推敲，可得这个结论。然而是不是阁子修好立刻就写附记的呢？得再查找一下他的身世。归有光原居昆山，"项脊轩"是他在昆山时的书斋名。他23岁娶妻，29岁时魏氏卒，二人情深意笃。仕途不利，35岁才中举人，8次考进士不第。中举后迁居嘉定安亭江上，授徒讲学，不复回故里。从附记内容看，他尚未迁居，在35岁前补作。枇杷树"亭亭为盖"须五六年生长期，为此，距正义的写作时间约十八七年。估计是翻及旧稿，触动对亡妻的怀念之情而补记的。把补记的原委弄清楚，作者对祖母、母亲、妻子的挚爱深情与抑郁萧索的身世之感就能触摸得更为清晰。写的是日常琐细，抒的是人伦之情，绵长感人。尽管是家道破落，但仍然信奉"学而优则仕"古训，课文中未选入的论赞一节正是表达了作者追求功名的精神状态，他要不负祖母持象笏给他时说的"他日汝当用之"的厚望。较完整地把握，对文中的言、事、情、理的意蕴认识、理解就能通透。

备课有时受脑中文体固有模式的限制，对课文的阅读解析总是理不顺，难以自圆其说。此时，须审视自己掌握的知识、理论是否完善，是否存在问题。如《师说》一文的中心论点，可说是众说纷纭，有的认为是"古之学者必有师"，有的说是"道之所存，师之所存"，有的说文章第一段提出了两个论点，然后论证。理一理全文的论说层次，以哪个为中心论点都说不明白。这是因为我们脑中有议论文的固定模式，备课时就往里面套。固定模式是：议论文有立论和驳论两种类型。立论的文章有中心论点，然后围绕中心论点，摆出若干论据（摆事实，讲道理）进行论证，最后得出结论。整篇文章核心是论证，构成提出问题、分析问题、解决问题的完整的逻辑结论形式。《师说》第一段总论师的作用，为学必须从师以及谁可以为师的道理；第二段主要慨叹师道之不存，着重批判当时士大夫耻于从师的不良风气；第三段主要引用"圣人无常师"历史事例，论述师生关系;第四段说明写作本文的缘由。内容铺排一下,可知二、三两段非直接扣住被认为的"中心论点",用模式套,说不清。翻阅逻辑学、翻阅多种议论文,就会悟到文章写法本就丰富多彩,怎可能一个模式? 瞿秋白写的《鲁迅的精神》从四个方面阐述鲁迅在杂感中所表现出来的战斗精神,《在马克思墓前的讲话》阐述马克思在革命理论、革命实践中的伟大贡献,《谋攻》《论积贮疏》等文均难拎出一个中心论点。这些议论文都是阐述型的,《师说》也是如此,阐述了有关从师的几个问题,而不是聚焦在某一点上。由此可知,理论的文章有的是论证型的,有的是阐述型的,还有的是二者兼有的,前面谈到过的《过秦论》还留有"赋"的印记。"文无定法"是文章的真实,而我们传授的议论文三要素知识的印象很深,形成了思维定势。

黄:这说明学习的重要。备课也是一种学习,文化积淀永远处在不够之中。语文学科备课单是字、词、句、结构层次就足够推敲的了。

于:语言文字形式、思想情感内容无一不需反复阅读,认真咀嚼。就拿识字来说,有种误解,认为中学,特别是高中不担负这种职责,小学识字任务已基本完成,中学碰到不认识的字查查字典就行了。殊不知中国文字之丰富、运用之奥妙,是大学问,有些字见面少,频率低,把字音读准都不易。比如备教李健吾的《雨中登泰山》,作者写龙虎声威的飞瀑,用了"暗恶叱咤"来形容,似千军万马,先声夺人。"暗恶叱咤"极少用,尤其"暗恶"简直不见,究竟怎样读才正确,又该怎样释义。单靠简单地查一查字典是不够的。它的出处是《史记·淮阴侯列传》:"项王暗恶叱咤,千人皆废。"读音释义是根据《汉书·韩彭英卢吴传》:"项王意乌猝嗟,千人皆废。""暗噁",司马贞索隐曰:"上于全反,下乌路反。"则"暗"读平声,读"阴"。《汉书》作"意乌",意怒声,"暗"乃于禁反,音"荫"第四声。一般认为,以《汉书》读《史记》最可靠,"噁"现已不用,写作"恶",读"wū",不能误读为"è"。可见识字之难。文中的陌生字不少,如穾(yǎo)辽、緪(gēng)索等都应弄明白。

　　古今词义有异,稍不留心,就会误读。例如《劝学》是《荀子》32篇中的第一篇,集中反映了荀子的教育思想,是我国古代论述学习问题的一篇重要文章,阐明为学应有的方法、态度、内容、途径。课文是节选成的一篇短文,能体现原著精神。文章通篇设喻论说,有正面设喻,有正反对比设喻,有反复设喻,有借喻,有暗喻,等等,形成气势。但有些设喻的句子就很不好理解。如"蚓无爪牙之利,筋骨之强,上食埃土,下饮黄泉,用心一也。蟹六跪而二螯,非蛇鳝之穴无可寄托者,用心躁也"。"用心"通常就以现代汉语双音词解释,"用心一也"释为用心专一;"用心躁也",释为用心浮躁,用心不专一。查一查《辞海》就发现"用心"有一义项是"劳其心也",与集中注意力,用心专一意思不一样。再查《词源》,发现"用"有一义项是"以也",再查《常用虚词词典》,"用",连词,连接分句,表示原因。再仔细读一读,两个对比设喻论证的句子都是因果复句,先说果,后释因。"用"是连词,"心"是名词,心思,"用心"是两个词,不等同当今用的一个词,解为"因为心思专一","因为心思浮躁"才符合当时文字运用的状况。又比如句子有"蟹六跪而二螯",众所周知,螃蟹是八只脚一对螯,怎么是六只脚呢? 学生问,我无言答对,螃蟹后面的两条腿不能用来走路,故不能称为"跪"。这些说法没有事实根据,我自己都不信,一直存疑,总觉得这位儒家大师有所疏忽。至于"假舆马者,非利足也,而致千里"、"故不积跬步,无以至千里"句子的"致"、"至"也容易混淆不清。"至",达到,无异议。"致",课本注释是"达到",词典也有这个义项,为什么作者要用两个词呢? 互换一下行不行呢? 仔细推敲是有区别的。"致",《新华词典》有个义项是"引起,使达到"。这就对了,到达千里远的地方,不是人脚走的特别快,而是假借车马,使他达到。其跬步,是自身不断累积才达到千里,"至"未借外力达到。用字的微妙真是难以言说。

读懂教材真是绕不过的"坎",有时似乎豁然开朗,有时又犯糊涂了,有时解疑又似乎得来全不费功夫。我家医药书不少,有次随便翻翻李时珍的《本草纲目》,有如此记载:"蟹生伊洛池泽诸水中……其类甚多,六足者曰蜞,四足者名比,皆有大毒,不可食。"自己没见到的就臆想别人弄错,真是孤陋寡闻,不知天高地厚。

学情研究,决定取舍详略

黄:文本解读确实要下点真功夫才能真正读懂,才能确有自己的体会。有老师曾打过比喻,说解读文本有三境界。初读,看山是山,看水是水,作者似乎已表达得一清二楚;

深入一步挖掘,前后联系思考,语言背后的思想情感活跃起来了,意蕴究竟何在,已非原先感觉,似乎看山已不是山,看水已不是水;再要由整体到局部到细部,由语言形式到思想内涵反复推敲,推理判断,方能识得真谛。此时看山又是山,看水又是水了。不过内容的厚度、高度、深度,语言文字的表现力、生命力已大不相同。文本的价值在教师钻研中获得了鲜活的生命,在教学实践中焕发出育人的光彩。

于:我曾说过,什么叫备教材? 文本读得字已不是躺在纸上,而是站立起来和你对话了,此时此刻,你才会真正体会到作者的写作意图和遣词造句、谋篇布局的良苦用心。把文本放到特定历史背景下认识,又联系发展进程中的现实思考,既接近了作者的原意,又把握了文本的意义,教学心中就有了底。当然,备课不只是备教材,解读文本,还要备学生。我一直坚持教师要"胸中有书,目中有人"。教材要烂熟于心,如出自己之口,如出自己之心,教师是掌握教材,用教材教,而不是被教材牵着鼻子走。目中要有学生,学生不是空洞的概念,而是一个个活泼泼的未成年的人,要了解他们,熟悉他们,研究他们的学习愿望,对语文学习的诉求、学习语文的能力以及学习语文的种种障碍。研究学情,从学生实际出发,方能根据文本解读所得科学地确定教学内容,进而选择恰当的教学方法。

　　人的成长、发育是有过程的,人从低级思维、低级感知到高级思维的发展,是一个循序渐进的过程,到了哪个年龄,才最终完成怎样的发育。当前,教育的弊病之一是揠苗助长,急于求成。表现在家长方面是安排子女提前学习,超前补课;表现在教师方面,不严格按照课程标准办事,教学内容加码,加深加宽,课后又无限制的练习。超越了学生的认知水平,生理发展水平,不仅形成过重的学业负担,更在不知不觉中使学生视求知为畏途,其负面影响难以估计。引领学生解读文本,深奥、离奇、标新立异、琳琅满目,不是目的,与质量好不等同。课本中选的一些经典文章教学价值十分丰厚,张力很大,可把它们教成学术性的研究性的,也可把它们教成学习某一方面语言文字运用的范本,可多种多样,达到不同的教学目的,备课时就要视教学对象、特定的教学目的而决定教学内容的取舍详略。

　　比如解读《与朱元思书》。作者吴均。这封信是南朝时期骈体书信文中描写山水景物的妙品。这篇小品是吴均写给朱元思的从富阳到桐庐水行所见的沿江山水之美的信，原载《艺文类聚》卷七。因朱元思不很有名，有些选本把"朱"误为"宋"，教材中也曾用过"宋元思"，后改正。这篇小品最大的特点是写景紧紧抓住景物的特征来描绘，使读者历历如在眼前；文辞优美，多用对偶句，节奏鲜明，琅琅上口。它又是骈体书信文，它的美学价值值得探讨。但是，对于高中学生而言，并非把备课所得全息性地传授，要根据年级教学要求、单元教学要求，确定教学目的，决定教学内容。根据刚进入高二年级的学生学情，该文主要功能在抓住山水景物特征绘景的功力能给学生深刻的启迪和文字运用技能的仿效。"奇山异水，天下独绝"统领全篇。分绘山之"奇"，水之"异"。水怎么"异"？静态、动态，变幻多姿。正面描写，侧面烘托，设喻作譬，活泼灵动。山怎么"奇"？山中寓景，景中有山，静物化动，动物闻声。读写景文句，眼前见景，脑中有景，获得观赏美景的愉悦，感受笔下带彩的奥妙。关于骈体文的知识，审美境界的追求、形式之美的探索就不必大讲特讲。因为学生学语文，目的不在对骈体文、骈体书信文作审美的学术研究，只要知道骈体文一般用四字句和六字句，并两两配对，讲究用典，辞藻华丽。这篇书信文大量用的是四字句，为了表达需要，也插入五字句，骈中带散，富于变化。有人认为不着力骈体文讲授就欠深刻，这是由于忽略了教学受众者的学习需求，忽略教学目标的设定须以学情为基础。如果个别学生有兴趣，可推荐书课外阅读，如王力主编的《古代汉语》下册第一分册中《古汉语通论》（二十五）的《骈体文的构成》（上）（下）。

黄：这是不是说教文本不必涉及课外更多的知识？

于：不能一概而论。文本解读时有些知识似乎与文本不直接挂钩，学生也不一定要知道。但深一步了解学情，就可知有些资料让学生知晓，对提升阅读理解能力大有裨益。如《兰亭集序》，理解该篇名文的感情主线比较容易。乐——痛——悲，线索清楚，曲水流觞，会集之乐，易体会；从良辰、美景、赏心、乐事转到感情的变化，文句有迹可循，怎一下子就变成"终期于尽"，死生之痛呢？学生正处于生命旺盛期难以理解；最后又为何发古今之悲叹，学生理解也有难度。通常我们从时代背景找解答。王羲之生活的魏晋时期长期分裂动荡，许多文人名士身处残酷的权力斗争之中，朝不保夕。崇尚老庄，玄学空谈成风,对生之无常与死之无奈发出无限的感慨。但这是共性,王羲之之所以痛所以悲还有他自身的原因。他是历史上卓越非凡的书法家,草隶尤精,笔势飘若浮云,矫若游龙,论者评《兰亭集序》为古今之冠,既是书苑珍品,也是文坛杰作。《兰亭集序》由乐而痛而悲是作者想不开的表现,尽管读老庄,他还达不到《齐物论》的境界,不能超然。只要翻开他的作品集,真是满纸辛酸,寿命有限之苦汹涌而来。姨母等去世,他写过《姨母帖》、《期小女帖》和《二孙女帖》,说明他至少两个孙女小小年纪就去世。《先墓帖》和《丧乱帖》是说先人之墓被毁,他痛彻心扉。后来又写过《干呕帖》、《衰老帖》,记录自己的病态。为此,写《兰亭集序》时,顿感人生之无常,时光的易逝,而痛而悲。了解这些,就能悟到这是胸中多年积累的迸发,毫不突兀。难能可贵在能批判当时"一死生"、"齐彭殇"的共识,生发出对生命、对人生的思考,从哲理高度启人深思。

黄:有些文本内容比较深,学生经历少,要悟得其中真谛实非易事。特别是年代久远的文章,近现代的也有,阅读时障碍很多,历史事实,复杂的人际关系,思想观点的迥异,表现方法的隐晦含蓄,等等,均不易破解,备课时如何决定取舍,处理详略?

于:有的文本内容深奥,可根据学情需要降低难度,但备课,解读文本,仍要把思想内容与表现形式读懂读通,掌握精髓,经得起问。如鲁迅先生的《拿来主义》,这篇杂文的思想力量超越时空,不知澄清了多少糊涂认识,教育了多少人。无论是揭露帝国主义侵略政策还是反动派的卖国罪行,无论是批判对待文化遗产的错误倾向,还是阐明对待中外文化遗产的正确观点,均有丰富的内容。"关闭主义"、"送去主义"、"送来"等背景、史实、作用均须梳理清楚,"拿来主义"的丰富内涵及思想价值,立人,立新人的期待,语言的犀利、幽默,比喻论证的生动鲜活,均须感同身受。备这样的名篇大作,应先内化为自己的思想情感,这样,教学生阅读,就能左右逢源,让活在时间深处的经典在现实世界闪发光辉,照耀人心。这是高中的课文,为了阅读指导的需要,我挪到了初中让学生提前学习。我被调动到初中,边教学生,边培养青年骨干教师。到了初中,我花相当精力引导学生课外阅读。学生阅读兴趣激发,这是好事,但读的书报杂志很杂很乱,往往良莠不齐,照单全收。一般性的指导作用不大,故选择此经典开学生思想的窍。主要让学生掌握对待文化遗产的正确态度,取其精华,舍其糟粕,并学着以此衡量自己的读物,文中其他内容或简略或搁置,等进入高中阅读,再深究其中意义。阅读本不是一次完成,尤其是经典诗文,随着阅读者经历的增添与见识的增长,会读出文本更多的精彩,常读常新。

有些经典诗文被研究的文章很多,但意见相左也十分明显。备课时可参阅,但必须首先自己独立钻研,有自己的认识,不能照单全收,杂乱无章,更不能不分青红皂白塞给学生。面对众多论说,如何辨别,如何取舍,关键在自己的文化判断力;而较强的文化判断力又靠占有较多的相关资料和辩证唯物与历史唯物的思想方法。如鲁迅的散文诗《雪》是初中教材,选自《野草》。这本散文诗集产生于光明与黑暗交战的风云变幻的历史时代,写作处境十分艰难,用鲁迅自己的话来说,“那时候的背景(指写《野草》等的一九二四——一九二六年时候的北京)也实在黑暗得可以”。(冯雪峰的《回忆鲁迅》,人民文学出版社 1953 年版)在“实在黑暗得可以”的环境中,要表达对反动统治黑暗苛虐的愤怒与憎恨,对罪恶世界的仇恨与抗争,不能直说,只能用曲折含蓄的表现方式。对于初中学生而言,时空距离大,表现方法非直抒胸臆,而是采用比较隐晦的、象征寓意的手法表达“难以直说”的感情,学习是有难度的。文本解读的重点应放在深入体会作者借助雪的形象表达对黑暗、丑恶的憎恨和对美好生活的求索与向往,理解象征寓意的手法在表情达意中的作用。至于有些研究文章把象征的寓意一一具体化,实在没有必要。如把诗中关于江南雪景的描写,完全与当时南方革命形势联系起来,说这些描写说明鲁迅当时已把希望寄托在人民群众身上,寄托在中国共产党身上,寄托着南方。又如儿童塑雪罗汉情景理解为寄寓作者向往的中国革命胜利的景象,雪罗汉消融了怎么说呢?说这是告诉人们斗争的征途中还有反复和变化。如此这般,不一一列举。这种机械理解,牵强附会的微言大义实在离作品的原意很远。鲁迅根据他独特的生活感受和艺术观察,以诗的想象和语言,赋予雪景以象征的色彩,抒写自己向往美好的春天而憎恶凛冽现实的战斗情怀。它是文学作品,是以艺术想象和美的语言打动人的心灵,给人以思考与激励,不是战斗告白书。阅读《野草》,特别是阅读其中的《影的告别》、《希望》、《好的故事》、《墓碣文》等,就可弄清楚这个时期鲁迅内心深处所经历的矛盾与斗争,并且更需知“我的确时时解剖别人,然而更多的是更无情面地解剖我自己”。(鲁迅《坟·写在〈坟〉后面》)这首散文诗以“滋润美艳”的“南方的雪”,寄托对理想的热烈追求,而刻画的“旋转飞腾”的“朔方的雪”,蕴含着对寒冷环境的反抗,勇猛奋飞的激情。

　　阅读文学艺术作品，可以充分发挥想象，但还需有"谱"，不可胡思乱想，胡乱嫁接。

黄：其实，误读可能并不太多，而是追求拔高，追求与众不同，博取轰动效应。阅读是教师的基本功，正确理解才是第一要义。有时因为只知其一，不知其二，就会出现怪论。解读《雪》，无论如何应读一读《影的告别》和《希望》，这样才能准确把握鲁迅自我解剖的内心状态，也才能较为真切地理解用象征手法曲曲折折表达的"不能直说"的情怀。

创设课堂文化，提升教学品质

黄：前面您曾经说过，语文教学须把思维训练与语言训练放在同等重要的位置，因此，您备课，不仅备教材，备学生，而且还备问题。还听别人说，您不仅备问题，备课时您还思考如何创建课堂文化，让学生学有兴趣，学有所得，学有快乐，这是怎么回事，您能具体说说吗？

于：可以。备课备问题这是应有之义。理解文本内容，一般说来总是从语言文字入手，以问题为导向，激发学习热情，探究解答路径，让学生的脑子动起来，转起来。"问题"是学生走入文本探究作者写作真意的路和桥，设计问题就是为学生进入文本学习铺路搭桥。问题设计切忌随意性、浅表化，要在把握文章特有个性与掌握学生学情的基础上设计，问题之间应有一定的逻辑联系，避免东一榔头西一棒槌，避免碎片化。主问题应能牵一发动全身，能逐步深入到文章的精髓。问题应有各种类型，如整体思考，局部推论，细部推敲，如文字的品味，结构思路的剖析，艺术手法的鉴赏，等等，凡教学目标的要求，均可作一番设计，启迪学生阅读思考，动用形象思维、逻辑思维，发展观察力、想象力、注意力、记忆力、感知力、理解力，培养合作精神。问题要少而精，分清主次，讲究质量；多而滥，比不设问还要糟糕。前面讲思维训练已涉及问题的提出，这儿就不赘言了。

你询问的课堂文化，也有同志问过我。说课堂教学本就传承文化，所有学科教学都是传承文化，还要创建什么文化？静下心来想一想，你就会知道，如果只是讲讲知识点，作些机械训练，很难说就是传承文化。须知，文化是民族的血脉，是人民的精神家园，内涵极其丰富，不是随手丢几块小石子就是。课堂是学生成长的神圣殿堂，长知识，长精神，长智慧。传承文化，要语言沟通，心智交融。比如，学文言诗文，当今的学生与几百年乃至两千年前的古人相遇，读者与作者相逢，相通。或许我们的阅读理解与他们创作初衷不尽相同，更不能丝丝入扣。但我们倾听了，琢磨了，捕捉到他们闪光的智慧结晶，用以照亮今日的路程。我们在理解中传承，在传承中用心联系当今实际有了些微的发展，此时此刻，我们的生命开始了新的出发。为此，课堂文化不是随意为之，不是听之任之，而是要根据课程要求精心创建，提升教学品质，让学生在优质课堂文化氛围中感知，熏陶，浸润，思考，孕育理想的追求，启迪创新的冲动。备课对此必须思考，而不是额外附加。

黄：我倒真没有想过这个问题。平时说得比较多的是教学目的、教学内容、教学过程、教学手段、教学质量，现在看来，不管什么学科的教学，都与课堂文化紧密相关。有时，文本很有质量，但课堂里死气沉沉，看不到文化的元素，感人的东西消解了，丢失了，十分可惜。

于：这种状况并不少见。好的文本也会教得疲疲沓沓，学生索然寡味，故而要研究。课堂文化有色彩，有形象，有规律，有韵味，有神采，亮丽还是灰暗，规范还是歪斜，和谐还是杂乱，生命涌动还是机械木然，看得见，摸得着，形成氛围，学生身居其中，不知不觉被潜移默化。为此，要认真创设。比如备《驿路梨花》，这是军旅作家彭荆风于1977年11月27日在《光明日报》上发表的短篇小说，由于他的写实主义风格，很多读者误以为是纪实性散文。发表后深受好评，被选入初中教材。这篇小说最大的特点是巧设悬念，围绕具体事物层层深入地展开故事情节，引人入胜，对初中一年级的娃娃有吸引力。作品中的主人公小屋的建造者和照顾者与学生是同龄人，一下子就拉近了读者与作品中人物的距离,有贴近感,亲切感。故事说的是人生活必需的柴米油盐家常事,学生阅读没有障碍,但写得曲曲折折,不断让学生产生谜团,学生急于要了解故事的谜底,揭开事实真相。根据文本特点与学生学习心理,我在两个方面作了设计。一是抓住贯穿全文的线索"这是什么人的房子呢"不断制造悬念,不断寻找解答,让学生在不断出乎意料的思绪中保持旺盛的求知欲。二是在寻求解答谜团的过程中,根据课文特点营造美的氛围,景美——人美——心灵美——语言美,让学生置身于美的环境中获得熏陶,获得快乐,获得享受。作者意图是颂扬助人为乐的雷锋精神,文中无一句贴标签式的话,而是通过一个个人物形象,一幅幅诗情画意的场景把这朴素的传统美德传播开来,传播到社会,传播给下一代,让生活中的美德千树万树梨花开。专攻美学研究的学者朱光潜在《谈美》中曾说,"要求人心净化,先要求人生美化"。让学生从小受美好事物、美好思想、美好感情的熏陶,是在有意识地播撒人生美化的种子。如文章以惊叹语气开头,"山,好大的山呵!"犹如异峰突起,气氛浓厚,要求学生朗读第一、二节,想象自己置身于群山起伏延伸、暮色迷茫之中。学生成为景中人,对故事发生的广阔背景——哀牢山南段的群山密林之中,发生的时间、缘由,理解就比较贴近,读的兴趣就盎然。在着急寻找住处,一筹莫展之时,"突然"希望出现在眼前。于是要求学生读三至七节,想象看到的美景,并用语言描述。一看梨花,二看人家。月光、晚风,梨树林,花瓣,人在花中走,花伴人夜行,好一派边疆优美的夜色,优美的风光。课的起始通过朗读,想象,让学生进入诗情画意之中。又比如小姑娘出现的场景。怎样出现的?从梨树丛中闪出。要学生想象,用手比画,说明"闪"的作用。学生用手摆弄着树与人的关系,体会"闪"写出了一群小姑娘走出来的速度,出现时的亮度,使人眼前豁然一亮。既写了树,又写了人,树密人稠,风光美丽。人从花中出,花白脸儿红,美不胜收。小屋的建造者、照料者,为小屋做好事的种种过路人,老老小小,各民族、各地区、各种职业的人们无不出自内心的真情关爱他人,帮助他人,心灵的美好与梨花的美丽交相辉映。学生在寻找谜底的过程中,一路置身于美的文化氛围,精神、气质在不知不觉中被美的元素感染、塑造。课堂文化是有魂的。犹如一台戏剧,不仅有故事主题,而且有精神主题;精神主题渗透在故事中,这台戏剧的价值与意义往往会长盛不衰,跨越时空能给人以诸多启迪。课堂教学也如此,不能停留在知识传授、能力训练的层面,它的文化内涵通过课堂文化的"魂"来弥漫,会更加无声,更加深刻。《驿路梨花》故事主题是盛赞助人为乐的雷锋精神,根据语言的描绘,创建课堂中景美、人美的氛围,让"美"弥漫在学

习的各个环节,美中有真有善,善中有真有美,心灵的美丽,人性的善良就会无形中形成一股看不见的暖流,滋养孩子成长

黄:这样的课怎会没有吸引力,没有感染力呢? 备课、教课,技能技巧是重要的,但更重要的是育人观念,你把学生放在什么位置,以什么来培育他们。比如七年级第二学期上海语文教材有当代作家刘成章的《安塞腰鼓》,上海的学生对此很隔膜,教师上课先放一段录像,让学生有感性认识,这是可以的。接下来就是读读讲讲,特别是大讲排比、反复,伴以高声的朗读,乃至吼叫,一堂课下来,耳朵里、脑子里全是隆隆的声响。教者、学者均很努力,但总缺了点什么。现在想来,缺了点课堂文化的"魂",安塞腰鼓是民俗风情,但这种气势万钧的腰鼓的"动",是茂腾腾的后生生命的涌动,植根于黄土高原的生命,那种力量,那种坚韧,那种追求,那种向往,那种珍视,那种放飞,是鼓的魂魄,让这种"魂"弥漫在课堂中,学生就会从中获得众多启迪,获得无穷的力量。这时,词句才会站立纸上,传神传意,闪发光彩。学这一课文,不能只留下隆隆的鼓声,还要留下生命的律动、强健、火热、和谐。

于:你讲得很好。课失魂落魄就没有了感染力。课堂教学是师生合奏的乐曲,创建的是和谐文化,而不是杂乱无章。如从《老残游记》中节选的《明湖居听书》,写的是市井文化。即使写戏园盛况、听众比说、听众夸赞也是板是板,眼是眼,板眼有序,纹丝不乱。至于黑妞、白妞的演唱,更是在和谐艺术上着力。比如,白妞演唱的高低曲折让学生根据语言描写在纸上或黑板上画成曲线,把声音和线条打通,把视觉和听觉打通,那种和谐之美、演唱之绝更能体会。这种设计非主观臆造,而是文中描写白妞越唱越高声音时,说"像一线钢丝抛入天际",用钢丝作喻,把线条与声音打通,抽象的音乐具体起来。把听觉范围的歌声转向了视觉,运用"通感"手法,从不同角度描绘歌声,使音乐的高潮、低谷和尾声更为分明,使学生享受和谐之美的熏陶。刘鹗何以能如此绘声绘色,惟妙惟肖地将诉诸听觉的音乐用诉诸视觉的文字表现出来? 据他的后人刘德隆先生回忆记述:刘鹗本人出生在对音乐有研究的家庭,母亲"精音律",二姐能"弹古琴",继室郑氏"能度曲";朋友中精于音律、能琴善曲的更不乏其人,自己不仅善古琴,还通

乐理,收藏古琴达50多张,有如此扎实的生活基础,深厚的文学功底,丰富的音乐知识,又有长期音乐环境的感染,再加上出自内心对民间艺人、艺术的尊重,写出这如见其形、如闻其声的脍炙人口的《明湖居听书》就顺理成章,不足为怪了。

文章的厚度精度来自背后文化积淀的支撑,课堂教学的品质同样需文化的支撑。同样一段文字,有没有文化支撑,理解的程度有时可大相径庭。如《林黛玉进贾府》中王熙凤的出场是生辉的妙笔,未见其人,先闻其声,用"先声夺人"的笔法突出她的与众不同。特别是打量了林黛玉以后笑着说的那段话真够细细咀嚼一番。

"天下真有这样标志的人物,我今儿才算见了!况且这通身的气派,竟不像老祖宗的外孙女儿,竟是个嫡亲的孙女,怨不得老祖宗天天口头心头一时不忘"。

谁读了都会知道夸林黛玉目的是讨老祖宗欢心;深一步读,体会到嫡孙女、外孙女的说法是不得罪人,八面玲珑;再深一步是追究,为何王熙凤要在这个场合这样说,只是人物性格使然,如此表现吗?不,背后是封建人伦文化的指挥。她在这个官僚家庭要生存,要掌权,对复杂的人伦关系须极其熟悉,准确把握。褒贬平衡,工于心计,这种封建人伦文化烙在她身上的印记已经成为她生命的有机部分,随时可以挥洒,应对各种局面,以求获得胜算的最大值。放在当时文化背景下来审视各种人物的所思所想所言所行所爱所憎,认识的高度,理解的深度就不一样,就不会在文字层面、故事情节层面浮荡。课堂文化实际上是学科本体文化与教育专业文化的融化,根据文本特点与学生情况认真创建,适应时代要求传承、发展、理解、借鉴。所有学科都应有文化气息,语文课堂教学最根本的是以文化人,课堂文化优雅,厚实,追求美好,催人奋进,更是应该向往的。

黄:课堂文化也包括物质环境。把教室布置得大红大紫,墙壁贴得琳琅满目,并不构成良好的学习环境。简洁、朴素、安静、优雅、舒适、温馨,就能给学生以陶冶。其实,如何布置,如何安排,也有个文化鉴赏力的问题。

于:还有重要的内容是教师的教学语言、板书设计、多媒体运用,学生的学习状态。这些问题往往不被重视,或随意为之。众所周知,教师对学生的教育离不开言传身教,身教是榜样的力量,言教应具有感人的魅力。早在 17 世纪,捷克教育家夸美纽斯在《大教学论》中就提到教师语言的重要,他认为教师教学语言应是一种教学艺术,"教育人是艺术中的艺术,因为人是一切生物之中最复杂,最神秘的"。而今,课堂教学不管怎么改革,教师的教学语言仍然是实施教学工作最基本最直接的手段,因而须讲究质量,讲究品味,讲究艺术。除了公开课、示范课、研究课比较重视教学语言,通常的情况比较随意。大白话,没有文化含量;语言贫乏,颠来倒去那几个词;啰嗦重复,不得要领;语病多,杂质横生,凡此种种,直接影响教学质量、教学品质。教师教学语言应言之有物,言之有序,言之有理,言之有情,言之有文,悦耳动听,如潺潺溪流、叮咚泉水,伴随着知识传播、能力培养、情感熏陶渗入学生心田,产生春风化雨般的魅力。语文教师这方面更应努力,不仅是言教,更是身教,给学生做运用祖国语言文字表达情意的榜样。为了努力成为一名合格的语文教师,我在"出口成章,下笔成文"上下过苦功。为了改掉语病,清除语言杂质,我用比较规范的书面语言改造自己不规范的口头语言,历时近两年。我把教课的每一句话都写下来,包括学生的答问,然后修改,把不必要的字、词、句删除,不合逻辑之处纠正。把修改稿背出来,再口语化。教后,再自评优劣得失,继续改进。功夫不负苦心人,经过反复锻炼,教学语言质量提升。学生反映,上语文课是一种艺术享受,很开心。学生的感受是最高的奖赏,语言本身就是文化,提高教学语言质量,能促进学习质量的提升,使课堂教学生彩。板书也是课堂文化的组成部分,有了多媒体,有的语文课黑板上一个字都没有,这大概与语文课重视字词的教学、结构层次的处理,内容主次详略的剪裁均有距离。教师字写得端正、美观,对学生就起示范作用,也能赢得学生的尊敬与羡慕。而今,不考究,字东倒西歪,笔顺颠倒,板书设计无整体意识,想到什么就写几笔,这是不行的。板书是教师的基本功,并不是过分的要求。我总觉得教学要少搞一些虚空的不着边际的"高大上"花样,课堂教学要把地基打扎实,让课堂文化优美起来。

学生学习状况当然是课堂文化的质量,是精神振奋还是注意力涣散,是积极主动还是被动木然,是勇于发表意见还是闷声不响,课堂的气氛、课堂的温度就完全不一样。这些前面已有阐述,此处不说了。我说的是学生在课堂学习应站有站相,坐有坐相,发表意见、回答问题、讨论交流都应讲文明,有礼貌,温文尔雅,即使是意见相左,辩论激烈,仍要控制情绪,以理服人,不能语言粗俗,意气用事。课堂文化实际上是对学生德、智、体、美融为一体的培养。人的培养绝不只是知识浇灌,人的培养是全面的,循序渐进的,久久之功养成的。学生在学校学习,绝大部分时间是在课堂里度过,因而全面培养尤为重要。教书育人是一个整体,树立学生第一的观点,就不会觉得有外加的负担。

反思是备课的继续

黄:从您所说的来看,备课的内容真是极其丰富。从事戏剧的演员几乎都有这样共同的体会,即"台上一分钟,台下十年功",要坚持不懈地锤炼,台上才会出现耀眼的光彩。教课同样道理,课要教得左右逢源,对学生有吸引力,课前的功夫不知要用多少倍。记得您曾说过,备课是一辈子的功夫,要广泛学习,时时注意积累,如果只抱着教材,不注重学习,把几本书烧成灰,吃到肚子里,也不可能成为一名学生爱戴的好教师。

于:教师从教,善于学、坚持学、锲而不舍,是第一要义,教海无涯学为舟,教得好,首先是学得好。学,从广义上说,就是备课;坚持学,就是不断地增长知识,增长见识,增长智慧,就是不断地备课。学,是备课,还有一环不能缺,就是审视教学实践,反思,也是备课的继续。实践是检验真理的标准,教学实践也是检验教育思想、教育观点、知识积淀与教学能力的试金石。我有个体会,不管课前备课如何认真,考虑得似乎很周全,但到了课堂上实施,学生学习积极性主动性发挥,许多意想不到的事就会发生。课后审视教学过程,总会发现这样那样大大小小的问题,有的课前根本未考虑到,有的考虑不周,解答疑难有欠缺,有不足。为此,我十分重视课后的审视教学过程,从教学内容到教学形式、教学方法,从学生学习状态到教师的临场表现,用"教后"的方式记下自己的不足与缺陷,记下学生学习的闪光点,以探寻教与学的规律,提高课堂教学质量。用现在的话来说,就是反思。反思教学实践,实质上就是即时评价教学的利弊得失,明确改进的途径与方法,也就是继续备课的一条路径。

　　促使我认真对待这个问题的是教《木兰诗》课结束时学生的质疑。两节课学生学得兴趣很高,居然已能初步背诵,我说:这靠的是强记,强记容易忘却,熟读成诵,就能经久不忘,历史学家范文澜先生曾说,乐府中有双璧,两块美玉,一块是《孔雀东南飞》,

写焦仲卿与刘兰芝的爱情故事，一块是《木兰诗》替父从军的故事，而写女子刚健风格的诗很少，课后要认真熟读牢记。一位同学噗嗤笑了一下，我觉得自己没有讲错，就请他讲述原因。他说这首诗好是好，不过全是"吹牛"，没有这回事，是文人编出来的。教室里开了锅，七嘴八舌，"是啊，同行十二年，不知木兰是女郎，军队里的人全是傻瓜啊？""跋山涉水，休息下来定会洗脚，鞋子一脱，小脚就出来了，怎会不知是女的？"我指出北朝时候女子还未裹小脚，谁知学生异口同声地问：中国妇女什么时候开始裹小脚的呢？我回答不出来了，挂黑板了。我告诉学生从未研究过这个问题，备课时也无如此发散性思维：从《木兰诗》到中国古代女子裹小脚的起源。知之为知之，不知为不知，课后我去查阅风俗史、野史，寻求解答。由此我深切地体会到一名中学语文教师必须具备多少相关的知识！问题还不在于教某篇课文的课前准备，更在于平时的广泛涉猎，细心采撷，日积月累。只有源头有活水，才不会出现或少出现捉襟见肘的尴尬状况。

黄：这是"教然后知困"的真切体验。有时我们总是小看了学生，现在社会飞速发展，科技日新月异，学生接触到的信息越来越多，思维活跃，对许多问题会有自己的思考，不盲从，这正是可爱之处，可喜之处，只是我们从教者常不以为意，未充分尊重他们潜能的发挥。处在被学习、被刷题训练的位置，课堂上就很少闪发出思想的火花。

于：你说得很对，学生越学得主动积极，教师越不好教。但正视这个"困"，不断努力去解困，教学就相长了。比如，刚才说的例子，后来我查阅了不少书，最后查阅清史学家、诗人赵翼的《陔馀丛考》，其中《弓足》一篇记载南唐后主宫嫔窅娘，以帛绕脚，作新月状，由是人皆效之。课余将查阅所得告知学生。孤证是否可信？日后常注意出土女尸大脚小脚，有一次在《文物》杂志上看到宋代出土女尸是小脚，说明该记载是正确的。

学生是求知者，青春年少，对大千世界中什么事都有兴趣，都想探个究竟，因而，对什么类型的课文都会提出各种各样的问题，与成人思维很不一样，这种好奇心、求知欲应热情保护，不能冷漠对待，挫伤求知的积极性。对教师而言，这是极大的挑战，教师上课要经得起学生问，但教师又不是万能博士，什么问题都能破解，教与学之间的矛盾要靠教师持之以恒地努力学习，方能有良好的发展。如教冰心的《我们把春天吵醒了》，应该说没有多少阅读障碍，但学生仍然提了不少问题，有的还值得咀嚼品味，如"文中为什么叫'春幡'，不用'春旗'，'幡'和'旗'有什么区别?"问题简单，我立即让学生粗略地加以区别。让他们明白"幡"一般指狭长的、垂直悬挂的旗子，而"旗"形状多样，可三角形、方形、长方形，一般张挂在杆子上或墙壁上。这种回答满足不了学生的好奇心，"就这么简单吗? 用'春旗'有什么不可呢?"深一层意思我茫然无知，只能无可奉告。课后再去查书，在《汉书·礼仪志》中查到："立春之日，夜漏未尽五刻，京师百官，皆衣青衣，郡国县道官下至令史，皆服青帻，立青幡，施土牛耕人于门外，以示兆民。"据说，这样做是劝农的意思，在古代，农耕文明，立春是一个相当重要的节气。土牛也称"春牛"，后来又发展成"鞭春"、"打春"的风俗习惯。衣青衣，服青帻，立青幡，是因为青色象征春天，"像春物之初生"。历代有关风俗、时令的书均会涉及上述内容。宋代《东京梦华录》一书中写到"立春"，就有"春幡雪柳，各相献遗"字句。"春幡"、"青幡"是当时普遍的说法。老作家民族文化底蕴深厚，信手拈来，织锦成文。而自己这方面积淀欠缺，备课时粗疏，一眼滑溜过去，不认为须推敲。学生询问，只能作知其然不知其所以然的浅表回答。因而，课后查询推敲，实际上是备课的继续，打一点文化的底子。拓展备课的广阔天地，打文化底子十分重要。我们的教育前辈为我们做出榜样。据西南联大学生回忆，吴宓教授震慑学生之处，在讲英国文学史时，每一首诗都能当场背出来，对同一时代的诗，用相应的中文来译。古英语的诗文，用文言文翻译;现代的英文，用白话文译。有怎样的文化积淀，才能做到如此运用自如的水平? 狭窄的溪流经不起小雨的浇灌，汪洋大海才能容纳千江万河;要让学生保持旺盛的求知欲，自己非得狠下决心改变自身知识浅薄孤陋寡闻的状态不可。

黄: 说说容易，要做到十分困难。有些老师上完公开课，也会认真反思一番，寻找自己不足之处，以求取得改进。但坚持这样做，把它作为自觉的行动，似乎为数就不多了。不能坚持，效果也就可想而知。有个阶段，"反思"调门提得很高，似乎无处不反思，现在声势、音响都在下行，不那么热闹了，您是怎么看待这个情况的?

于: 反思作为一种任务，被动反思很难持久。对自己所做的工作进行反思，是一种自觉的行为,并不是为了做给谁看,或把自己批评一通。人的认识往往落后于现实的发展,主观客观不能无缝衔接是常有的事,更何况教育教学的复杂性,学生个性特点的差异性,教师难以做到了然于胸,完美无缺。因而,要清醒地认识自己,不能一叶遮目,不能故步自封,要勇于自以为非,有针对性地自我改进,奋力抵达教书育人的理想境界。

自以为非是为师者不可或缺的胸怀与动力。教师的教育水平、教学水平,直接关系到学生生命成长的质量,关系到他们求知的量与质,关系到他们能力训练的强与弱,关系到他们的视野、情怀、价值追求,有千条万条理由须努力提高,不断提高,方能挑起这千钧重担,对得起学生,对得起家长,对得起国家。有人认为,不就是上几堂课,教点知识,有那么重要吗? 学生成长为怎样的人,是他自己的事,教师能起多大的作用? 这个问题值得研究。再高明的教师也无法代替学生成长,但教师无时无刻不在引领、示范,给学生做榜样。不管你意识到不意识到,都在起这样的作用。你的学识、你的视野、你的人品、你的工作态度、你的思想情操都在无声地影响着学生。正面的、负面的;优秀的、平庸的;积极改革的、不思进取的,都在起作用,这就是以人育人,逃不脱的教育规律。即使有的学生有自己的看法,但仍然在不知不觉中会受某些影响。今日的学生,就是明日的国家公民,我们从教是为明日的公民打良好素质的基础,在塑造中华民族传承的子孙的灵魂,其重要性再怎么评说都不为过。我们的国民素质须大力提高,才能赢得世界各国人民的认可与尊崇。提高国民素质,从小要打下良好的基础,教育者责无旁贷。教师往往被日常的、眼前的繁琐、繁重的工作所局囿,缺少点大格局、大视野、大思考、大担当,因而,自觉反思,自以为非,尤为重要。

反思并不是局限在某一课教学的是非得失,而是涉及到教育的方方面面与教师自身的修为、成长。教育主要是探究学科本体教学规律,探究学生认知规律,教与学的规律,这就关系到教学目标观、课程观、学生观、评价观,等等。自身修为除了教育方面的理论与实践外,主要在理想、信念、学识、气质、品德、行为等方面不断自省,以达到为人师表的要求。不断评析上过的课,走过的路,看到留下的痕迹和美好的回忆,也看到自己的不足与缺陷,就会有继续前进的不竭动力,就会有永远走在教育征途上,饱览育人风景、享受生命价值的美好心情。比如带领学生学习贾祖璋《南州六月荔枝丹》时,学生对文中的"引用"展开讨论,多数学生认为这个说明方法用得好,不仅数量多,而且和其他说明方法,如比喻、描写、对比等结为一体,显得更加具体生动。有位学生发表了不同意见,认为为了说明事物,可以用这种说明方法,但一篇文章用这么多,实在没有必要。老师也说过，无论用什么修辞手法，什么说明方法都要根据写作内容需要，过了头，叠床架屋，效果适得其反。再说，这篇说明文内容已经够复杂的了，从荔枝的生态到荔枝的生产，生态说明也够复杂的，说了八九样东西，什么外壳、颜色、形体、果实怎样怎样；生产的说明也不简单，也是好些内容。说明就是要让作者明白，可现在弄了一大堆的诗文，读的时候都累死了，已经绞尽脑汁了，像障碍赛跑一样，跑几步就要看注释，不然读不下去。好家伙，滔滔不绝，言之凿凿。有学生惊疑，有学生附和，说自己也有这种感觉，引用太多，成了累赘。面对这种情况，我这名教师少不得要引导几句。我既充分肯定他勇于发表意见，同时又指出作品为了增强文艺性，引用的资料可多一些。科学家、科普作家高士其说，科学小品是"科学和文学结合之子"，旁征博引，为的是达到艺术地宣传科学的境界。我们阅读时有困难是因为接触的诗文有限，文化积淀不够，读多了，积累多了，这种状况就会大有改进。学生沉默了，这位发表意见的学生轻声嘟囔了一句："老师总有理！"事后回想，总不是滋味。"老师总有理"这句话直击我的要害，对课文的钻研自己已形成思维定势。既然已选做教材，就须"一个心眼为作者"，千方百计找优点，找特色，从语言到内容，从结构到表现方法，即使有瑕疵，也要自圆其说，一套一套，常有理，总有理。学生也已司空见惯，不足为怪。金无足赤，人无完人，文章也不可能十全十美，即使有瑕，也不掩瑜。作为读者，缺少一点真诚；作为教者，要以真理为师，自己备课时也有类似的感觉，未正视，不以为意。学生袒露胸怀谈自己的看法是不容易的。对这个教学环节的处理，最可悲的还不是判别引用分量的是与非，而在于没有充分尊重学生的意见，有意无意地抑制与扼杀了他的求异思维，抑制了求学征途中追求真知的旺盛欲望。课堂教学中学生完全有发挥聪明才智的机遇与空间，遗憾的是自己往往"麻木不仁"，无意中掐掉了机遇，剥夺了空间，让创造意识的萌芽轻易流失。事后，我们深度交换看法，我真切感受到自己的思想认识，习惯思维有突破，享受到精神成长的快乐。

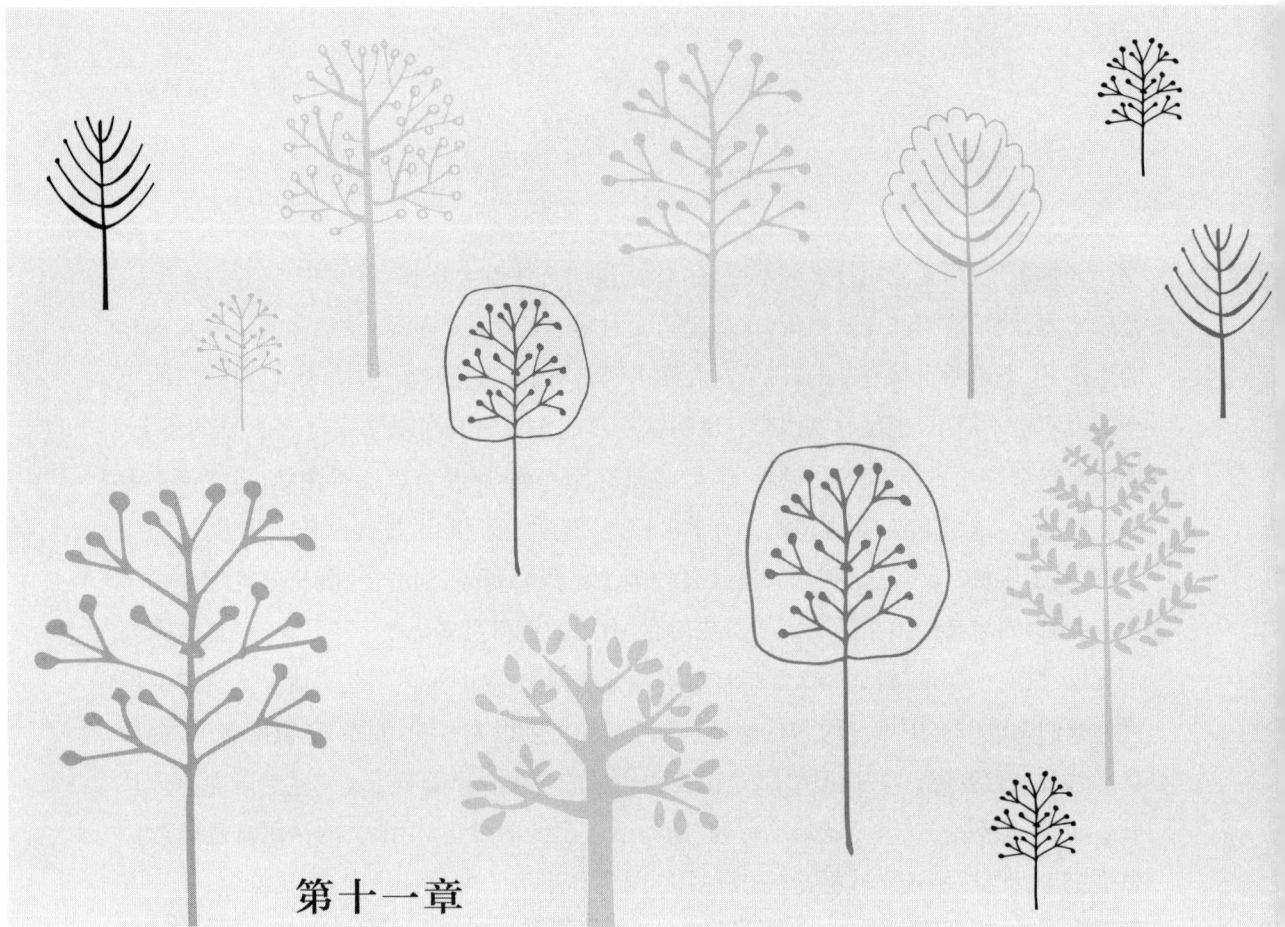

第十一章
办学，追求理想的教育境界

有品质、有活力的学校，它的办学经验从根本上说是信仰的指引，
价值的追求，教育情怀的支撑，是一种教育理想的实践。

治校兴校，一方面是高期许的时代诉求，办人民满意的教育、按教育规律办科学的教育、按人的认知规律办优质的教育、为学生谋求幸福办快乐的教育，一方面是生源、师资、资源、保障机制等现实问题，差距不小。

有品质、有活力的学校，它的办学经验从根本上说是信仰的指引，价值的追求，教育情怀的支撑，是一种教育理想的实践。作为校长，要"确立办学制高点，站在相当的高度来思考问题，在宏观上有较为科学的总体设想。站在时代、战略、与基础教育先进国家竞争的制高点上"。同时，优化由外部的自然环境、社会环境和精神环境所构成的办学生态，使其在对教育的产生、存在和发展的制约和调控中产生积极作用。

独特性、优质性与稳定性是学校特色的核心内涵,也是判定学校多样、特色发展的内在标准。第二师范在办学实践中逐渐形成了独特、优质而且相对稳定的办学模式和办学风格。"一身正气,为人师表"的办学追求,以人育人的精神哺育形成鲜明的办学特征,是共性基础上的个性显现,也是个性基础上的共性存在。

学校整体发展离不开个体的生命成长,"人的生命本身蕴含着多方面发展的潜能,教育的任务就是把学生的潜能变成发展的现实"。管理机制、模式、制度也应以人为基础,以人为本,牢记管理组织不是权力的博弈,而是责任的担当。

确立办学制高点

黄：20 世纪 80 年代，由于上海市培养小学师资的需要，在你们学校基础上恢复了上海市第二师范学校。学校由乱到治，培养的毕业生受到用人单位的欢迎，被誉为"二师现象"。被称赞的主要是两个方面，一是责任心强，二是基本功扎实，也比较全面。您是怎样治理学校的？您的办学目标是什么？又是怎样促使目标实现的？

于：1984 年秋恢复上海市第二师范学校确实是培养小学师资的急需。小学生进入高峰，入小学的人数增长百分之十几，有的区县增长 20%，学校扩班，新办学校，小学师资紧缺。在这种情况下，杨浦中学停止招生，在此基础上恢复四年制的中等师范学校，我受命任这所学校校长。当时，碰到两大难题：一是学校在"文革"中是重灾区，打砸抢盛行，教学设施破坏得千疮百孔，派性又严重；二是师范教育与小学教师的地位待遇未得到社会上的充分认识与理解，招生、师资配备，教学设备建设等要达到应有水平，难度极大。虽然有诸多困难，但我们的强烈信念是：在改革开放条件下，办学，一定要追求理想的教育境界。只要艰苦奋斗，群策群力，切实贯彻党的教育方针，努力创造良好的学校小气候，就能以实际行动显示中国特色社会主义师范学校的功能与力量。

　　办学校，为什么要追求理想的教育境界？首先是教育本质的呼唤。教育事业是具有理想的事业，是"人之完成"的事业，教育的本质是增强人的精神力量，引导人的灵魂达到真善美的境地。古今中外研究教育的大家几乎都有此共识。希腊的柏拉图在《理想国》一书中借他老师苏格拉底之口，用"洞穴中的囚徒"隐喻，说出了教育的真正含义就是把人的灵魂，精神往上拉，引向真理世界，达到真实之境。这种灵魂牵引实际上就是把人从黑暗、愚昧引向光明，提升人生的境界。知识、技能是帮助灵魂攀升的阶梯。我国的《大学》一书开宗明义就是"大学之道，在明明德，在亲民，在止于至善"，教育在于彰显内心的美德，不断自我修为，以达到至善的境地。我国教育家陶行知说，教师的职务是"千教万教，教人求真"。（陶行知《小学教师与民主运动》）英国历史学家汤因比与日本哲人池田大作关于 21 世纪教育的对话中，说到教育的本质不应以谋实利为动机，而要寻求"精神存在"之间的心灵交流，开启人的心灵与富有的大脑。现代教育长度增加（终身教育），但与此同时不能忘记教育的深度，教育最终是为人的精神生活服务。教育本质呼唤我们办学者必须对学生的精神成长服务，追求理想的教育境界。

其次是全面贯彻教育方针的现实需要。上世纪 80 年代初，大学升学考竞争激烈，应试教育应时而生，育分不育人的做法愈演愈烈，重智轻德，体、美、劳方面的教育更是摆不上位置，忽视实践，忽视动手能力培养，影响学生健康成长。1983 年 12 月 31 日，教育部颁发了《关于全日制普通中学全面贯彻党的教育方针，纠正片面追求升学率倾向的十项规定》（试行草案），要求学校不能只抓升学，忽视对劳动后备军的培养；只抓考分，忽视德育和体育，忽视基础知识和能力的培养；只抓少数，忽视多数；只抓毕业班，忽视非毕业班；只抓高中，不抓初中。可惜文件发出后，未收到明显效果，应试教育强劲势头未得到遏制。随后，1985 年 5 月 19 日，邓小平在全国教育工作会议上作报告，指出："我们国家，国力的强弱，经济发展后劲的大小，越来越取决于劳动者的素质，取决于知识分子的数量和质量。"此后，"素质"一词就不断见于国家许多文件和媒体中。随后，就提出了"素质教育"概念。对此，争议很大。不同意的学者专家认为，从生理学，心理学角度看，人的素质是指人的遗传素质，后天怎么改变？后天一般称为"素养"。经过多年的讨论，实践，认识有了发展，对"素质教育"做了这样的界定："一般说来，素质即人所具有的维持生存、促进发展的基本要素。它是以人的先天禀赋为基础，在后天环境和教育影响下形成并发展起来的内在的、相对稳定的身心组织结构及其质量水平，主要包括身体素质、心理素质和社会文化素质等。"（2006 年发布的《素质教育系统调研总报告》）这已是后话。但当时我们非常明确，片面追求升学率违背教学规律和青少年成长规律，与教育方针宗旨相左，背后是教育价值追求的问题。教育是培养人才和创新能力的基础，它在现代化建设中居于全局性的战略地位，要造就新一代高素质的劳动者、建设者、管理者、领导者，必须树立正确的教育价值观念，全面贯彻教育方针。教育浅层次价值观就是教育个体发展过程过分注重对谋生、物质利益与博取功名的追求，而忽视个性充分发展与形成高尚精神境界的深层次教育价值。学生的全面发展是实施素质教育最本质的反映。人的生命本身蕴含着多方面发展的潜能，教育的任务就是把学生的潜能变成发展的现实。全面发展是人身发展的需要，也是社会发展的需要，社会发展的程度越高，对人的全面发展的要求也越高。为此，我们办学必须坚持全面质量观,必须面向全体学生,让他们享受德、智、体、美、劳全面培养的幸福,因为这是每个学生的基本权利。

再次,是时代发展的迫切要求。时代的发展要求各级各类学校向学生提供优质教育,培养现代化的人,人的现代化是社会现代化的根本保证。一个国家可以从国外引进作为现代化最显著标志的科学技术,移植卓有成效的管理方式、引进教育制度、课程内容、学业评价,等等,但这些都是空洞的躯壳,关键在执行和运用这些科学技术、管理方式的人。因而,学生的培养不能只以获取知识为唯一目的,而要学会如何求知,如何独立思考,如何与他人合作,如何有责任担当,如何注重创新等,总之,要身心健康,全面发展,有良好的综合素质。

综上所述,办师范学校必须追求理想的教育境界,因为它培养的是小学教师,培养的是以人育人的人。社会上不是什么人都可以做教师的,选择教师,就选择了高尚,你的思想、言行不管你自己意不意识到,都在对孩子起作用。因此,在师范学校求学期间,必须德智体美劳全面发展,形成良好的思想道德素质、科学文化素质,身心健康。在教育全过程中培养,面向全体学生。

黄:您的办学思想是动态的,放在特定的时代背景下考虑培养怎样的人,既体现教育深层次的价值取向,又适应社会发展的需求。您提出的办学制高点是否也是以此为根据?

于:有教育专家路过上海来我校,看到学校贫瘠创伤的样子,问我想把学校办成什么样子,我回答说:"办成亮丽的中国师范学校的样子。"学校要有学校的样子,在改革开放条件下,学校要真正成为学生身心健康成长的精神家园,就须确立办学制高点,站在相当的高度来思考问题,在宏观上有较为科学的总体设想。而这种设想的前提是牢固树立目中有学生的观点,清醒地认识育人大目标,对学校的外部环境和内部条件作实事求是地分析。我们确立了三个制高点。一是站在时代的制高点上。根据国家教委中等师范教学方案的规定,师范学校应培养出合格的师范生,合格的小学教师。然而,这个"格"是什么?80年代的和五六十年代的有何区别?社会在发展,时代在前进,生活在现代社会的师范生，他们的思想、道德、行为、兴趣、爱好、视野、习惯等无不渗透着时代的气息。与过去的师范生比，他们具有相同的年龄特征，相似的心理特征，然而又毕竟有 80 年代独有的特点，如见识比较广，接受外界信息灵敏度高，生活知识特别丰富，对时尚的、新奇的特别感兴趣，不少学生有主见，个性强。与此同时，又存在明显的不足，如国家意识淡薄，集体主义观念淡薄，学习上缺乏追求，生活上讲舒适，劳动习惯差。研究现代师范生特点，深入剖析，为的是在"合格"上下功夫。一名合格的小学教师首先应是一名合格的公民，有理想、有道德、有文化、有纪律，还要热爱小学教育事业，有一定的教育教学专业知识与技能。如果前者不合格，缺陷较大，后者即使较好，也难以成为符合党和国家要求的合格教师。二是要站在战略的制高点上，师范生的素质不仅关系到一代小学教师的素质，而且关系到千千万万少年儿童心灵的塑造。儿童期是人生的一个重要时期，思想、情感、态度、语言、知识技能在此时期打下基础，基础打得正确、稳固，就能茁壮成长，长足发展。因而，须清醒地认识到，在每一个师范生的背后，都有着浩浩荡荡的可爱的少年儿童。师范生将来是义务教育的实施者，他们任教的水平关系到儿童能否健康成长，关系到民族素质能否有效地提高。师范教育在整个教育系统工程之中，看起来无大学、研究生教育那么显要，但面广量大，关系到每个儿童，关系到国民素质的奠基，其战略意义不言而喻。学校的一切工作都是为了培养合格的小学教师。要牢记师范教育的战略地位，绝不搞短期行为，绝不搞维持会。三是站在与基础教育先进国家竞争的制高点上。日本和西欧一些国家的基础教育质量是上乘的，正由于如此，他们劳动力的素质比较好，在经济、科技、教育等各方面均有竞争力。尽管这些国家社会条件不一样，也早已无中等师范，但他们从严治校，科学管理好，教育方法创新，教育质量比较高。他们能办到的事，我们为什么不能？因此，要有与基础教育先进国家竞争的意识。这不是争一所学校的意气，而是争民族的志气，民族的自尊，争在基层学校显示中国基础教育的亮丽色彩。

黄：既要学会借鉴，以他山之石，攻我教育之玉，更要有点志气，有点自信，艰苦奋斗，发愤图强，办好每一所学校。

于：总起来说，我们确立了时代高度、战略高度和竞争高度来思考办学的总体要求。具体地说，要做到三个瞄准。一是瞄准 21 世纪的小学教育，努力把 20 世纪 80 年代的师范生培养成 21 世纪的小学教育骨干；二是瞄准国外基础教育先进国家的小学教育，从严治校，发奋图强，办出水平；三是瞄准国内、市内兄弟学校的办学经验，博采众长，力求少走弯路，办出特色。在大环境不太理想的环境下，竭尽全力把学校办成学校的样子，经受改革开放的考验，使学校真正成为培养社会主义合格小学教师的精神家园。

依法治校，以德兴校

黄：办学校是篇极其复杂的大文章，要办成优质学校，更是难上加难。确立办学制高点基本上还是思考的层面，怎样化为具体的行动，有大量的工作要做，更何况你们的小环境也不理想，您主要是怎么抓的？

于：秩序再乱，问题再多，办学者也不能乱了方寸。认准目标，出于公心，相信群众，发挥大家的积极性，总能克服困难。当时主要抓两个方面，一依法治校，二以德兴校，二者紧密结合，促使学校面貌发生可喜变化。

那个年代办学，很少有人把学校工作与法律联系起来，而我在这方面有特殊的体会。教育的重要性，师资队伍培养的重要性迫切性，人们没有今日这样的认识。尽管邓小平同志在全国教育工作会议上高瞻远瞩地指出："一个十亿人口的大国，教育搞上去了，人才资源的巨大优势是任何国家比不了的。有了人才优势，再加上先进的社会主义制度，我们的目标就有把握达到。现在小学一年级的娃娃，经过十几年的学校教育，将成为开创 21 世纪大业的生力军，中央提出要以极大的努力抓教育，并且从中小学抓起，这是有战略眼光的一着。如果现在不向全党提出这样的任务，就会误大事，就要负历史的责任。"此后，邓小平同志又多次阐述了这种战略思想。但当时经济比较困难，落实过程中矛盾重重，谈到教育投入时，有的说，"经济要上，教育要让，不把经济搞上去，哪来的钱搞教育"；有的说，"我有钱第一个就投资教育，现在百废俱兴，经费实在增加不出了"。当然，不能饿着肚子发展教育，但以小生产者的观点对待现代教育，认识不到教育须与经济协调发展的重要性，就会制约教育的发展。我当了多年的上海市人民代表，深知只有依靠法律才能保证教育经费，保证教育事业顺利发展。1985年上海就制定了《义务教育条例》，保证财政拨款的增长比例，1986年《中华人民共和国义务教育法》颁布，上海据此制定了《实施办法》。法律条文规定，不仅充分反映了人民的利益、国家的意志，而且具有规范性和强制性，每个公民都要学法知法，自觉遵守。学校办学当然要以此为依据，奉公守法。

《教育法》是对教育全方位进行规范，为保证学校教育质量提供法律依据。没有规矩，不能成方圆，为了保障学校事业在正确的轨道上健康发展，保障良好的教育秩序，学校制定了一系列的规章制度，让每名学生、每名教职工明确自己在这个群体中的位置，应担负的岗位职责、应有的权利和义务、应发挥怎样的作用。这些规章的制定不是闭门造车，而是从实际情况出发，充分听取大家意见筛选而成，有针对地解决问题，在规范的同时提升队伍素养。如教职工文明守则、教职工作息时间和请假规则、教师监考规则、教职工集体宿舍规则、教育科学研究室岗位职责、教育教学成果自查、评比规则，等等。新生入学，首先各个班级进行教育，让他们树立规则意识，知晓有课堂规则、课外规则、开会规则、广播操与课外锻炼规则、考试规则、就餐规则、住宿生规则、文明寝室规则、教室值日生规则、爱护绿化规则、实验室规则、语音室规则、计算机房规则、琴房规则、舞蹈房规则，等等。这些规则不是倾盆大雨，一下子浇灌到学生身上，那样做，不仅无效，而且会引起反感。主要须学生懂得任何优良的环境都是大家创造大家维护的结果，而维护的底线是规则。在整个受教育的过程中，每到一处，都有规则意识，就会养成良好的习惯，习惯成自然，不再觉得是约束，就形成良好的素质。规则制定要抓要领，简明扼要，切忌繁琐。有了规则，就有章可循，开始有些师生不适应，规矩就带有强制的味道，但懂得了其中的寓意，大家朝着这个方向走，互相促进，习以为常，就成了自觉行为。办学校，千万不能说大话，说空话，思想的进步，行为的养成，都要实实在在的落实，包括细节也不能忽略。

黄：犹如新办学校，一切从零开始。但又不是新办学校，是转制。师范学校与中学尽管有许多共性，但毕竟培养目标不同，四年毕业后就要做教师，如果自己都没有规则意识，怎么教小学生，又怎么给学生做榜样？再说学校有的方面是正数，有的地方还可能是负数，立规矩确实不能少。那么，以德兴校你们又是怎么考虑的呢？

于：法治的源头与基础是德治，绝大多数法律规范是从道德规则中提炼出来的。依法治校的奏效说到底根源于师生内心的认同。法律、规则，都适合他律，刚性的，只能涉及人的外部行为，即必须这样做，不能那样做，但学校更要以德兴校，倡导应当怎样做，深入到人的内心世界，自律，自制，认识自己的责任和义务，能更自觉地守法，有长效作用，是温性的。依法办学与以德兴校相辅相成，相互促进。大量正确的、健康的、向上的思想言行在学校起主导作用，依法办学就更能落到实处。

有些教师认为，于漪是特级教师，当校长一定是抓课堂教学，人抓学科成绩。他们估计得不对。在思想涣散、教学秩序都不能正常的情况下，首要解决的还不是课的技能技巧，不是课的质量，还没有条件谈这个问题。首要解决的是风气。风不正，学校航船驶向何方？没有良好的校风、教风，又怎样培养出合格的师范生，培养出良好的学风？为此，我们排除种种干扰，花大力气抓校风、教风、学风的建设，大力弘扬正气，在学校创造育人的良好氛围。

良好的校风是办校的精神支柱，精神支柱起灵魂作用。它是无形的，但有巨大的凝聚力，能给师生以熏陶，促进学校的和谐，提升教育质量。且不说"文革"遗留的消极因素，单是在社会转型时期，多种多样的价值取向，各种各样的时尚文化，泥沙俱下，鱼龙混杂，对学校教育构成了严峻的挑战。金钱拜物、一夜暴富、讲求实惠、追求物质享受等思想言行，侵蚀部分师生的心灵，关键在我们自己要有火眼金睛，提倡什么，允许什么，抵制什么，心中要一清二楚。学校不是真空地带，校长要敢于弘扬正气，抵制社会上不良风气对学校的侵袭，不能把学校文明降低到社会上的一般水平。社会上流行的，学校不一定提倡；社会上允许的，学校也不一定允许。学校是创建和撒播社会主义精神文明的场所，应代表社会上主流的先进文化，给涉世未深的师范生以良好的熏陶感染。强内才能御外，自己一身正气，为人师表，对歪邪的东西就有识别力、抵制力和免疫力。

黄：您能否举个例子具体说明？风气很抽象，似乎看不见，怎么抓啊！

于：风气似乎看不见，摸不着，实际上总是通过具体的人具体的事表现出来。个别情况不成气候，有了一定数量一定的"面"，风就形成了。比如，课堂教学，本是教书育人的神圣所在，可有的教师大讲时尚服装，并以自己穿着现身说法，引得学生羡慕，有的女教师穿金戴银，珠光宝气，还粉墨登场。有的女学生长发齐腰，每天梳个样式，一会儿这边高，一会儿那边高，形成不等式。天还热，大红高筒靴穿得齐膝盖。思想去除禁锢，追求物质生活改善，无可非议。但执迷穿着打扮，炫耀比拼，教与学的精力用在何处？有的班主任向学生提醒，与家长沟通，不仅无甚效果，有的家长还认为女孩子就是要打扮得花枝招展，衣服就是要亮丽显眼，你们不要太保守。有个阶段，星期六放学（那时一周读五天半，基本是住宿生），门口围着许多男青年，说是来看"妹妹"，等"妹妹"的。走到门口来了，能不管吗？俗话说，篱笆扎得紧，野犬才钻不进。强内才能御外。于是，我们组织全校师生大讨论：当代师范生应是怎样的形象？应追求怎样的美？怎样才是最美的师范生？弘扬正气，不是关门办学，搞封闭，而是既要纵向继承，又要横向开拓，让师生在辨别中体会到自己须有主心骨，社会上的东西不能照单全收，须从"立人"、"育人"的高度筛选，吸取、借鉴、剔除、抵制，取其精华，助我成长。在学生金色年华时代，要以德育为核心，促进他们生活上健康、开朗、自理、自立；促进他们爱学乐学，善于求知，勇于探索；促进他们丰富心灵，提升思想，奋发向上。引导他们的生活世界、知识世界、心灵世界和谐发展，坚持全面提高质量。

通过上上下下的大讨论，凝聚成了我们八个大字的校训：一身正气，为人师表。不管社会上刮什么风，学校师生要坚持身上的正气。正气是我们中华民族精神的精髓，克敌制胜，以正压邪的法宝，要以自己的言行传承、弘扬。"为人师表"，牢记自己在社会群体中的岗位责任，努力为社会为学生做榜样。

紧接着，出现了这样的认识与做法：两代师表一起抓，创建学校良好的小气候。小气候的创建不仅靠在职教师引领，师范生进校，这些未来的教师同样要瞄准"师表"目标一步步塑造。

与此同时，展开了师范生服饰、发式的讨论，在青春、优美、朴素、大方上做文章。学生自我设计，评论，挑选，修改。最后设计的校服很美观：藏青色的南极装，白衬衫，红领带，女学生短裙，学生很喜爱。秋冬季又是另一种款式。发式基本上是短发齐耳，很青春。

与此同时，各部门的规章制度落实情况大有进展。一年下来，学校面貌大有改观，赢得学校师生的认同，家长的认可，周围单位与居民的称赞："像个学校样子，学生有模有样。"

黄：这个例子很生动。时至今日，学校培养了一届一届毕业生。由于教育事业发展需要，你们又转制改为杨浦高级中学。30多年前的校训八个字仍刻在科学楼的墙壁上闪发光亮。几乎所有的师范毕业生都镌刻在心，曾为此而付出努力，为此而成长，而奋斗，也为此而感到自豪。

于：几乎每所学校都有用文字表达的校风或校训，我觉得最为重要的不能把它们当作标语口号，要内化为全体师生的认知、情感和自觉的行动。要真正懂得其中寓含的深意，乐意为之实践，创造自己生命的意义和价值。学生在学校求学，若干年后，大部分的知识与解题技巧已消失，无影无踪，但有些场景，有些精神火炬永志难忘，这种美好的记忆不仅给人生增添愉悦，而且能给生命往前发展添油加薪，有益终身。为此，我体会到，以德兴校，立德树人，是要在"兴"，在"树"上下功夫，做实事；不深入到学生世界的内心，浮光掠影说一说，难以取得实效。而在做实事时，特别要相信群众，充分依靠师生中的积极分子，发挥他们的聪明才智，发挥他们的正能量。

课程建设目标指向

黄：以德兴校从您举的例子中可以看出还有许多生动、有趣、给人以启迪的故事，这儿暂且不说了。师范生培养德、智、体都很重要，你们师范课程是怎样开设的，智育方面培养又有哪些特点？

于：课程建设的重要性今日已有相当程度的共识，设置哪些课程直接关系到时代的需求与培养目标的实现。传统的中等师范课程一般来说由两部分组成，语、数、外等基础学科和教育学、心理学、教学法等专业学科，还有两三个月到小学进行教育实习。在改革开放的年代，是因袭旧制，还是应时而动，是面临的必须抉择的问题。我们到小学调研，开小学校长、教师座谈会，广泛听取意见。20世纪80年代初，为了多出人才，出好人才，大学恢复高考，挑选优质学生培养，中小学教育改革风起云涌，小学急需优质师资，全面发展，一专多能。根据师范培养目标和当时职业需求，我们的课程建设决定在以下几个方面着力：

一是牢固树立育人大目标。课程建设的目标指向是当代合格的师范生，当代合格的小学教师，经过小学教育熔炉的锻造，能成为20世纪末及21世纪的优秀教师。为此，除了国家教委规定的师范课程外，根据小学对教师一专多能的要求，学校开设多种选修课，多门校本课程，供学生选择学习；文、理基础课开足，艺术、技能、体育、教育专业放在同等重要位置，不分主科副科；除了教育实践，还开劳动实践课。坚持理论联系实际，课内课外结合。促进学生全面发展，提高他们日后为师者的综合素质。

二是狠抓必修课的质量。必修课作为教学活动的主体，是培养师范生思想品质、道德情操、智力发展、体质增强等全面发展的主要途径，也就是对师范生职前教育的主要途径，课程内容、课程结构、教学方式、学业评价直接影响到师范生成长的质量，因而要高度重视，把好质量关。主要抓"三性两主动一落实"。课要有教育性、科学性、师范性；教师主动积极地教，学生主动积极地学，师生互动；优化课堂教学，落实基本功的训练。那个年代进行课堂教学有种误解，认为上课就是授业，传授知识，训练解题能力，很少考虑到教学的教育性。其实，所有的教学都有教育性，无论是文科、理科，教育学科，知识的诞生都有人的可贵精神与无限智慧寄寓其中。可惜我们教育旅途匆匆，往往知其然，不知其所以然，有些感动人的激励人的东西丢失了，只强调文字符号，公式定理，重术轻人，整个智育教育，人很少获得全面的培养，工具理性占绝对的上风。为此，当时我们就提出学科教学要注意德育的渗透。不是脱离学科知识传授讲大道理，搞盖浇饭，盖浇面，而是要深入钻研教材，挖掘教材中固有的育人资源，在学生心中撒播知识种子的同时，撒播做人的良种。比如文科教学，我们强调熏陶感染塑心灵。语文精选各种体裁的课文，有的写山川美景，可娱目；有的绘人世沧桑，可动情；有的探索天地人生，可激思；有的奉献社稷，可励志。只要教学有育人意识，总会发现取之不尽的美好资源。师范学校的课特别要讲究科学性，不能有差错，教得不正确，含糊其辞，一教室的师范生都受影响。如他们不纠正，就会影响数量众多的儿童。比如识字，字音，字形，字义，一点儿都不能差错，读错了，笔画顺序颠倒了，有时会影响学生一辈子。数学也是如此，颠三倒四，杂乱无章，学生思维就受害。为此，我们特别强调一正确，认真备课，切不可有差错；二明确，达到怎样的教学目的，须一清二楚，不能含含糊糊。学校课堂教学的受众是师范生，因而还须注意师范性。作为小学教师，口头表达能力的强弱直接影响到教学的质量，因而在文科、理科的教学中都注意练口的基本功训练，要语音正确，声音响亮，态度温和，表达有条理。必修课的质量除了有相应的制度保障外，不断地开实践探索课，评教评学，提高认识，互帮互学，逐渐形成风气。

三是创造条件，克服困难，开设多门选修课。选修课面对两个实际，一是面对上海处在沿海经济发达地区这个实际，价值多元，文化多样，新的信息如潮涌，教育必须有所反映；二是面对小学教育发展与改革的实际。我们的做法是：排入课表提供选择，长短结合，逐步到位。逐步开设的选修课共三类18门。

学科深化类有：小学阅读教学、儿童文学、小学作文教法、趣味数学、气象、小学自然教材教法；专业技能类有：电脑、电教、手工、篆刻、书法、卫生保健、英文打字；艺术体育类有：手风琴、口琴、竖笛、舞蹈、形体等。钢琴琴法课为必修，不在其内。选修课自编教材，有考查。选修课课时占总课时的10%以上，有些课学生喜欢，特别是技能类、艺术类的，几乎是全员选修，变成全面普及的课。由于师资条件的滞后，有些课只能逐步完善。选修课的开设对拓展学生知识面，激发求知兴趣、开发潜能发挥了积极的作用，有些教师也发展了自己的业务专长，尝到了成功的喜悦。

黄：那时像你们这样重视开设选修课的还不多，你们这样做，主要是从学生角度与未来教师角度考虑得比较多。那时学校主要精力抓必修课，抓考试成绩。

于：确实从师范生职业需要考虑得多。从毕业生反馈的情况看，他们走上工作岗位之后，运用选修课中学到的知识、技能带领小学生课外活动，不少取得良好成绩，获得多种奖项。

课程建设中第四是抓课外活动，发挥课外活动的综合效应。课外活动不是空喊口号，不是放羊，布置布置就算了。课外活动要实实在在开展，让师范生在活动实践中增长才干。课外活动要因地制宜，培养兴趣，发展特长，服务小学，巩固专业思想，我们确定了课外活动几项原则：（1）服务性原则，为小学开展课外活动而选项。（2）教育性原则，有利于提高认识，巩固专业思想。（3）发展性原则，有利于兴趣爱好、个性特长充分发展。（4）系统性原则，课外活动既要自成系统，又要成为课堂教学的补充、延伸和发展。（5）可行性原则，既有传统活动项目，又要根据学校人力、场地的实际状况逐步发展。

所谓课外活动不放羊，就是课外活动我们坚持"七定"，即定时间、定地点、定项目、定年级、定标准、定考核、定指导老师。1—3年级学生根据需要选择一项，学校统一在周五下午开展。除4年级学生赴小学实习外，1—3年级学生100％参加。课外活动专业训练意识强，在教师辅导下，师范生课外活动小组经常用请进来、走出去的方法，与小学生一起活动。如参与小学数学竞赛邀请赛，从调查、筹备到比赛、阅卷，全程参加，担负一定的责任，能力获得了实实在在的锻炼。如《故事大王》课外活动小组自编课本剧，排练木偶剧，到小学演出；竖笛小组帮助小学建立竖笛队，这些都受到小学的欢迎。课外活动考核办法具体、简便、可行。每学期评分、三年累计积分。学生有兴趣，合格分就不在话下。

黄：课外活动丰富多彩，学生能焕发出想象不到的生命活力。从这个方面说，师范生没有高考压力，没有无穷无尽的习题操练，幸福得多了。其实，高中课业负担应该合理，也应有点空间让学生从事自己的兴趣爱好。

于：课外活动不仅培养了一批能歌善舞、能写会画、专业技能出众的骨干，而且推动了课堂教学的优化。课外天地广阔，是育人的好场所，故而课内课外要打通，要有机结合。

最后讲一讲教育实践与劳动实践。教育实践是师范学校必有的课程，我们注重三个结合，即教育理论努力与教育实践相结合，学校师资和小学师资相结合，分散与集中相结合。在实践过程中巩固专业思想，学习与锻炼教书育人的本领。为了了解小学教育，巩固专业思想，一、二年级就固定每周一个下午，以"彩色基地"命名到附近挂钩小学，参与小学主题班会，黑板报编辑，与优秀教师座谈，与小学生开展联谊活动等，培养接触儿童，了解儿童的习惯，培养热爱儿童的感情。三年级集中两周见习，全方位地了解小学教育工作，观摩小学生的学习、品德表现与个性特征，写出观察报告。四年级集中 6—8 周实习，如指导班队晨会课，实习班主任工作，主教一门课，兼教一门课，带课外活动小组等，进行全面锻炼。组织实习宣讲队向师范低年级学生宣讲实习体会，扩大教育实践的影响。这门课程最为重要的是培养师范生热爱儿童、热爱小学教育的感情，巩固专业思想。

学校还增加了劳动实践课，针对部分学生饭来张口，衣来伸手，懒于劳动的情况，培养劳动意识，劳动习惯，开设了劳动课程。每月每天有一个班级全天劳动，打扫校园，并有计划地到学校各个部门轮岗，了解学校管理，增长见识。从事基础教育的负责任的老师什么都要管，要勤快，要有艰苦奋斗精神，要有韧劲坚持，这些好的品质，好的习惯，学生时代就要一丝不苟地培养。开始有些师生不以为然，坚持做，获得良好效果，以自己亲手创造美丽校园为荣。

20 世纪 80 年代后期，国家教委颁布了《三年制中等师范学校教学方案（试行）》，突破了单一的必修课模式，提出了必修课、选修课、课外活动、教育实践四者有机结合，我们既庆幸学校课程建设目标指向基本符合要求，又根据该方案对四个板块内容与做法进行补充、修改与完善。让学生今日成长，明日发展在各类课程中受益，我们从认识到实践永远在路上。

校园文化滋养身心

黄：学生的德、智获得培养与发展，我已经有了较为具体的了解，体育方面的培养，除了课程建设中提到外，并未具体阐述。有件有趣的事，一个偶然的机会，我翻阅到了一本《师范教育》杂志，这本面向全国中师的专业杂志1989年9月号的封面是学生做广播操，白衬衫、红领带、藏青裙子，队列整齐，再看目录，是你们学校学生，是不是开运动会拍摄的？

于：不是，就是平日的广播操。我本来就设想在讲述校园文化建设时重点讲一讲学校体育的状况。现在大家都知道须重视校园文化，但什么是校园文化，怎样建设校园文化，认识上还是很有差异。有的认为校园文化就是布置校园，美化校园，墙壁上挂什么画，写什么字，校园里栽什么树，种什么花，盖点什么小建筑，物质条件改善考虑得很多。这样做对不对？对，但仅局限于此就不够了。文化，不仅包括物质方面内容，对学校而言，更重要的是精神文化层面。文化，重在建设，有计划有目的，而不是随意而为，或听之任之。

学校是育人的场所，从事的是中华优秀文化的传承与世界先进文化的借鉴以及新时代的发展创新。文化因学校的传播而长盛不衰。学校文化是学校的灵魂，是凝聚全校师生的粘合剂，是学校发展活力的源泉。文化无处不在，似乎看不见、摸不着，事实上渗透在人、事、景、物之中，不能小视，不能弱化。校园文化建设须有主心骨，既要有传统的，又要有当代的；既要以民族精神铸脊梁，又要海纳百川，接触多样优秀文化；精神文化与物质文化结合，与制度文化交融。校园文化要师生共创，人人参与，才能形成氛围，入耳入目入心，增添发展的动力。刚才说到体育，学校的体育要增强学生体质，绝不是只上好体育课的问题，背后必须有体育文化的支撑。我历来认为体育不能只看到排在课表上的几节课，而是培养学生全面发展的一个方面，体育与德育、智育同等重要，学生求学期间，身体和品德、智力要协调发展，长身体的青少年时代忽视增强体质，一辈子都难以弥补。我们学校由乱到治，选择的突破口就是体育。因为它关系到学校的全体师生，关系到学校有怎样的面貌。起始阶段我们抓牢四个环节：列队出操；广播操质量；课堂教学内容到位；课外体育活动自选。早自修课各年级各班级赴操场出操必须列队进入，要求三个字：快、静、齐。广播操不仅要队列整齐，而且每节广播操必须到位，让每名学生明确，姿势正确、到位，才能达到增强体质的目的，比画比画，马虎应付，不仅浪费时间，也浪费生命。体育课把队列变化、广播操动作最基础的工作做正确；课外体育活动人人参与，按兴趣、个性特长自主选择。每个环节都以榜样引领，都以鼓励为主，都以体育文化支撑。聚焦在增强体质，展现青春活力。弘扬的是体育的精、气、神，体育的合作、和谐、勇敢争先的团队精神。课外活动自选，意在让学生体育潜能获得发挥，以己之优之长展现体育促进人的发展的多种功能，如促使运动者思维敏捷，反应快速，肢体协调，奋勇当先，耐力经久，合作和谐等。弘扬体育文化，锻炼了体育教师队伍的敬业态度，细致踏实的工作作风，体育课的质量明显提升，师生队伍面貌大为改观。学校操场外有几栋居民高楼，其中有些居民对我说："我们每天早上看你们做广播操，那么整齐，那么有力，真好。"你看到的那张封面照是一位记者在学校平房顶上俯拍的，那时还没有无人机拍摄。

黄：很有启发。一般地说，学校具体工作往往容易就事论事，如果就事论文化，以文化促使提高任务完成的质量，就能营造校园积极向上的氛围，使师生受到良好的浸染。体育教育的作法您是以学科为依托，扩大到全校体育活动的方方面面，收建设校园文化之效。您讲的精神层面文化建设肯定还有许多内容，又是怎样实施的呢？

于：精神层面文化有时是采取请进来走出去的方法。如进行革命传统教育，请离休老干部讲当年参加革命拯救中国人民于水深火热之中的初心，讲述他们不怕困难、舍生忘死的革命经历，并对后代寄予的厚望；请战斗英雄讲述为战胜敌人经受血与火的洗礼来践行人生的理想与信念。又如请劳动模范讲述无私奉献为人民，请盲童学校学生谈他们为了祖国怎样顽强地学习，盲人乐队用精彩的演奏诉说怎样做生活的强者。我们开展党旗、国旗、团旗的教育活动，举办《话说国歌》的系列讲座，请有关同志有关专家讲述历史风云、创作历程、乐曲的巨大力量，使学生热爱党、热爱祖国的感情在胸中激荡。在学生干部中，要求更高一点，组织他们学习《共产党宣言》《纪念白求恩》《实践论》，在他们心灵深处撒播全心全意为人民服务的种子。我们还持续地举办文学讲座、科普讲座、艺术讲座，让学生开阔视野，增长见识，心灵受到滋养。与此同时，组织瞻仰烈士墓，参观各类博物馆，访问老红军、老战士、老教师，服务孤儿院、福利院。听、说、做结合，收效甚为明显。

黄：青少年求学时代，有这些经历与没有这些经历，很不一样。纵观历史，面向社会现实，有时心灵就受到震撼。我自己就有这个体会。求学时，学校组织到南京参加社会考察活动，当我们穿着整齐的校服，站在雨花台为烈士默哀时，周围清冷的空气和葱郁的树木衬托出肃穆的氛围。置身在实地环境中，安静沉默的 1 分钟，眼前仿佛浮现出革命先烈浴血奋战的身影，耳畔仿佛响起坚毅的呐喊声。这样的场景至今还会在脑子里闪现，经久不忘。现在书本知识圈得太多太重，这些方面接触得少，不利于心智的发展和思想品德的锤炼。

于：校园文化建设并非散漫无边，我认为有两点很重要。一是聚焦于对学生的培养；二是主导的价值取向。前面我曾说到校园文化建设不仅是几名学校干部的事，是全员参与，教职工各司其职。体育教育整顿散漫，建立全校井然有序的新秩序，使学生面貌焕然一新，是教书育人的成功事例。学校不仅要倡导与践行教书育人，还要重视管理育人、服务育人、环境育人。学校工作要有条不紊，须有制度保障，而制度遵守不能靠硬性命令，应该有文化支撑。要让学生懂得为何要出台该项制度，为何应遵守该项制度。文化离不开情和理，合乎情，明乎理，思想先行，人文关怀，制度就容易到位。管理者育人就是要在情与理上下功夫。比如实验室的管理，最常见的是实验桌上伤痕累累，左一条痕，右一条痕，随意刻画。实验结束，器材不到位，随意堆放。实验室应有实验室的文化，以条文固定下来，让学生自己释义，探讨这些条文的作用。学生明确了规定对学科实验的保障及资产来源之艰辛，滋生了保护公共财物的意识与责任，再佐以制度执行的细化,原有的不良习惯得到纠正,公共财物被损害的情况基本不再发生。精神文化注入制度,制度文化对学生起了培育作用。学校广播室就要有广播文化,比如午间休息,某个阶段以放民乐民歌为主,也放世界经典名曲,主管的学生会巧作安排。

有的事司空见惯,不以为意,比如倒饭倒菜,顺手丢弃废物等不文明行为,说到底是素质问题,缺乏文化教养。校园文化建设就该管。这里且不说饮食文化,但食应有食规。管的目的是认识糟蹋粮食的可悲可耻,提升自律意识,纠正不良行为。空说道理听者往往无动于衷,作为一校之长,我拿个脸盆从泔脚缸里捞起整个包子,大块米饭、菜肴到一个个教室去讲,讲学校不是培养大少爷大小姐,讲"谁知盘中餐,粒粒皆辛苦"不是小学一年级背诵过的唱词,说说而已,要珍惜劳动果实,懂得来之不易,讲述自己带领学生到农村参加"三秋"劳动收割粮食,腰几乎弯得要断裂的体会,深秋种油菜,手指冻僵难以插到地里,腿弯得不行有时得跪在地上种的情景,我们师生只是锻炼一下,而农民一辈子面向黄土背朝天,"粒粒皆辛苦"饱含了多少辛酸、多少苦楚、多少汗、多少泪,能一点都无动于衷吗? 浪费是种什么行为? 饭菜怎么倒得下手? 再说,我们国家中西部还有那么多贫困人口,粮食是多么重要,我们就该有同情之心,悲悯之心啊! 学生感动了,说从没有见于老师这样激动,以后再也不浪费了。

黄:学生有时确实是不懂事,不了解苦难是怎么一回事,未经过生产实践的锻炼,不知道劳动果实真正来之不易,这样提醒,这样教育,也就长大了一点。

于:服务部门就要跟上。学生毕竟不是成人,要育人为先,尊重他们,食堂里对爱惜粮食要加强宣传,同时也要摸清学生的口味,把饭菜烧得可口一点。二两饭一顿吃不下可改成一两半,适合女学生的需要。哪个班级哪张饭桌哪些同学做得特别好,真心诚意地表扬,服务育人就落到了实处。

环境育人也是同样道理。学校优美环境不是花钱买的,一草一木都是师生栽种、施肥、养护,在教育经费十分紧张的情况下,我们 130 多亩的校园没有一个清洁工,我们信奉的是环境育人,艰苦创业,培养了学生绿化祖国的好思想,奋斗作为的好精神,热爱劳动的好习惯。学校被评为全国花园单位就是对师生的最好奖赏。

　　从这些创建的活动中，可看出主流价值导向已很清晰，简括地说，我们抓了四个字：勤、敬、真、和。校园文化建设是干出来的，不是说出来的，因此，要勤奋地做，精神振奋；要干出效果，必须敬业，在干的同时培养敬业精神；干，就要真抓实干，实事求是，真实、真诚，绝不弄虚作假；干的过程是凝聚大家的智慧，发挥各自的长处，奏出和谐的交响曲。这样做，为的是不辜负国家和人民对学校教育的重托，不辜负学生生命的成长。比如，讲到"真"的问题，哪个部门哪位领导来视察或调研，我们从不事先通知，做好所谓的"准备"，因为我们坚信，了解真情，有助于决策正确；因为我们深知教育的本质是求其真，虚假是最大的腐败，装出样子应付检查，无形中给学生和社会做了坏榜样。

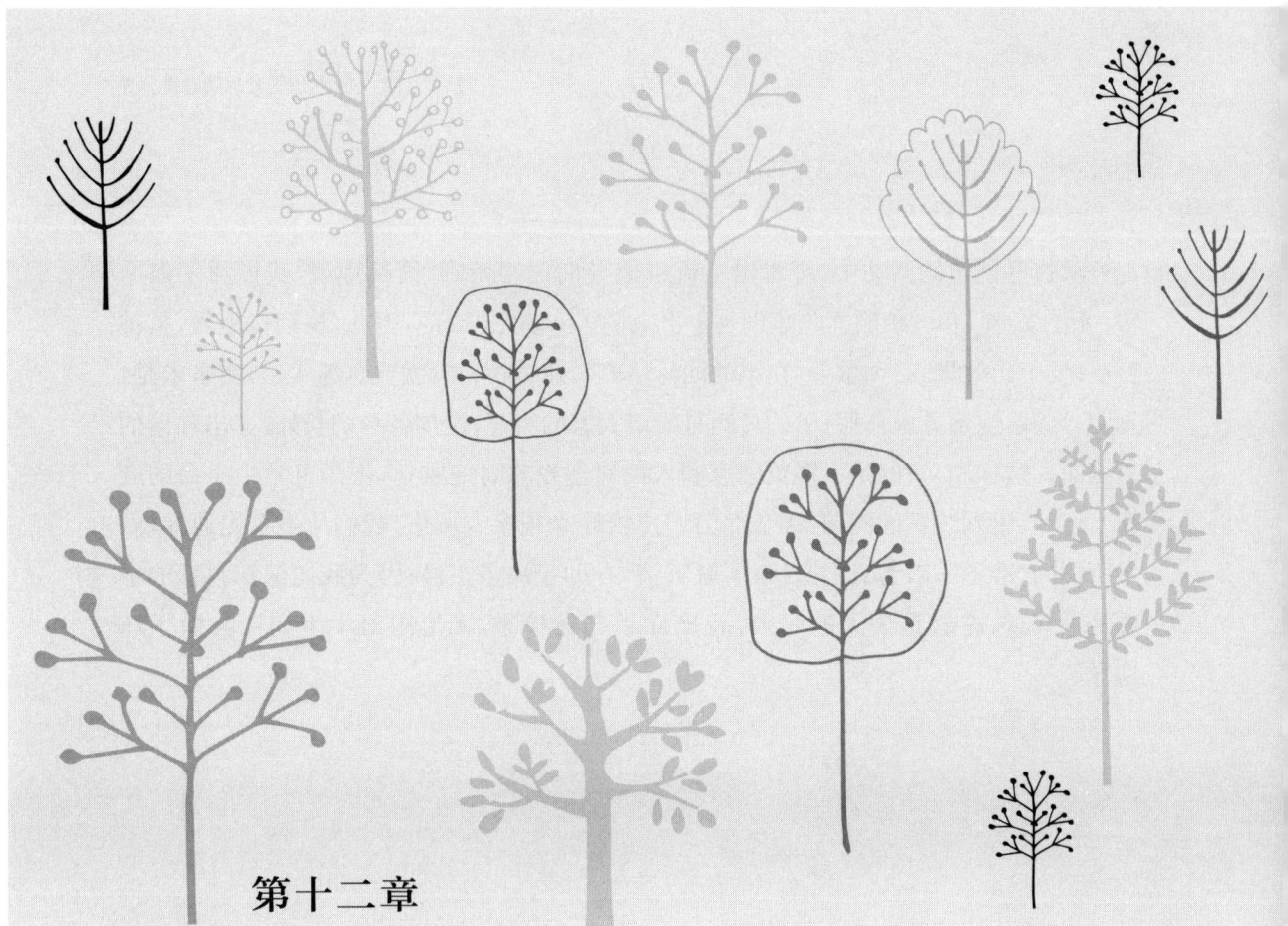

第十二章
教育质量是学校的生命

"一所质量优异的学校必然有出众的教师队伍。
学校的质量出自学校施教者的德、才、识、能"。

聆听心语

　　教育,在于释放人发展的可能性。在基础教育阶段,无论是以"教"为着眼点,还是以"学"、以"研"为着眼点,最终都旨归人的发展。"一所质量优异的学校必然有出众的教师队伍。学校的质量出自学校施教者的德、才、识、能"。

　　教师植根课堂,具有旺盛的生命力。"工作中的人文关怀涉及到方方面面,但最为重要的关怀是立足于培养"。作为培养教师的基地,学校"抓实个体自身素养的培养、群体的团队精神和职初教师的规范培养",激活教师发展的内驱力和自觉意识,夯实专业功底,增强沟通能力,培育良好的学术素养。每位教师不再是机械地、被动地镶嵌于某些特定的角色之中,而是时刻置身于现实的角色关系网中,不断寻求突破,进而绘制

新的角色肖像。

　　作为一校之长,领导力是在许多领导者的互动中表现出来的。立足角色关系网的定位和情景分布式的领导实践过程,校长的领导不再是单一的目标导向者,也不仅仅是"单打独斗",参与学校监管、协调的方方面面,而是要直面教育现场,为肩负具体管理任务,有明确岗位分工的管理群组创设良好的"生态圈",鼓励自主性的发展和创造性潜能的开发。校长须努力,做"师风可学,学风可师"的表率,一个肩膀挑起学生的现在,一个肩膀挑起祖国的未来,一辈子做教师,一辈子学做教师。

队伍建设重中之重

黄：学校工作千头万绪，很容易陷入事务堆中，整天忙于应付。有时为了应付检查，文本材料的准备就多得吓人。其实，又有几个人仔细看，更不要说深入研究了。学校工作应少一点形式装门面的东西，多一点培养人的实质性的思考与做法，切实提高学校的教育质量。这个问题您是怎么看的？

于：教育质量是学校的生命，要敢于从事务堆里跳出来，着力抓教育质量的提高。事情是做不完的，总要分清主次、轻重、缓急。再说，办学的根本立足点是培养人，培养素质良好的为国家为人民做贡献的人，办学不是做样子给别人看的。一般来说，办学者均知教育质量的重要，但由于近二三十年来应试教育的力度与深度，人们往往一提到教育质量，立刻与升学率挂钩，与分数、成绩挂钩，尽管近年来采取措施改进，但形成思维定势一下子难以消除。教育质量能否有效提高涉及到课程设置、教育教学管理、师资队伍、学生来源等诸多方面因素，有的非学校所能左右，如课程的基本设置、学生的来源，但有的方面学校还是可以发挥相当的作用，做得有声有色，促使质量提升，学校事业向前发展。

学校诸多工作中队伍建设是重中之重。学校有三支队伍，学生队伍、教师队伍、管理队伍，学校一切工作的最终目的都是为了学生队伍的健康成长，使他们享受到优质教育的哺育，德、智、体、美全面发展，成为优秀的祖国建设者与接班人。就我们学校而言，成为合格的乃至优秀的小学教师。管理队伍重在责任担当、服务意识与能力。但管理队伍基本从教师中选拔而出，因而，学校队伍建设要把教师培养放在十分重要的位置。学校大厦挺立于社会，靠的是本身有坚固的四梁八柱，一所质量优异的学校必然有出众的教师队伍。学校的质量出自学校施教者的德、才、识、能。有怎样的教师队伍就有怎样的教育质量。教师是学校发展的第一动力，他们的发展、成长决定学校质量的高低。家长与学生的择校多半不是偏重学校的物质条件，而是偏重在教师的质量与优良的校风。有的人认为,教育质量说到底就是教师的质量,这是有相当道理的。

　　我们往往希望来的教师都是优质资源,这恐怕只是美好的愿望,由于众多条件的制约,学校必须面对现实。即使优秀的本科毕业生、研究生也不一定很快就成为优秀教师。因为学历水平不等于岗位水平,人是要在教育实践中锤炼的。再说,原有的各年龄层次的教师也都要有所进步,有所发展。师资队伍建设要破除"等"、"靠"、"要"的习惯思维,树立自我培养、大力发展的观念,并努力付诸实施。有条件引进优质师源是可喜的事,当然不能放弃。人是要培养的,教师也不例外,职前职后要打通、衔接、扩展、延伸、使用与培养并重,在教育实践中与学生一起成长。校长是学校培养教师专业发展的第一责任人,教师成长、优秀,学校教育质量才有保障,学生享受优质教育才有保障。就这一点说,教师是学校的第一财富,必须把这支队伍带好,创造各种条件让他们增长才干,发挥潜能,成长成熟,追求卓越,不断创造教书育人、立德树人的新业绩。

黄: 教师队伍培养,教师专业发展,把它放到教育的重要位置,也不过是近一二十年的事,30多年前您就这样考虑,且不说什么前瞻性,总有什么触发的原因。您是怎么思考的? 又是怎样来抓这项工作的?

于: 我对师资队伍培养十分重视,谈不到有什么前瞻性,而是有许多困惑未能获得破解而寻求良方。我是学教育的,阅读过中外不少《教育学》,这些著作中讲述得最多的是教育理念、教育原则、教育方法,后来强调课程设置,讲学生观,乃至学校财产设备,教师讲得很少。个别的《教育学》竟没有教师章节。我很纳闷,学生进学校求学,是要老师教的,不管实施什么派别的教育理论,总要有教师教啊,教师在教育学生的事业中究竟应该居于何等位置? 这必须回答。"名师出高徒"、"严师出高徒",离开了师资队伍的良好质量,再好的生源成长也会受影响。再从我自身的体会来说,似乎大学毕业后工作就是把原已学到的知识储存逐步拿出来"支付"就行,没有机会再学习,再接受培训。事实上要完成交付的各项教育教学任务,自己非学习不可,专业不努力发展,是无法担当起教育重任的。再说,有计划地培养与无意识地自我发展,无论是量的覆盖面还是质的提升均有很大的差别,直接影响对学生教育的质量。而师范学校培养师资的任务更使我坚定了抓队伍培养的决心。学生在学校学习四年，无论学得怎样扎实，怎样优秀，也不可能满足工作后几十年须持续创建优质教育的需要。科技迅猛发展，社会转型向前，对教育的新期待、新挑战、新要求不断，教师只有努力学习，持续成长，才能适应社会与时代需求，担当育人重任。近些年来，国际上儿童本位、课程改革、教师教育的潮流先后涌入国内，对教师队伍建设的重视程度前所未有，这是大好的事。

我们抓队伍建设主要抓三个方面工作。

一是抓实教师个体自身素养的培养。教师所从事的劳动是个体脑力劳动，他的特点基本是单兵作战。他的课堂教学质量、与学生谈话的水平、组织学生开展活动的能力、进行教学改革的自觉性、参与教研科研的积极性，无不打上个体的烙印，教育质量的高低不是做某些规定就能实现的。为此，要根据教师劳动的特点，因势利导，在提高每个个体的德、才、识、能的综合素质上下功夫。要向教师反复宣传加强自身修养的必要性和重要性。治标与治本并重。治标只能管一时，管局部，多约束、强制，治本才更为重要。师德是根本，要让教师真切体会到"师者，人之楷模也"，（杨雄《法言·学行》）"其身正，不令而行；其身不正，虽令不从"，（《论语·子路》）任何人不可能把自己没有的东西奉献给别人。教师要撒播阳光到学生心中，自己心中就要有阳光。要培养学生成为思想道德素质、科学文化素质、身心素质良好的建设者和接班人，教师自己就要堂堂正正，光明正大，一言一行成为学生的榜样。在价值多元、文化多样、金钱拜物、享乐至上的复杂的大环境中，要敢于弘扬正气，抵制腐朽，防微杜渐。学校坚持鼓励先进，激励教师加强责任心和使命感，增强教师自我发展的动力，与学生一起成长。对有损师德的言行，对工作懈怠不负责任、家教成风的现象要敢于批评和制止。学校是培养教师的基地，上好每一堂课是教师应尽的责任，是本职工作。学科教学是素质教育的主渠道，课堂教学是素质教育的主阵地，一名连课都上不好的教师怎可能说师德高尚？课堂教学质量的提高靠说靠提要求不解决问题，要靠在教学实践中摸爬滚打，体验、感悟、长善救失。要上好课，离不开爱、钻、学三个字。教育事业是爱的事业，只有真心实意爱学生，才能收到春风化雨的实效。因而，要求教师独具慧眼，发现学生身上的积极因素，体会他们学习的难处，因材施教，因材培养，使不同层面的学生都获得发展，获得学习的快乐。教材钻研，求准，求深，求有自己独特的发现。准确，是教的前提，没有差错，不含糊其辞；求深，不是难倒学生，而是能居高临下，游刃有余，不人云亦云，有自己独特的理解与感悟。要研究学生，怎样教，怎样指导，学生才学会，才会学。要教学有实质性进展,渐入佳境,就得孜孜矻矻学习。教师要有拼命吸取营养的素质与本领,犹如树木,把根须扎到泥土中,吸取氮、磷、钾,乃至微量元素等各种营养。教师学习积极性高,言传身教,学生求知欲就被不断激发。从管理角度、从听课评课教学研讨角度、从经验交流提炼的角度持续抓,教师的自我追求、自我教育、自我修养就会不断攀升。

二是抓好教师群体的团队精神。学校教育工作特点之一是教师的个体劳动与教师的群体效益相结合。教师个体劳动质优,教师群体又能拧成一股绳,教育质量就能高水平的展现。教师团队精神的形成最为重要的是抓人际关系的和谐,而人际关系和谐的形成,关键在尊重每位教师的个体,尊重每位个体的优点与长处。在此基础上,倡导以学校大局为重,以千方百计教好学生的目标为重,取长补短,互相学习,互相支持。反对保守、封闭,反对不正当的竞争。教研成果、科研成果,考题、习题研究等均应视为集体财富,不应保密、封闭,更不能因一分半分之差而相互掣肘。必修课课程、选修课课程均须通盘考虑,协调发展。在学校工作这盘棋中,特别要重视各学科之间的相互照应,有机渗透。反对各自为“教”,各搞一套。经常开通气会,工作上协调,感情上沟通。教师的视野从“我的学科”扩大到“学校教学”,心态从“我”扩展到“我们”,机器运转有了润滑剂,群体效应就会大为提升。

黄:“三”是不是抓青年教师的培养?听说这方面做得很有成效,先说说职初教师的培养吧。

于:好。三,抓紧职初青年教师的规范培养。职初青年教师由高校毕业生的身份转换,由“学”的岗位转换为“教”的角色,面临诸多挑战,诸多不适应,学校有责任帮助他们迎接挑战,走好教育生涯第一步。俗话说,良好的开头已是成功的一半。为此,我们在为师的规范上设计培养,放到社会大环境与创建学校良好小环境的背景下培养,培养从事中国师范教育的自觉性和清醒的文化判断力,培养热爱学生的感情与孜孜不倦钻研业务的精神。教育上的新兵要真心实意地爱护,政治上关心,生活上帮助,组织他们岗位练本领。校内建立学校、处室、教研组三级培训网络,选派经验丰富的教师为指导老师,传授教育教学技艺,熏陶师德师风,在教育实践中全面培养。岗位练本领做到五定：定目标、定项目、定时间、定测评,中老年骨干教师发挥重要作用。经过一年多的规范培养,职初教师初步了解学校教育教学的规律,了解学生世界的情况,增强工作责任感,注意养成良好的工作态度与工作习惯,为日后的持续发展打下比较坚实的基础。我们还与美国密歇根州立大学教育学院、英国牛津大学教育学院开展中、英、美师带徒职初培训模式的比较研究,探讨理论支撑、师徒帮带内容,如何加强管理。通过一年多的培训实践,汇总了三国的资料进行研究,看到了各自的优势与不足。我们的优势是教学技能技巧很到位,但教师的视野、文化积淀、与学生之间的尊重、平等不及英美本项目实验的学校,为此,我们进一步更新带教观念,调整培训内容,改进带教方式,以求取得更佳效果。人的成长是一辈子的事,职初培训告一段落,紧接着就是青年教师的进一步培养,下面还会说到这个问题。

以管理促进质量提高

黄：从您讲的师资队伍建设已可窥见你们学校管理上有些独特的做法。学校管理,包括教学管理、后勤管理等都有一套套学问,要运行有序,获得师生认可,取得实际效果,也是很不容易的。质量与管理关系密切,管理埋在事务堆里,或满足于大而化之发号施令,大概是无补于质量提高的。

于：学校管理是门专门的学问,从理论到实施根据不同时代不同地域情况,会有不同的要求,追寻不同的目标,这里不赘言,仅谈一点教学管理上的做法。

管理,很容易误解为管人。其实,教学管理面对的是一系列教学之事,把事管理得生机蓬勃,井井有条。事是人做的,因而,人就要有规则意识,既参与管理,又受管理约束,使运行机制畅通无阻,运行质量不断提高。教学管理的核心问题是提高质量。我们的质量关,就"教"来说,教师要全面贯彻教育方针,教书育人,重视德性和智性的培养,把思想政治教育、道德情操教育及爱国主义精神渗透到各科教学的全过程;专业课教学要面向上海小学课程设置与改革的实际,不仅适应,而且要有点前瞻性,面向 21 世纪做点改革、创新。就"学"来说,要求师范生热爱儿童,热爱小学教育事业,有良好的思想道德素质、科学文化素质,有比较扎实的专业基本功。"教"与"学"的关系是"教"引导"学","学"促进"教",凝聚于一个目标,即：聚精会神抓教学,把学生培养成为立志献身于社会主义小学教育事业,并有扎实专业技能技巧的合格的小学教师。

教学管理围绕这个目标建立两个网络。教与学的对立统一是决定教学性质、贯穿教学过程始终的根本矛盾,如何根据学科性质特点与学生认知规律妥善处理、良性发展,须有科学的管理体制作保证。我们组建了"教"与"学"两个网络,既各自形成体系,有"经"有"纬",纵横交织,又有机结合,浑然一体。两个网络由校长总揽。教的网络总框架是：教导处、教研室——教研组——备课组——教师。教导处与教研室是抓教学管理与教学研究的两个机构,学校制订的教学工作计划,由教导处、教研室实施落实。有人问我教导处下面有教研组,再设教研室是不是叠床架屋,多此一举。那时对教研还没有像现在这样重视。我认为两个机构目标一致,分工各有侧重。教导处处在教学管理第一线,教与学的全过程都要管,除了抓日常教学的管理之外,还要组织听课评课的"观摩教学",总结经验,改进教学;除了抓教研组工作计划、备课组及教师个人教学计划外,连学生的课外活动、专业基本功落实的各项要求均要组织管理;教育见习、教育实习、考试考查等几乎无事不管,很难要求管这部分工作的同志对学校工作做更多的思考。学校总要有些参与管理的同志能静下心来作点调查研究,思考一些问题,研究一点问题,出谋划策,提出改进工作的意见。为此,建教研室,摆脱日常事务的羁绊,着重于对教学工作检查、评估、研究、总结、提高。组织教师学习教育理论,普及科研知识,强化科研意识;组织管理科研课题的研究,组织教师岗位培训;对各科教师教学进行评估、总结。以教学带动科研,以科研促进教学。两个部门相互沟通,相互协作,组成合力,增强管理的实效。特别在改进工作方面,如教什么,怎么教,为什么这么教,还可以怎么教,又如哪些活动有效,哪些活动华而不实,怎样组织师生主动性才能充分发挥等,均须不断研讨,拿出切实可行的招术。

教研组是学校落实学科教学任务,组织教师学习教育理论和教学业务、开展教研、科研活动的基层单位,备课组则是开展集体教研活动的最小单元。一般说来,学校均有这样的建制,关键在如何发挥作用。常见的是满足于课的安排,学校的要求上情下达,备课组满足于统教学进度,统考试要求。这种架构仍然落入事务窠臼。

须跳出窠臼研究教学、研究学生、培养师资。教研组、备课组工作职责均有明确规定,重中之重是研究课的质量与在教育实践中促使师资水平,尤其是青年教师的水平不断提升。教研组应是孵化优秀教师的基地,教研组里爱生的情结、严谨的作风、钻研的精神、开阔的视野,对教师心灵的成长能起潜移默化的作用。教研组要发扬民主作风,倾听每位教师的意见,择善而从。学校领导与教导主任分别深入到各教研组,既指导工作,检查教学质量落实情况,又听取意见,协助解决疑难。发现新的思考新的做法,鼓励试验,以期取得经验、改进工作。备课组鼓励发挥各自的智慧,集思广益,提升业务视野与专业能力,而不只是对进度,或你备几课,他备几课,轮流做"庄",用统一教案。

黄:看来你们抓"教"的网络管理,不拘形式,而是围绕提高质量充分调动各自的主观能动性,参与管理,在管理过程中专业也获得发展与提升。"教"的网络管理已发挥作用,为何还要建立"学"的网络呢?

于:"教"是为了"学"。在教与学的这对矛盾中,"学"是教的出发点,又是"教"的最后归宿,只有带领与指导学生学好,具备了明日为师的真本领,才是真正的"教好"。为此,我们建立了"学"的网络,即:教导处——年级组——班级——学生。针对教务处管教学、德育处管教育,管班主任的分离情况,我们建教导处,德、智、体、美四育总抓。教导处把学校要求通过年级组、班级,落实到每个学生。引导他们树立为儿童勤奋学习的志向,帮助他们养成良好的学习习惯,组织他们交流学习经验,检查了解他们学习情况。与此同时,倾听他们关于各科教学的要求、意见、建议,以资施教教师参考;组织他们参与管理,培养自治、自律、自强的能力,增强主人翁意识;注意发挥团委、学生会的积极作用。两个网络有机结合,相互贯通,定期交流,发挥整体效益。学校按照四年制师范课程设置安排教学,由教的网络层层落实,又通过学的网络不断把"教"转化为"学",实现教学计划规定的要求。在教学管理全过程,既重视听取教师的意见,又通过学的网络了解、收集学生对教的意见,经过分析、研究,及时反馈给施教教师,提醒改进。有时在同一年级学科之间的安排也会有种种矛盾,教导处召开年级组、班主任及全体任课教师联席会议,协调矛盾,共商良策,充分发挥两个网络的作用,取得良好的效果。学校体育卫生工作也是如此管理,两课(每周两节体育课)、两操(广播操、眼保健操)、两活动(每周两次课外体育活动)均落实到位。管理严谨求实,一丝不苟,加强了团结协作,也逐步形成了良好的教风学风,教师认真教,学生主动学,教学质量稳步提高。

黄:听说你们学生参加市区各项竞赛均获奖甚多,教师也发表了不少教学论文,教师的科研成果,如《中师教师工作评估》和《优秀教师性格调查》也分别获得上海市及华东地区的有关奖项。这说明管理有成效,促进了教育质量的提高。我不明白的是这样的网络建制如果没有一定的具体措施保障,很难持续地良性运转,你们有没有具体的措施呢? 主要有哪些呢?

于:你说得对,计划、目标要变成发展的现实,确实须有具体的措施。这方面,我们坚持了三个"化",即规格化、制度化、经常化。一是管理规格化。教有教规,学有学规,要求具体,做法规范。具体为:备课教案有要求;批改作业有记录;试卷命题有规定;管理过程有档案。教师方面有《教师业务档案》、《历届班主任及各年级组长名单》、历年来各学期《教学进度表》、历届《教师任课安排表》等。学生方面有《历届学生名单》、《历届毕业生去向》、《在校学生学籍卡》、历年各学期《考试汇总资料册》、《学生考勤记录》、《学生健康卡》,等等,事事有章可循。前三者只提出基本要求,鼓励大胆探索,有所改进,有所创新。二是常规制度化。教学常规形成制度,人人遵守:集体备课制,强调在个人钻研基础上集体讨论;听课评教制,中层干部、教研组长、教师规定听课节数,每位教师每学期至少上一节公开课,听课后进行评论、研讨,激励与改进并重;教学反馈制,班级有"班级日志",学习委员负责填写,每周汇总情况报教导处,教导处专人汇总,发现问题,及时与执教教师沟通;任课教师填写"教学日志",填写教学内容,进度,反映班级出席情况;不定期召开学生座谈会,较全面了解教学情况;教研组长学习制,定期学习理论著作、教育方针、课程方案,提高思想水平与教学管理水平;青年教师岗位培训,每学期举办教育教学评优活动;毕业生负责制,寄发反馈表,深入小学了解,对毕业生师德表现、教学技能等 10 个方面进行评估,推动学校改进教育教学工作,持续提升质量。三是检查经常化,为了保证各项规章制度的落实,采用了普查与抽查结合、集中查与分散查结合的方法。经常检查教学计划的执行情况,查制度、查教案、查作业;经常了解各科教学情况,切实采取有效措施,改进教学;经常开展教学研讨活动,如"某某学科课堂教学观摩会"、"电化教育情况发布会"、"学科教学德育渗透研讨会"等,倡导师生关心并参与教学研讨。四个板块课程的管理均纳入此轨道。一个目标,两个网络,三个"化"建成,教学中任性、随意、漫无边际的状况彻底改变,培养学生的质量意识大大加强,教师队伍中涌现了不少教学骨干,学生队伍中涌现了许多学习积极分子,专业基本功训练达到的成绩令人欣喜。如普通话考级全达到 A 级,三笔字(粉笔字、钢笔字、毛笔字)形成一种体式,端正、美观,不仅获奖人数多,而且深受小学用人单位的欢迎与赞美。组织活动能力强,每个班级都能组织一台有一定水平的文艺节目,自编,自导,自演,学生切实获得锻炼。

抓与不抓大不一样,不抓实,不抓紧,等于不抓。学校工作平凡,琐细,环环紧扣,日积月累,细水长流,须专心、精心、细心对待。

人文关怀,释放最大正能量

黄:同是从事教育,学校之间质量差异还是比较明显的,刚才您谈到的教学管理比较精细化,有些学校恐怕难以做到。管理要顺畅地运行,达到提高教育质量的目的,其中必有一些可贵的东西支撑,究竟是什么,我尚未想明白,您能说一说吗?

于:你思考得有道理。其实,我们的管理开始也是粗线条的,工作运转中出现这样那样的问题,直接影响教育质量,才逐步增添一些规定,把工作做得细一点。如果就管理讲管理,就条文讲条文,硬性推行,效果有时适得其反。管理一定要人性化,目中有人。管理是为了把事情做好,而事情是人做的,因而,首要的是尊重人、关心人、理解人、信任人。学校充满人文关怀,大家有温暖家园之感,每个人就能释放出自己的最大正能量。经过十年"文革"时代的动乱,有些教职工对教育究竟是什么,教育应该做什么,已不很清楚。再说,打砸抢的阴影,"知识越多越反动"的遗毒尚未彻底消除,有些人的疑虑、畏惧、怕事、逍遥、失落、不满,常常有意无意地流露,对团结对工作往往起负面作用。直面学校教育现场,如若是非不分和稀泥,掩盖积累的矛盾,就得背负着包袱往前行。负重前行是很累的,也走不好,必须化解矛盾,让大家心情舒畅,感到工作有奔头,生活有意义。怎么化解矛盾? 不是做老娘舅评是说非,陷入无穷尽的公说公有理,婆说婆有理的纷争之中,而是关心每个人的发展,努力把每个人放在最合适的位置,激励他们实现生命的价值。要让大家树立这样的观念:学校最大的事就是一个心眼为学生,其他都可不在话下。学校没有不可告人的秘密,所有问题都可拿到桌面上讨论,公开,透明。强调公开,透明,有些放不上台面的矛盾也就偃旗息鼓了。化解矛盾有个基本立场,即:种种想法与言行是动乱时代造成或遗留的痕迹,绝不纠结于个人,而是团结一致向前看,聚精会神努力干。

　　一般来说,教职工总是积极向上的,有些也有自己的兴趣爱好,或者未被发现,或者英雄无用武之地,未能发挥。学校领导层面的人要善于发现每位教职工的优点、特长,要爱护、激励,因材而用。举例来说,对师范生而言,写字是重要的,学校有书法教师,毛笔字写得不错,但教不到学生身上,学生写字几乎无长进。一位语文教师钟情写钢笔字,比对语文学科感情深,下课后在办公室就是整天写字。硬笔书法对教师来说很重要,一手漂亮的粉笔字、钢笔字,对学生很有吸引力。与他商量后,他十分乐意,改教书法。目标定为:研究硬笔书法的教学规律,切实提高学生三笔字(加上毛笔字)的水平。放在这个最合适的岗位上,个人爱好与工作目标完全吻合。每个学生有块小黑板,书法课教师示范、指导,课后学生兴趣盎然地练,全校学生都能写出一手端正、美观的字。这位语文教师不仅被评为特级教师,而且三笔字天天写,日日练,讲究规律,越写越好,成为书法家,释放出他最大的正能量。人尽其才,说说容易,要做到真不容易。还是这句话,要真心诚意尊重别人,善于发现别人身上蕴藏的好东西。有次我去图书馆了解学校购置图书以及师生借阅图书的情况,发现图书馆窗台上放置了一些布制、木质以及易拉罐废品做的小玩意儿十分可爱。小学老师有这样的巧手艺,儿童一定喜欢。图书管理员告诉我是她自己制作的,有兴趣。我与教导处商量,聘她为兼职手工老师。这一下她的积极性爆发出来,为各个年级设计了数十种大大小小的手工制品,由易到难,由技巧到艺术性,不仅图书管理工作未耽误,而且人际关系的紧张也烟消云散了。学生围着她老师长、老师短的叫个不停,她那个高兴的劲儿难以言表,特别是学生作品一次次获奖,更是喜不胜收,人的价值在工作中得到了充分认可、充分展现,她也成了学校工作的积极分子。

黄:"文革"中也有斗来斗去的人怎么关怀呢?

于:有些在"文革"中与你有过不愉快冲突的人,同样要舍弃前嫌,真心相待。在那样一个排山倒海、恶浪冲天的情况下,一名普通教师、普通职工能负什么责任?教育事业,靠少数人不可能办好,它是千家万户后代子女的成长大业,要浩浩荡荡的教师队伍尽心尽力。我这个劫后余生的人,特别感受到,人要仁而爱人,即使与自己看法向左的,也要宽容大度,撒播人间的爱。为此,学校特别注意关心这些教师,倾听不同意见。工作上一视同仁,充分尊重,不断消除他们心中的阴影。经常换位思考,就能多些理解。有位数学教师突然被诊断肺部患恶疾,住院等待手术。家里无老人照顾,孩子小,爱人不会料理。在困难重重情况下,确实需要帮一把。我家离医院不很远,每天送饭菜去,探望、安慰。她很感动,也很内疚,一下子与学校工作的距离就拉近了。人是要互相关心,互相帮助的,离开了胸襟,离开了情怀,矛盾就难以化解;丢开"小我"跨一步,看到的就是海阔天空。教职工家里有难事,教师要发表文章,要评职称,孩子要读书,等等,只要是正当理由,都应全力支持,尽力提供帮助。有位接近老年的女教师找我谈心,说20年前夫妻矛盾尖锐闹离婚,我一次次家庭访问,一次次分别劝说,分析彼此之间没有不可调和的矛盾,并一再陈述离异会对家庭造成怎样的灾难,对子女带来怎样的危害。她说当时勉强冷静下来,保存了一个完整的家,现在家庭很幸福,向我表示谢意,我当然为她高兴。学校领导要把教职工的事当成自己的事,将心比心,放在心上,碰到问题,共同商量,寻找对策,力求取得良好效果。有时,生活上也无小事,要落实到位,才能解忧排难。年青女教师生了娃娃,家中无老人帮带,又无幼托机构,学校帮助解决燃眉之急。办小型临时幼托班,请资质好的保姆,饮食、卫生、场所,学校尽其所能,提供最安全、最舒适的喂养条件,青年父母安心,增强了学校的凝聚力。学校领导要真心与所有教职工做朋友,不仅是嘘寒问暖,更要认真倾听他们的心声,采纳好的想法,改进工作。比如，师范生的伙食费有限，怎样在有限的伙食费里把伙食办好，有的炊事员会提出很好的建议，从采购到运送到烧制，到严冬的保暖，出谋划策，采纳了他们好的建议，他们更是把工作做得好上加好，大家都很高兴。

黄：学校工作岗位不同，但每个岗位的设置都有其必要性与重要性，因此，从事每个岗位工作的人都是值得重视的，人与人之间就是要平等相待，讲究情义。有情有义，工作就有润滑剂，运作就顺畅。工作中的人文关怀，您是怎样理解的，又是怎样做的呢？

于：工作中的人文关怀涉及到方方面面，但我认为最为重要的关怀是立足于培养。每个人都蕴含着潜能，有的可能意识到一点，有的可能完全未意识到，但只要有合适的条件、合适的平台触动，潜能就能得到开发，释放许多正能量。我历来认为教师队伍建设、职工队伍建设，培养与使用并重，对青年教师而言，培养可能更重于使用，在使用中培养，不断攀登为师者的阶梯。单纯使用的观点，近乎不断"支出"。在当今社会，知识、信息如潮涌，不认真学习，滋养精神成长，不增长见识、增长才干，工作中捉襟见肘之事会经常发生，或者工作质量总是在低水平层面徘徊。要摆脱裹足不前情况，学校要重视培养，着力培养，使教职工个个积极向上。培养为的是教师的专业能获得更好的发展，教育生命能创造更多的价值，道德品质、智慧才能更完美地展现，发挥教育学生成人的重要作用。这种关怀是对生命的尊重，是对生命价值创造的关怀，是对教育人生成长成熟、追求优秀追求卓越的礼赞。一名教师，如果 10 年 20 年教下来，今昔相同，依然故我，那是可悲的，学生也被耽误。如果不断处于培养之中，就会如明代于谦在《观书》诗中所说"活水源流随处满，东风花柳逐时新"，不断有新发现的惊喜，不断有新思考的自豪。学校为培养青年教师组建了三级网络，开展青年教师教育教学评优活动，让他们在教育教学实践中锻炼提高。指导老师定点，师徒结对，探讨教育教学；教研组、年级组中老年教师关心青年教师成长，定期研究他们的教育教学；教导处组织评优活动，学校组成教育教学评审委员会，对他们的实践课、班主任工作进行评审。对专心致志钻研教育教学业务，探寻教育教学规律，取得明显进步的充分肯定，热情赞扬；

对暴露出来的缺陷、不足，积极创造条件，多渠道地组织他们业务进修。有的利用学校自身的力量开课，打比较扎实的基本功，有的请外校教师兼职指导。在组织培养青年教师的工作中，中老年教师分别担当一定的责任，"教"、"学"双向互动，不仅青年教师获得了成长的快乐，中老年教师，特别是中年骨干教师获得了扎扎实实的带教锻炼，学得更多，成长得更快，品尝到工作的美丽与幸福。

黄：俗话说浇花要植根，帮人要帮心。助人成长，让人真切体会到工作的价值，工作的快乐，工作有用不完的劲，确实是了不起的关怀。一所学校，那么多的教职工，有没有不和谐的音符呢？如果有，怎么处理呢？

于：只要有人群的地方，总会出现或多或少的不和谐，及时发现，把音调调准，也就悦耳动听了。比如有人习惯于对别人说三道四，此风不可长。了解实情后就要把音准调调好。如说某某老师总不在办公室备课，在空教室里画、画、画，画自己的东西。我讲：好啊，美术老师练画笔，就是备课啊，画艺高明，才能把学生教出来。画大幅油画参加全国美展，这个小青年教师有志气。办公室小，施展不开，找个大地方让他创作。钻研业务，求得进步，方式很多，把人的空间时间都塞满，只好坐在办公室里，那是难以发展的。这位美术老师悉心钻研，不仅有大幅画参加市美展、全国美展，以油画装点校园，而且认真教学生，深受学生欢迎。这样一次、两次、三次，说别人短长的声音就稀少下去了。有的职工散漫惯了，经常惹是生非，不断有人"告状"，多次提醒，多次谈心，改变不大。后来我发现这名生物实验室管理员很聪明，知道不少生物标本的制作，有用不完的劲。他身上的不和谐不是能谈几次话就可调好的，要他明确做人的方向、工作的目标，送他去进修，在生物实验方面进行专业培养。几年下来，他像变了一个人，大家从"厌"他变为"夸"他，他说："这样尊重我，培养我，我还不学好，能算人吗？"肺腑之言，真切感受。学校工作再忙再累，也不可忘却温暖人心的大事。

师风可学,学风可师

黄:陶行知先生在《半周岁的燕子矶国民学校——一个用钱少的活学校》说:"校长是一个学校的灵魂,要想评论一个学校,先要评论它的校长。"刚才您介绍了学校工作的许多情况,现不作评论,主要想请您谈谈,作为一校之长,是不是都对学校起灵魂作用?起怎样的灵魂作用?

于:这不过是个比喻,说明一校之长对学校所起的极其重要的作用。通常人们说,一名校长就是一所学校,校长的教育思想引领着学校的办学方向,校长的价值取向决定学校教育的价值取向,校长的理想追求、道德情怀、专业素养影响队伍的建设、教育的质量,喻之为学校的灵魂,说明对学校是全方位的影响。正因为如此,灵魂就不能卑琐,不能平庸,要追求大度、追求豁达、追求高尚、追求完美。现时代当一名校长十分不易,面临着诸多对教育的挑战,面对着诸多出现的新情况、新问题,无现成的经验可以借鉴,得自己拿定主意、想出办法来应对。特别是广大老百姓对优质教育的强烈需求与教育提供方的不适应,出现了许多难题,而一时又不可能圆满解决。人的素质优化,专业能力的提高,需要时间,需要条件,需要火候,需要有关政策支撑,得持续地下很多功夫。但难题又需破解,破解到什么程度,怎样才有利于学校教育的发展,相当程度凭借校长的定力、学识、智慧。老子的《道德经》33 章里说得好:"知人者智,自知者明。胜人者有力,自胜者强。"作为一校之长,最为重要的是"自胜",自己战胜自己,不断自我超越,方能应付错综复杂的教育现实,获得新认识,取得新经验,赢得学校教育的新发展。人们对校长的要求很高,不仅是品德高尚,业务精湛,不仅是教育专业的行家里手,最好是什么都懂的全能专家。实际情况与理想的期盼总会有很大的距离,须不断努力,不停息地进步。校长毕竟不是完人,不是圣人,但必须深刻理解肩负的育人使命,忠于职守,锻炼出学校教育事业的领导力,为全校师生成人、成才奉献智慧与力量。这里且不说开展工作应树立的观念,应制订的计划,应如何组织实施,如何反馈评价,我切身体会有八个字对校长在岗位上的自我修为特别重要,那就是"师风可学、学风可师",校长就是全校师生师风可学、学风可师的榜样。学校有这样的榜样,就会风清气正,就会有巨大的凝聚力,教育教学会生机蓬勃,积极向前。

黄:对校长的德、才、识、能要求很多,也很高,您为什么要提出这八个字呢?只要基本上完成任务,太太平平不出事,也就是尽到了责任,心安理得,何必还要提出这么高的自我修为的要求?

于:这其实关系到怎样看待教育的问题,教育不是完成一般性的事务工作,而是"百年树人"的大业,关系到每个学生生命成长的质量。我在教育实践中深深体会到:今日的教育质量就是明日的国民素质,我们基础教育是为中华民族的子孙后代奠基。提高国民素质是一代代志士仁人的伟大梦想,国民素质提高是中华民族伟大复兴宏业最为根本的保障,离开了人的高素质,社会上杂草丛生就毫不奇怪。别的姑且不说,单是诚信丧失,诈骗泛滥,给我们带来多少负面作用就很值得深思了。人从小就要受良好的教育,教育所从事的是塑造灵魂、塑造生命、塑造人的工作,极其艰巨,又极其神圣而伟大,忽略了时代的叩问,丢掉了历史眼光,教育的价值与意义无形中就被降格,就会在见事不见人,见分不见人的窠臼中打圈子。

为什么要强调"师风可学",校长是"教师的教师",理应为教师做出榜样。习近平主席要求教师须具有"四有"特质,即有理想信念,有道德情操,有扎实学识,有仁爱之心,校长不仅对其丰富内涵要有深刻理解,而且要身体力行,做出榜样,引领教师队伍在这些方面认真锻炼,取得优秀成果。刚才说到对教育的认识问题,校长有怎样的教育观,怎样的教育价值观对教师产生直接的影响,乃至关系到办学的方向。教育领域突出的矛盾是崇高的历史责任感与现实的功利主义之间的矛盾。从一个人成长的过程来看,基础教育从事的是人的基本建设,给人的思想道德、行为习惯、科学文化打基础,根子扎得正,扎得扎实,懂得做人的基本准则,日后在社会风雨中锻炼,就能心明眼亮,破浪前行,为社会为人民作贡献。基础教育面广量大,关系到出生在我们这多情的国土中的每一个孩子,因此,必须面向全体学生,着力于全体学生素质的提高,为把每个学生培养成人,培养成合格公民,培养成祖国有用之才、优秀人才,为全民族素质提高,奠定坚实的基础。这是关系到祖国千秋大业的历史使命,从事教育的人要有点家国情怀的应义无反顾的责任担当。但市场经济的迅猛发展,对教育形成了巨大的冲击。一是"义"与"利"失衡,把金钱私利作为追求的目标,把商品交换原则运用于知识利益的追求,丢失传道、授业、解惑的神圣与道义。见利忘义、认钱不认人的也许为数不很多,但负面影响很大,对心灵的污染很厉害,也导致教育的尊严与信誉在社会上遭到质疑、批判,乃至否定。我们搞的是社会主义市场经济,目标是实现全社会的共同富裕和民族的兴旺发达,拜金主义、功利主义、唯利是图不是我们的价值取向。二是应试教育的盛行,把升学率作为学校与教师追求的目标,说的是素质教育,干的是为分数为升学率而争分夺秒。考试本为手段,错把手段当目标,徐匡迪院士在《今天我们怎样做老师》中说:"作为教育工作者,我们还要多看大局,放眼长远,不能急功近利。要时刻意识到,我们担负着'百年树人'的历史责任,正如蔡元培先生所说的那样:'教育者,非为已往,非为现在,而专为将来。'我们作为教师,永远都是过去与未来之间的活的环节,是克服人类无知与恶习的最重要的社会成员,是过去历史上所有崇高而伟大的历史人物与新一代之间的中介人。"显然,最终衡量学校价值、教师价值的不是当年的升学率,而是 10 年、20 年乃至 30 年之后,到底培养了多少为国家为社会作贡献的人。也许有人认为这样说太轻巧了,人生活在现实社会之中,能不随潮流吗? 校长、教师不可能不食人间烟火,要生存要发展,生活不断改善,这是无可非议的,与见钱眼开、唯利是图是两股道上跑的车。再说,呼吁提高教育经费与教师待遇之声未停止过,也不断付之于实施。学校教育质量在升学率方面会有所反映,但绝非全面反映,任何一张考卷考不出人的综合素质,育分不育人,从根本上说是丢弃了教育的本质。全面贯彻教育方针,扎扎实实抓德、智、体、美全面发展,成绩同样会提高,而品德、求知、体质等出现的不良情况,令人揪心的事会大大改善。至于说社会上的潮流,有清浊之分,顺逆之别,校长的定力就在于坚守正道,顺应时代发展潮流而前进。社会的各种思潮,各式做法混杂交错,校长一身正气,为人师表,就能成为学校的定海神针,给全校师生以勇气,鼓励与力量。

黄:师风可学,大到办学方向,教育价值取向的追求,小到具体的学校生活小事,大家都会看在眼里，在心里掂量。校长思想、品德、气质、言行是师生的楷模，就顶起了学校一片天，是学校真正的脊梁，学风可师，又是怎么理解怎么做的呢？

于：有一种误解，以为学校的任务就是组织学生学习，使学生学习好，殊不知要教会学生学习，教学生学会学习，教师就得认真学习、持续学习。要"诲人不倦"，自己必须"学而不厌"，苏霍姆林斯基在《给教师的建议》中说："教师所知道的东西，就应当比他在课堂上要讲的东西多十倍、多二十倍，以便能够应付裕如地掌握教材，到了课堂上，能从大量的事实中挑选出最重要的来讲。"多十倍、多二十倍的东西从何而来？学习！学习必须长流水，教学中才不至于捉襟见肘、孤陋寡闻，学生听课味同嚼蜡。但是，学校教育的现状是：教师往往重自己的"教"，而轻自己的"学"。从多次调研教师读书的情况看，一是数量少，二是阅读面窄，基本围绕教学参考，阅读的不理想严重制约教师的专业发展，要成为优秀教师、卓越教师，阅读学习这个瓶颈非有所突破不可。学科本体知识的深度、广度，专业能力的综合、创新，思想见解的活跃、独特就是靠源源不断地精读、博览。真正的学校应当是一个积极思考的王国，教师有丰富的智力生活，学而不厌，勇于创新。要做到这一点，校长须做出榜样。苏霍姆林斯基在《和青年校长的谈话》中指出："一个学校的领导者，只有精益求精，每天提高自己的教学和教育技巧，只有把教学和教育以及研究和了解儿童这些学校工作中最本质的东西摆在第一位，他才能成为一个好的领导者，成为一个有威信的、博学多识的'教师的教师'。"校长面临办学诸多挑战，确实要在百忙之中坚持学习，方能审时度势，因时辨势，遵循教育规律，创造条件，办出特色。多少年来，我一直以西汉经学家、文学家、目录学家刘向的"书犹药也，善读之可以医愚"为座右铭，以"一日不多，十日许多"的锲而不舍精神，读经典、读专业，积极思考，磨自己的脑子，关心科技、教育、社会发展众多信息，把握现在，着眼未来，增添文化底蕴，提升教育判断力，力争逐步脱愚，脱愚昧，脱愚钝。校长的领导力、校长的话语权、校长的威信，不在于行政力的使用，而是植根于师风可学的人格魅力和学风可师的学识素养。就拿听课评课来说，如果流于形式走过场，对促进教师专业发展，提升教学质量无积极作用；如果作为教学研究，校长能站在理论与实践的高度，评述课的利弊得失，探索学科教学规律及学生认知规律，那就上升到活的教育学的高度，让授课的、听课的教师知道这堂课好，好在哪里？为什么好？不足在哪里？为何会不足？怎样改进？改进有哪几条思路？这样的听课评课与填个表、打个分，不可同日而语，教师受益的程度虽难以量化，但可能成为教学质量攀登的新的突破点，可能这个场景永记心间，终生难忘。如此领导教学的美景的出现，靠的是校长对教育事业的理想信念、学识素养的支撑。校长身上有正气，抵制鄙俗的市侩风气，又有书卷气，做学者型的人，二者结合，与时俱进，就能成为教育改革的探索者、推进者，就能使学校高质量、高境界，泽被莘莘学子。

校长队伍中人才辈出，基础教育必然展现"万紫千红总是春"的大好景象。

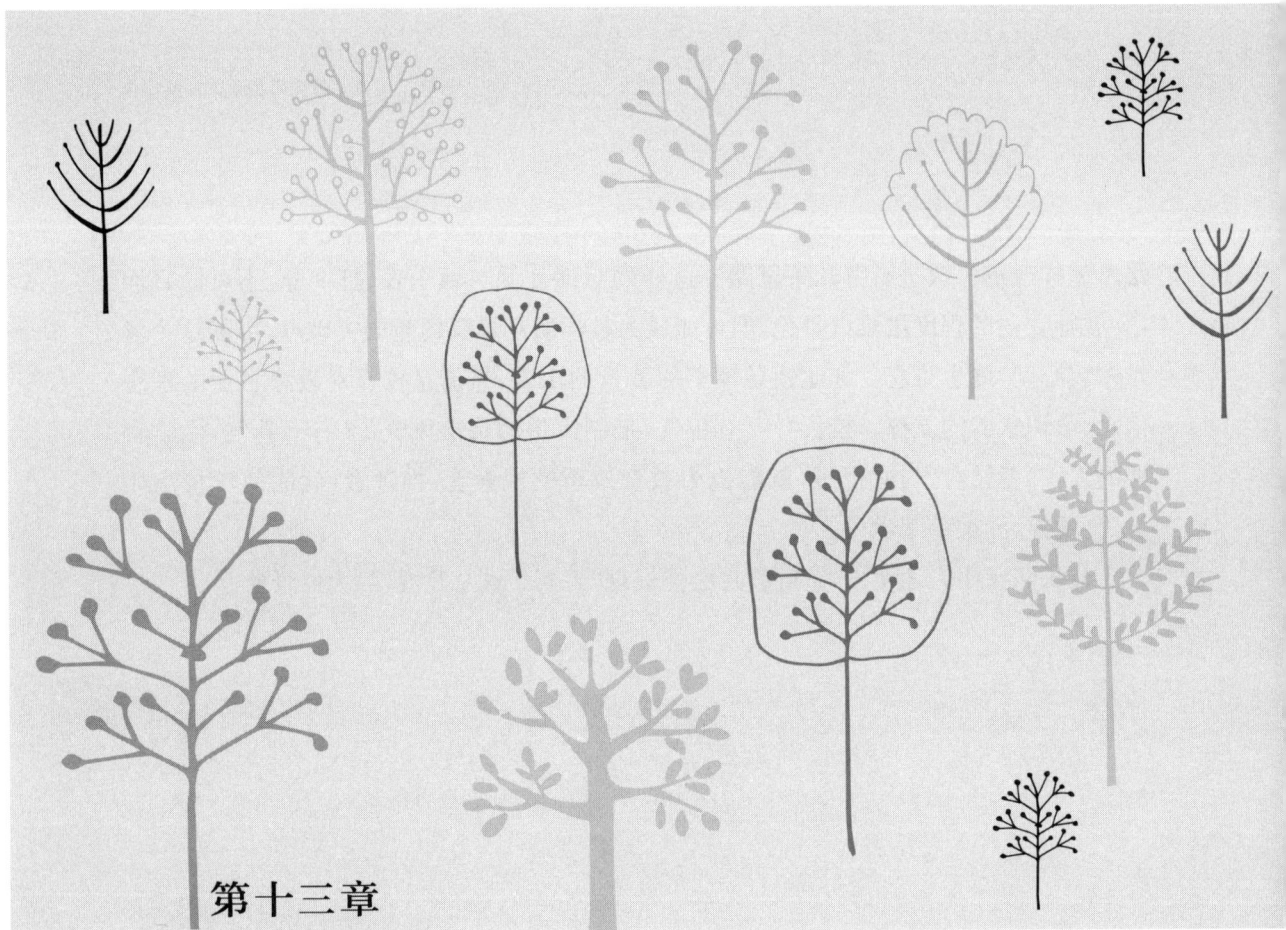

第十三章

"化作春泥更护花"

*"成长是人一辈子的事,教育不是一个结果,
而是生命绽开的过程,它永远面向未来。"*

**聆听
心语**

　　作为基础教育领域首部特级教师的全集,《于漪全集》的发布会引起了广泛的关注。主席台上,几十年前于漪手把手带教的徒弟诉说过往,观众席里,历届于漪名师基地的学员专注聆听。于漪培养的教师里,有的已是白发苍苍,有的则展现了青年人特有的意气风发。往事依依,这位耄耋老人郑重其事地向一路上相遇、相知的教师表达了感谢之意,同为教师,她从他们的身上学到了许多。

　　在许多场合,于漪都会发自肺腑地感叹,正是因为有这样一批批"同行者",才成全了她。"成长是人一辈子的事,教育不是一个结果,而是生命绽开的过程,它永远面向未来"。无论是师徒带教,还是名师基地活动,组建学习的共同体可以"集众人之长,形

成教育方方面面共识,互相学习,互相促进,发展优势,弥补不足,共同提高"。所谓教学相长,教师的学习共同体也促进了彼此的成长与发展。

放眼当下,比学无所得的教育更可怕的,是把教育当作追求功名利禄的捷径。"思"、"想"从"心",教师队伍须有"中国立场、世界视野、业务精湛、仁爱之心"。尺有所短,寸有所长,要立足教师发展的生长点,量体裁衣。"看准生长点,提出攀登目标。围绕生长点扩大优势范围;多点互助,整体推进;补短板与不足"。培训"以学科教学为切入口,进行人生态度的攀升,思想情感世界的攀登,身体力行,创建为师者的风范",不仅是教学能力的传授,更是师道的传承。

于漪一直谦逊地称事业的起点源于机遇,但她的睿智、她的思辨源于她的坚守、她的勤奋、她的奉献,一辈子为了学生、为了教师、为了教育,一辈子为基础教育"铸魂",她将奉献做得如此专业,又偏偏如此乐在其中。亚里士多德说"人生最终的价值在于觉醒和思考的能力,而不只在于生存",于漪用毕生诠释了师者之境,生命与使命同行。

义不容辞的责任

黄：您从教时间长，教过初中、高中、师范学校各个层面的学生，在教育教学方面累积了十分丰富的正反经验，因而能比较准确地明辨是非，判断正误，该做什么，不该做什么，毫不含糊。但个人的力量毕竟有限，有些认识与做法可以让老师们，特别是青年教师共享。"化作春泥更护花"，听说您在青年教师培养方面也做了大量工作，您能不能说一说？

于：说到培养青年教师，粗算一下，至今已有五六十年，上世纪 60 年代开始，剔除"文革"10 年。龚自珍在《己亥杂诗》中说的"落红不是无情物，化作春泥更护花"，开始组织上要我带教青年教师，我只是任务观点，根本没有达到这样的境界。随着时间的推移，年龄的增长，对教育事业价值认识的深化，才由不自觉到自觉，到以心相许，以情浇灌，以自己有限的德、才、识、能作为他们前进的铺路石子，攀登高处的阶梯，托举他们成为初升的太阳。

上世纪 60 年代初带教青年教师是领导布置的任务，为的是应急，那时初中教师紧缺，教研组来了三名青年教师，学历是 3＋1，即高中毕业去教育学院学习一年，即分配到学校从教。我是教研组副组长，年纪轻，被安排带教。怎么带教，我毫无经验，自己教学业务还是半瓶醋，能教什么？再说，我教高中，她们教初中，我的任务是和她们备课，对她们写的教案提修改意见，偶尔也听课，谈点看法。虽然也花了不少时间，但很少讨论问题。带教是为了应急，只要她们把课上下来，学生无多少意见，就算上上大吉，完成任务。由于只看作是工作任务，对为何带教，该怎样带教，达到怎样的目的，从未认真思考，更不必说深入思考了。形式上带教，未用心思考，可说是无感觉，无经验。

黄：那已是"遥远"的过去了，从学历来考量，今日似乎已不可想象。"文革"以后，情况大概就大不一样了。

于：也不是立刻就改变。"文革"结束，教育恢复正常秩序，学校碰到的难题之一仍然是教师紧缺，别说质量了，有时数量上都难以满足，领导又安排我带教。带教的这名教师是68届初中生，农村赤脚医生，无法任教高中语文课，只得跟着我听课。后来，区教育局为了培养初中语文骨干教师，与我商量，要我改教初中，培养师资。经学校同意，我改教初中，她也跟着我到初中听课。从早读课到阅读课、写作课，从课内学习到课外活动，全程参加，并试着批改习作。这名教师很努力，也很聪明，但基本功欠缺，语文业务底子差，时代造成，没有机会进学校正规学习。现实是教师紧缺，她需要顶班上课。于是我带教的任务改成教学进度提前，她先听课，然后再去上课。用老师们的话来说，"热炒"，照搬照抄，一轮下来，她开始摸到了语文教学的门，学生成绩也可以。这种培训可以说是全方位，从对教材的阅读理解，到教学方法的选择运用，到学生学习质量的评价，到学生作业的批改。单是改作业判断正误、优劣，就不知花了多少时间。作文是学生语文能力的综合反映，批改作文是教师语文素养的综合反映，要真正提高质量绝非一日之功。这种带教是特定时代形成的要求，形成的做法。我深深体会到这不是带教教师，而是带教一名聪明的学生，以具体的实践弥补文化的缺陷，但毕竟是东补一块，西补一块，不成系统，不成体系。由此我更深地体会到，作为教师，求学时代一定要认真学习，打好科学文化的底子，打好专业的底子，练好基本功。缺少文化底蕴，专业素养，教起来必然千疮百孔，连"合格"都谈不上。动乱的年代剥夺了人学习的权利，而今更应珍惜学习的权利，为日后专业的发展打好扎实的基础。

黄："热炒"毕竟是不得已而为之，也毕竟救了急。了解走过的路，更能体会师资队伍培养的重要。对青年教师正常的培养做法又是怎样的呢？

于：比较优秀的青年教师的培养，方式就灵活多样了。由过去带教的单向，转变为师徒之间的双向乃至多向，培养逐步走上正常的轨道。有计划，有目标，有课程，有检测反馈。有分散学习,有集中讨论;有系列讲座,有教学实践展示;有住校跟班学习,有走校定期听课;有本区教师,有外区教师;有本市教师,有外省市教师,有时听课听讲座的教师浩浩荡荡。

上世纪 80 年代初期中期,尽管教师队伍建设的重要意义还未提升到今日认识的高度,但教师钟情学习、提升自我的积极性令人感动,目标很明确:提高语文教育质量。住校跟班听课的有大学师范院校中文系留做助教的青年教师,有远郊派来的优秀青年教师,从早读课听起,包括作业批改,课外活动设计与参与。此时的培养,很大特点是不断讨论问题,如对教材的理解程度、教到什么程度,课堂上如何充分调动各个层面学生学习语文的积极性,课堂里生成的问题哪些可搁置,哪些可展开,展开到什么程度,学生习作是否要精批细改,到底有没有效果,这么多人听课学生怎么会毫不惧怕,提出各种各样的问题,你作为教师,紧张不紧张等等。一言以蔽之,思维十分活跃,探究的是语文专业的问题,追寻的是学科教学规律和学生的认知规律。一个个从课堂教学实践中涌现出来的问题迫使我认真思考,寻求解答。我不得不认真梳理每个教学行为的动机,反思知识传授、能力训练教学过程中的利弊得失,思考学生个体与群体学习中的统一性与差异性,怎样持续不断地激发学生旺盛的求知欲,总而言之,脑子里不是教材,就是学生,为了指导学生学会、学好,会涌现各种各样的想法与做法。此时此刻,我真切地品尝到培养青年教师的意义与快乐。这不是一般性教学工作带教,而是专业研究的伙伴,互相启发,共同探讨,认真研究,双向提高。青年教师脱产听一年的课,对教与学全面而又比较深入的了解,并各抒己见,畅所欲言,教学专业的认识水平,判断能力有了明显的提升。对我而言,直面教学现场的诸多问题,须冷静思考,深入学习,寻觅破解的路径与方法,这就逼得我须自觉提升专业素养。青年教师的岗位进修使我这名老教师受益匪浅。

听课也是双向的。走校老师每周来我校一天,上午听我两节课,下午或集体讨论听的课,或开设语文讲座。听讲座的不仅是选派来的岗位进修教师,区里所有学校都选派教师参加。比如,1984 年下半年就曾作过如下讲座:《识质与雕塑——谈树立目中有学生的观点》、《在学生心中撒播做人的良种——谈语文教学中的文道关系》、《兴趣是学习的助推力——谈激发学生学习的兴趣》、《做学生脑力劳动的指导员——谈语言和思维的训练》、《引导学生打开认识的窗户——谈语文教学中的观察训练》、《启发学生神思飞跃——谈想象力与创造力的培养》、《抓住记忆的支撑点——谈发展记忆力》、《说清楚与写生动——谈表达能力的训练》、《课堂教学节奏与容量——谈提高课堂教学效率》、《课外渠道的开辟——谈语文课外活动与兴趣小组》、《须有阐发教材的基本功——谈对教材探幽发微》、《对教材进行再创造——谈写作思路与教学思路》、《用语言"粘"住学生——谈语文教师的教学语言》、《教师的智力生活——谈语文教师的知识结构和职业敏感》等。我之所以举这个例子，是说明当时基础教育对学科教学除了基础知识、基本能力要加强外，还提出了发展智力的要求。智力发展的内涵，许多教师并不清楚，在教学实践中如何体现更是难题，故而在讲座中有了观察力、思维力、记忆力、想象力、创造力等培养与训练的内容。上述智力的发展不是凌空讲一套，而是融合在语言文字读写听说的理解与训练之中。讲述这些内容，与听课的教师交流，压力很大，我是边学习边理解边实践边领悟，十分不周全。但教师仍觉得有收获，教学中不断有新的探索，总能令人兴奋，使人感到有新的希望。我被逼迫登上了讲述的位置，虽然困难很多，但收获很大，促使我的课堂教学形成了融知识传授、能力培养、智力发展、思想情操陶冶于一炉的雏形。

培养的每位青年教师都要上研究课，把语文双基与智力发展落到实处。备课一遍遍修改，甚至推倒重来。执教者讲述教学设计的来龙去脉，学习的伙伴共同讨论，长善救失。有的老师课的质量明显提高，对语文学科的认识、课堂教学的结构安排、调动学生学习语文的主动性积极性，均有明显的进步，成为学校的教学骨干，好几位成为区的语文教研员。尽管那时又要教学，又要培养青年教师，还有很多社会工作，任务繁重，可说是每天夜以继日，明灯陪我过半夜。但今日想起来，仍然是意味无穷，十分香甜。是这些青年教师教育了我，什么叫责任担当，什么叫义不容辞。教育质量，从某种意义上说，就是教师的质量，为教师质量的提高，也包括自身的提高，迎难而上，体现的就是责任担当，为此而尽心尽力，无私奉献，体现的正是义不容辞的教育情怀。天下教师是一家，刻苦学习，忠于职守，互帮互学，方能创造教育的满园春色。

着力创建为师者的风范

黄：我发现从您讲述的带教青年教师的情况看，您越来越重视师傅与徒弟的双向提高。

培养青年教师绝不只是单向付出，更多情况是：赠人玫瑰，自己手里也留有余香。帮助、指导别人的同时，自己也增长了见识，也有了提高。在名师基地培养，德育实训基地培养与种子基地培养中您是否也是这样考虑的？

于：首先有个定位的问题。基地培养学员，或工作室培养学员与高校培训机构或某个部门培训机构不一样，后者主要是开设一门门课程，学员进修。前者基本上是师带徒的形式，也有理论课程，但教学实践探讨得更多一些，着力于专业能力的提升。师与徒都是教师，年龄与教育教学实践经验虽有差别，但各有个性，各有长短，基地培训重在集众人之长，形成教育方方面面的共识，互相学习，互相促进，发展优势，弥补不足，共同提高。基地师徒是学习共同体，师傅主持基地工作，是学习共同体的首席，怎样规划，达到怎样的目标，采取哪些做法，会影响培养的质量，因而，在培养与实践的过程中，特别要注意自身的学习提高。如果认识水平、教学实践、专业素养，破解难题的能力，与绝大多数学员在一个平面上移动，学员自我发展的积极性就会受到抑制。从这一点来说，师傅更要重视学习，虚心学众人之长。

原本带教青年教师，基本聚焦于语文教学专业，特别是语文课堂教学的实践能力。当时这样做为了适应学校对师资使用的实际需要。而今进入新世纪，课程改革有了很大变化，对师资要求变化也很大，须站在新的制高点上思考，谋划。学员情况变化也很大，学历已不是问题，相当一部分是研究生，有一定的文化积淀与中文底子。从学校基层推荐，再到区、市选拔，总的来说，均比较优秀。教龄也都在 10 年左右，积累了一些教育教学实践经验。对这样一支队伍的培养，只局限在学科专业课堂教学实践显然不够，要在排头兵、引领者的涌现上下功夫，在优秀与卓越上做文章。只有这样，才能充分挖掘与发挥他们的潜能，在各自岗位上创建教育教学的业绩。

黄：这个想法有道理。培养不是就事论事，在熟练上做功夫，而是要站在高处，让被培养的教师有更广阔的视野，更扎实的学识，专业上有创见，有自己较为系统的思考与做法，能给大家以启发，在队伍中起引领作用。具体怎么做呢？

于：这种培养不局限于教学技能技巧，而是以学科教学为切入口，进行人生态度的攀升，思想情感世界的攀登，身体力行，创建为师者的风范。具体而言，心灵里要点燃一盏明灯，照亮追求教育理想而不懈前行的路，包括师德、师风、师识、师能的全面提升。习近平主席指出教师必须具备的"四有"是有理想信念、有道德情操，有扎实学识，有仁爱之心。这"四有"都是精神成长的事，培训基地主要做的就是促进学员自觉地精神成长，努力创建为师者的风范。多年来，我们的教育往往纠缠于考试，纠缠于分数，纠缠于升学率；一谈到课程改革，少不了大肆宣传众多的理论，众多的模式，外国的名词术语大汇串，教师脑子里犹如马蹄杂沓，被他信力所左右，对中国教育对自己任教学科的一些根本性问题很少思考，更不用说深入思考，反复研究。这就相当程度妨碍了精神的成长，影响步入优秀与卓越的行列。

培养这支队伍就要从去除壁障、拒绝平庸、树立自信开始。教师不是先知先觉，但对所从事的事业、从事的工作必须"知"，必须"觉"，有自己的思考，自己的认识，不能任凭教育时尚、信息炒作，教学参考资料、电脑下载教案等说短长，缺失自我主体，缺失学术素养，做思想的矮子。语文教师肩挑的是立德树人的刚性责任，肩挑的是传承与弘扬中华优秀传统文化的神圣，在当前价值多元、文化多样的复杂情况下，对学科的性质、功能、育人价值更要有清醒的认识，精辟的理解，自主判断的能力。因而这支队伍的培养须在中国立场、世界视野、业务精湛、仁爱之心等方面着力。比如对教育、对基础教育，对中国基础教育究竟应怎样看，怎样认识，很有讲究。在两个层面，分歧很大。一是对教育现状的评估，一是对教育本质、功能的认识。

改革开放以来，我国的教育取得了巨大的发展，成绩举世瞩目。从学前教育到研究生教育，到终生教育，量和质均发生了跨越式的变化，义务教育从城市到农村，从平川到高原全覆盖。各类教育均惠泽莘莘学子。教育成就是中国人创造出来的，实实在在地放在那儿。快速发展中出现这样那样的问题，乃至深层次的、十分棘手的问题，本不足怪。然而，熟视无睹者有之，不理解的有之，期盼毕其功于一役者有之。与此同时，非议、责难、抨击，不绝于耳。喧嚣背后，缺失的往往是教育自信。此时此刻，作为教师，就须坚定立场，树立自信。教育现状的形成有诸多原因，历史的、社会的，教育内部的、教育外部的，只要冷静对待，分析矛盾的来龙去脉，寻觅良策，就会有定力，有自觉，维护和建设我们的教育家园。我国的教育巨轮承载着50多万所学校，2亿多学生，承载着13亿人口的美好期望，要办好中国特色、世界一流的现代教育，教育自信必不可少。中国不是教育穷国，丰厚的教育遗产有精华有糟粕，采用辩证唯物主义和历史唯物主义的态度，作具体的实事求是的分析，取其精华，去其糟粕，精华也因时代需求而加以发展，就会使其更具丰富内涵，更显育人光彩。历史不能隔断，历史装载着民魂。如果采取虚无主义态度，连我们教育的根在何处、魂在哪里都不知晓，那只能随风飘荡，听凭他人说短长了。作为被培养的优秀教师须头脑清醒，坚定中国立场。充满自信，就能意气风发，潜力迸发；如果自信缺失，就会犹疑摇摆，甚而随人乞讨。

黄：教师忙于日常琐细、繁重的教育教学工作，碰到问题往往就事论事，听到种种非议、责难，常感到茫然，又觉得一己之力有限，无可奈何，怎样站在高处，对一些带有根本性的问题作比较全面、深入的思考就显得欠缺。但要成为优秀的教师确实必须思考。思想有高度，方向明，才能干劲倍增，勇往直前。对教育对基础教育的本质、功能讨论得很多，但真正内化为正确的教育理念，指导教育教学实践，并形成自己独特的认识与行之有效的做法，并不多见。从培养高端教师来说，教育理念的正确、清晰又是多么重要。

于：确实如此。从事基础教育，对它的性质、功能须透彻理解，正确把握。基础教育从事的是人的基本建设，未成年人时期要打好健康成长，终身发展的基础；要面向全体学生，全面贯彻教育方针。教师对此均耳熟能详，但由于受重"术"轻"人"思潮的干扰，社会上急功近利、浮躁心理的浸染，考试指挥棒的威力和种种评价机制的影响，学生德智体美劳全面发展的培养就七折八扣，"术"的培养具体、实在，"人"的培养重在口头，比较空泛。学生身上的问题相当程度反映家庭教育、学校教育、社会教育的问题，育分不育人，求学不读书的负面作用在诸多方面闪现。作为有责任担当的教师须深刻认识到基础不牢，地动山摇。基础教育面广量大，义务教育关系中国每一个孩子，今日施以怎样的教育，影响他们今日的成长、成人，还影响到明日全民族的素质。今日的教育质量，就是明日的国民素质。教师站在这样的高度来认识基础教育的战略价值和意义，就会排除种种困难，把育人放在首位，千方百计给各个学段、各个层面的学生打好思想道德、行为习惯、科学文化、身心健康的基础。根子扎得正，扎得深，扎得牢固，懂得做人的基本准则,日后在社会风雨中锻炼,就会心明眼亮,有发展的后劲,能为社会多作贡献。今日为学生打好底子,实际上也是为未来国民素质的提高奠基。

、

黄:我突然发现您讲了许多道理,表达的是您的树人心切,不仅树学生,而且树教师。从大处着眼,不是枝枝节节。学员本身就是积极向上的教师,行动受理念的支配,树立了正确的教育理念,弄清楚教育的价值所在,有全局意识、战略意识,教育教学实践中就会有新作为、新气象。

于:对。除了教育理念的提升,在视野、专业等方面要提供诸多学习条件。1. 组织课题研究。如组织第四期语文学科德育实训基地学员参加"中小学语文学科育人功能纵向横向衔接的实践研究",该课题是 2013 年教育部哲学社会科学研究重大课题攻关项目"大中小德育课程一体化建设研究"的子课题,目的在让学员探讨德育内容体系在中小学语文学科融入的基本规律,深入挖掘语文学科本身所蕴含的价值观念和道德内涵,促进学科知识体系和价值体系的有机统一,使育德与育智变成一个同步协调,相得益彰的过程。又如组织第三期语文学科德育实训基地学员参加"价值多元背景下中小学语文学科德育建设的实证研究",从学生和教师两个角度切入,通过实证调查的方法,得出价值多元背景下中小学生思想道德现状、中小学语文教师道德认识与学科德育现状等信息,分析所产生的变化,探讨如何针对现状,提高语文学科德育的有效性。学科教学本就有教育性,多年来由于工具理性的强势,人为地用解剖刀把德、智分割开来,见"术"不见"人"。学员参加调研,了解教学实情,就会增强育德意识,自觉地进行改革,创造条件回归语文教学本源。2. 开设众多门类讲座,既开阔视野,又固本强源。有政治的,如《国际视野下的中国道路》;有经济的,如《认识和主动适应经济新常态》;有军事外交的,如《中美博弈与中国外交和安全战略》;有哲学的,如《经典阅读纵横谈》;有文化的、艺术的,如《中华优秀传统文化的生命力与辐射力》《先锋前卫艺术的美学批判》;有教育、心理、历史、语文、科学的,等等,让学员们感受到自己是在怎样的世界格局、时代背景下工作,从事教学专业、思考问题如何突破狭窄的框框,看到教育更广阔的天地。3. 聚焦课堂教学,提升专业素养。实践、评析、改进、提高,在理论与实践统一的高度攀登。4.读书,学习,写作,交流,以丰富学识、增添文化积淀,支撑专业的发展。通过培养,涌现了一批特别优秀的学员,进入特级教师行列。更可贵的在于优秀学员对语文教学专业有系统的思考与独特的做法,创建业绩,带领队伍前进。

珍视个性智能,助力充分发展

黄: 当今,教师的职后培训应该说十分重视,有课程,有课时规定,有管理机制。同样是学习,但由于基础不同,主动性、积极性有差异,课程的适切性、学术性有高低,学习效果有时大相径庭。这种学习培训是大面积的,全员的,保持收获高质量很不易。学校青年教师培养,基地学员培养,规模小,无课时、学分等硬性规定,是否更有优势?

于: 大规模培养与小范围操作,从精细化程度来说,后者自然更具优势。但培训的高质量与否受诸多因素的制约,包括客观因素,很难笼统地下结论。我认为,教师的职后培训,不管采用何种方式,最为根本的是要千方百计把对被培训者的外力作用转化为他们自我内需的动能,以自我进步为荣,以自我提升为快乐,以自我精神成长来谱写专业发展的新篇章。

怎样才能进行由外向内的转化呢?十分重要的是要努力发现每位青年教师专业能长足发展的生长点。为什么须在"发现"上着力?因为人是有多元智能的,世界著名发展心理学家霍华德·加德纳通过大量心理学的实验数据和实例的观察分析,认为人类至少存在七种以上的思维方式。据此,他对人的七种智能,即语言智能、数学逻辑智能、音乐智能、身体运动智能、空间智能、人际关系智能和自我认识智能作了定义(1997年新提出的另外两种智能正在论证之中)。他认为,实践证明每一种智能在人类认识世界和改造世界的过程中都发挥着巨大的作用,具有同等的重要性。人类个体在很多方面存在着差异,各自的强项和弱项也不相同。每个人与生俱来都在某种程度上拥有这七种以上智力的潜能,环境和教育对于能否使这些智力潜能得到开发和培育有重要作用。他在《多元智能》这本当代心理教育名著的"结束语"中说:"如果到了 2013 年,教育仍然没有变得更加体现个性化的差别,我将会非常失望。"显然,多元智能的研究对教育中强调的"因材施教"作了心理学领域理论与实践的有力支撑,内涵具体,多样,触手可及。对学生进行教育、培养,须遵循因材施教的原则。对青年教师的培养又何尝不是如此呢? 青年教师与学生一样,也是一个个独特而又独立的生命体,面对他们的个性,要善待他们的与众不同,对他们的培养要量体裁衣,让他们在各自的岗位上获得更好的发展,乃至最佳的发展。

黄: 您的这点认识很重要。教师也是有多元智能的,有的智能强,有的智能弱,如何帮助他们充分发展长处、发展优势,是成才的关键。我们习惯于统一要求,统一做法,如何尊重个性特长,量体裁衣,确实考虑得不多。说到底,脑子里还是缺少"人尽其才"这根弦。您是怎样在"发现"上下功夫的呢?

于: 对教师工作有统一要求、统一规格,这本没有错,但这只是工作的底线。每个人各有各自的长处,各自的优势,专业发展无止境,完全可以发挥主观能动作用,再上层楼,创造教学新的业绩,惠泽莘莘学子。

　　发现青年教师的优势,一靠倾听,二靠观察。比如,同是语言智能比较强,但表现方式却很不一样,有的外显,有的内敛,有的在口头表达,有的在文字书写,各有千秋。外显的易观察到,内敛的更多在仔细倾听。即使均为口头表达能力强,仔细倾听,也是各具特点。有的是普通话特别标准,类似播音员,学生听课,本身就是受熏陶;有的是声音有磁性,悦耳动听,对学生有吸引力。教师有这样的语言天赋,应该说是幸事,并非每位教师都具备这个条件。但仔细倾听,静心观察,语言内涵又各具特色。有的词汇丰富,语言多彩,显然文学作品接触得多;有的擅长逻辑推理,喜欢用复句,用关联词,以表示思维的缜密,深入了解,理科学得有兴趣,学得不错。听课,听发表意见,听讲述读书心得,均是察言观色的好时机;组织活动,参加教育教学活动,观察在活动中的角色定位与作用,均是发现的好时机,有时会给你突然有所发现的惊喜。内敛型的更要注意虚心倾听,这些老师话不多,一旦认真说,就很有质量,可从中窥见思维的波澜。有的善于文字表述,但特点也很不一样。同样写教学经验的文章,有的偏重研究学情,谈教学的适切性;有的阅读教学着重谈美育元素,有的钟爱语法,喜欢长句分析,有的喜欢文章作法,力求学生习作能文从字顺。真是林林总总,气象万千,基本上一个人一个样。全方位了解,再选择强项,定位培养。

黄:您能发现细微之处,很不简单。培养人首先要对培养对象有真切的了解,知之深,就能知道从哪儿着力。有时候,我们对青年教师的了解往往局限于课上得怎么样,班级纪律掌控得怎样,认真研究他们专业成长的潜能考虑得似乎少一点,故而"发现"也就不太多。

于:青年教师上岗时间不长,特别关心他们上课任务能否担当下来,也是能够理解的,听他们的课,进行指导,本身就是培养。我的看法是不能标准化,一般化,量体裁衣,他们就可能发展得更好。"体"有何特征,就须发现。能否发现,能否找准生长点,我的体会是:一是从心底里觉得这些老师十分可爱,青春年华,生命力旺盛,是我们教育的希望所在;二是为国造就优秀教师心切,"天生我材必有用",每个人都有充分发展的可能性。教师优秀,是教育之幸,学生之福,故而,要把每个青年教师当作宝贝来呵护,加温,敏锐地发现他们身上能闪光的优秀基因。有时,你可能看到的是缺点,但深入观察,思考,你会发现某个缺点背后隐藏的是独立思考,不轻信,不轻从,探究事物真相的求真优点。三是不拘泥于一时一事,要多角度了解。综合分析,整体把握,个性特征就立体起来,就会看到专业发展的各种不同的生长点。看到他们的个性特征,发现他们专业攀登的各种可能性,心中的高兴劲儿难以言表,总觉得教育事业大有希望,一代更比一代强。

黄:学校青年教师培养,基地青年教师,都有统一的培训机制,也有很多的统一学习要求,怎么凸现个性特点呢?

于：二者不矛盾，越是具体，深入，灵动，彰显个性特点，培养的要求越能呈现丰富多彩的内涵，越能落到实处。学校培养青年教师与基地培养有同有异，学校培养可与工作安排紧密联系，关怀、培养全方位，基地培养着力于专业理念、专业能力。尽管有区别，但有些做法是想通的。一是看准生长点后，不断提出攀登的新目标。如前一章提到的书法教师，不能停留在字写得规范、端正的层面，必须要潜心研究硬笔书法书写的规律，从汉字的特点笔画、笔顺切入，结构、间架等每一步都要知其然，并知其所以然，逐步进入教写的自由王国。二是围绕生长点扩大优势范围。比如语言智能特强，音色悦耳，但教师不是播音员，教语文，语文课就得有分量有特色，既要研究朗读教学手段如何运用使阅读教学增色，又要能借助口语的优势，使文本剖析鞭辟入里，教学价值凸现。阅读文本的基本功增强，再佐以语言优势，整体素养提升，学生就受益不尽。三是多点相助，整体推进。如从语文专业来说，都有一定的基础，但没有特别的优势。那就是在阅读教学实践、写作教学实践、语文专业问题讨论中，发现优点，及时鼓励，并佐以分析来龙去脉，建议进一步探索的路径。四是补短板与不足。有的是面上的，有的是个体的。如，课堂教学中倾向性的问题是重教轻学。评课基本上是观摩评价教师的讲授，对学生的学习活动不够关心，学生学习过程中学习目标、动机、方法、问题、困惑、体验、情绪等均关注不够。即使重学，也往往重机械记忆、重复训练和结论再现。这种模式的教学忽视了书本知识学习所具有的主观性、动态性和内在性，忽视了学生是真正学习的主人，影响学生核心素养的形成。因而，要反复强调课堂教学改革，并不断进行改革实践，提升教学理念，改进教学方法，促进学生从学会走向更具后劲和可持续的会学与乐学，既会记中学，更会做中学、悟中学。又如，批判性思维在高中阶段较为重视，低年级重视不够，或认为是高大上的，或误解其内涵。为此，在适当场合结合某些问题展开讨论，弥补不足。放眼看世界，进入 21 世纪以来，许多国家和国际组织都在讨论未来的人需要怎样的素质，进而提出需要怎样的核心素养以适应变动不居的时代需要。批判性思维与创造力、实践力等一样，被高度重视，是核心素养的基础。批判性思维是审慎地判断是非，根据确凿的事实和证据进行判断。这种思维方法不盲从，既独立自主，又体现责任担当。我们的课堂教学在培养学生质疑精神、独立思考习惯，集知识、价值、思维方法于一体的综合能力等方面均很薄弱，故而要大力改革，不断探索。学员上实践课进行学情分析时，我们特别重视学生阅读文本脑子里会浮现哪些问题，问题的质量如何，问题的前因后果如何串连起来剖析，又如何寻觅解决问题的路径与方法，无论是"教"还是"学",脑子里必须有问题,"生疑"是教与学走向正确、走向深入的基本条件,"质疑"是求学获知的基本能力,"解疑"更是综合能力的锤炼,不可漠然置之。

至于老师个体的短板往往也有同有异。不少教师怕动笔,说说可以,用文字表达有难度。乍看是文字运用问题,实质是做得不够深入,缺少真切体会,故而下笔千钧重;还有是习惯问题,越不写越怕写。那就得"逼",改掉坏习惯。有的青年教师接触科研少,思想上也不大重视,那就补这一块。有的文言文教学常出差错,由于历史知识欠缺。文史关系密切,就要求读点历史书。总而言之,要珍惜青年教师的青春,千方百计助力他们充分发展。

黄:您说的都对,做得也很实在。但我认为这些还都是外力。我认为能否精神成长,充分发展,还要靠自己的内驱动力,外因是通过内因才能真正发挥作用。

于:确实如此,"我要学"、"我要进步"、"我要对学生有责任担当",那前进的步伐就势不可挡。为此,我们对教师职业的认同感,基础教育的战略价值与意义、教师生命的价值取向与意义所在、立德树人的艰辛与幸福等一系列带有根本性的问题,总是采用春风化雨、润物无声的方法飘洒在培养培训的全过程中,熏陶感染,引领青年教师在日有长进、月有长进、年有长进的精神成长中享受专业发展的快乐,品尝教书育人的幸福。

搭建平台,锤炼本领,展示专业成长

黄:学习是吸收,促进专业成长。但各人成长的情况除了在自身的工作中有所体现外,是不是还可以创造一些机会让他们积极锻炼,展示才能,互相学习,共同探讨?

于:我们也是这样考虑的。教师工作相对而言比较封闭,总是在学校、在课堂里面转。

天空非常广阔，教师不注意仰望天空，思想不能在天空遨游，视野就狭窄，迈不开改革创新的步子。而教师专业成长与视野是否开阔紧密相关，我们在开阔视野方面作了努力。前面已述说，这里不赘言。这里主要讲搭建多种多样的平台，让学员锤炼本领，开阔视野。基地学员学习，本身是学习共同体，由于来自不同区域，不同学校，不同学段，在看似相同的语文教学追求中相异之处甚多，交流，展示，就给每名学员带来思考、琢磨、提升的空间。不同基地之间让学员在平台上相互展示、交流，有同语文学科的，有跨学科的。如，同一活动主题，与思政课实训基地学员同台展示，互相学习，互相促进。又如，学科德、智融合，探讨横向贯通，语文、历史、英语、音乐、美术等学科共同进行实践研究，探讨融合的途径与方法。

黄：您举的多种多样的平台，是怎样运作的呢？

于：搭建的平台因目标不同、内容不同而各具特点，但有一点是共同的，那就是聚焦于实践。教师的教育智慧表现在很多方面，如对学生个性特征的独特把握，对教材阅读别有洞见的理解，对课堂教学中突发事件的云淡风轻的处理等，举不胜举。但教育教学的最高智慧可以说是"实践"的智慧。教育事业本身就是实践性的事业，它的发展，它的进步，它的育人的质量是实践出来的，干出来的，而不是坐而论道"论"出来，"说"出来的。语文学科实践性、综合性很强，一名语文教师的成长、成熟，须在教学实践中不断熔炼，有意识地用教育理念、学科理念指导自己的教学行为，在学生课堂学习实践中检验正误、优劣及实际效果，从而积累正反两方面经验教训，提高认识，改进教学。教学实践综合性的特点最为凸现，教师的专业素养，知识、能力、理论水平、学识修养、教育情怀、仁爱之心等无不有具体、鲜活的反映。搭"实践"平台，有助于教师对专业素养的整体认识与追求。

　　每经历一次实践，教师对学科认识脑子里总会有一番波澜，教学行为总会有一点变化；也就是说每经历一次教育平台实践的洗礼，教师的专业素养就会提高一点，成熟一点。我们搭建的实践平台有：

　　（1）课堂教学实践平台

　　不分地区，不分学校层次，不分学年段，人人上阵，提供多样的机会。有的做法是百花齐放,各尽其态,展示的教师力争有教学特色,创建最佳水平。如语文名师培养基地首届学员,无论执教高中还是初中,对语文教学得失都有一定的乃至比较深入的思考与研究,也积累了不少教学生学习语文的经验。组织这样的平台展示,意在引导学员对自己的教学历程回顾、思考,对行之有效的教学经验梳理、筛选,选最具特色、最具优势的教学内容、教学方法展示,以期获得新的认识与新的体会。这种做法是充分放手,教学行为不作任何干预。为何这样组织? 教学实践展示前有理论学习,有说课安排,再加上学员本身经验的积累,因而成竹在胸,教学各具特色。课后开展评论,有理有据,畅所欲言,既提出执教者的不足,提醒自主反思,更可贵在形成团队反思。出现的问题、不足,往往不是在一两个执教者实践中所反映,而是在较多执教者实践中不同程度的存在,如教学过程中总是有意无意牵着学生的鼻子走,还纳入自己教学设计的框框内。学生是学习主体的意识还须大大加强。又如,工具性与人文性的统一不是形式上的追求,须深入研读文本,准确把握其核心价值,才能做到有魂有体,魂附体中。精彩的评课能令听者醍醐灌顶,终身受益。至于课堂教学中的精妙、创意,更是不胫而走,在听课者的心中留下深刻印象,学习借鉴。

有时搭建的平台,以探讨某一问题为主,所有授课者实践均围绕此而进行。如此多元文化并存的背景下如何坚持语文育人,如何在语文教学中使智性培育与德性涵泳自然融合。学员可自选教材进行教学实践,也组织同文异教,三名学员或四名学员教同一篇课文,如教《尊严》,教《"诺曼底"号遇难记》,教《拿来主义》,同中有异,异中有同,比较分析,提炼共识。又如,"大中小德育课程一体化建设研究"课题总领下,语文学科探索德智融合的途径与方法,力求促进中小学语文学科知识体系与价值体系的有机统一,语文学科内容与科学方法的有机统一,教学中使育德与育智成为同步协调、相得益彰的过程。实训基地学员在理论学习、把握《大中小德育课程一体化内容体系》指标的基础上开展教学实践。先研磨课例,引领示范。弄清楚"学生阅读困惑"是研究的现实起点,整体把握各学段学生的认识特点和接受意趣的发展规律;"文本教学价值"既要体现听说读写等语文学科的"独当之任",又要体现情感态度价值观等所有学科共同承担的价值塑造与追求,二者融合,显现语文教学育人的个性特征。文本中最能体现德智融合的关键词句、段落、结构、表现方法等作为"德育关键载体"。这种把社会主义核心价值体系通过课题引领在学科教学中因文本特点、学生需求内化为中小学生的人生价值取向与执著追求,对学员而言,是新的挑战。为此,搭建专项实践平台,在反复研究、学段贯通讨论中,提升认识,锤炼教文育人本领。个人精心谋划,同伴互相启发,实践中散发出来的许多亮点,照亮语文课改的前程。通过展示,学员的专业发展上了新台阶。学员队伍中不少人的钻研精神、敬业态度、教学技艺,明显有了进步。

我们还用请进来,走出去的方法搭建平台,扩大青年教师、基地学员的影响力。如上海市教委在中小学开展民族精神教育与生命教育,我们组织小学、初中、高中语文教师进行语文课堂教学与民族精神教育、语文课堂教学与生命教育的实践课,邀请了 16 省市的语文教师代表,语文教育工作者参加,盛况空前。《开国大典》《都江堰》《愚溪诗序》等课给听者留下深刻的印象,执教老师也成长为优秀教师、特级教师。有些优质课我们就用走出去的办法搭建平台,如到外省市学校上课,联合搭建平台,扩大影响。执教者面对不同地区的学生,不同层次的学生,研究学情,研究教学规律,也增长了才干。

黄:实践出真知。优秀教师、卓越教师离不开课堂教学实践的造就。真正把学生领入课堂求学的浓郁氛围中,学有所悟,学有追求,学有快乐,不只是靠教师教授的技能技巧,他的学术素养、教学智慧、教育情怀,理想信念、气质风度,等等,无不起支撑与熏陶的作用。课堂教学实践的精彩纷呈,与执教者为师风范的创建密切相关。

于:你说得对,课堂教学要摆脱雕虫小技的局囿,确实要开阔心胸,看到育人事业的价值与意义,有大视野大格局,追求自身整体素质与综合能力的不断攀升。搭建平台不仅局限于课堂教学实践,还要搭建写作实践平台。

(2)写作实践平台

语文教师必须有一支灵动的笔,具体生动地表达自己的所思所想所作所为。怕写或懒于动笔是教师队伍中倾向性问题,为了纠正这种不应该有的现象,也是为了促进教师能力的全面提升,我们搭建了写作实践平台,让学员锤炼本领,展示专业素养。

如,评述同伴的课堂教学,要求先写后说,改变说起来头头是道,写起来不得要领的现象。对课进行评述,实际上是从感性认识上升到理性思考,寻求规律,整理思想,突出重点,是语言和思维的训练。评述在点子上,分析在要害处,对写的学员而言,是一种锻炼与展示；精彩到位的评说，对听者而言，能开启心扉，触动思想，深深启迪。

搭建写教学论文、教学案例、读书笔记等多种写作实践平台。如，写作语文核心素养案例，就须研读《语文课程标准》，深入研读文本，研究学情，按一定规格书写。《以"文"带"言"，实现课堂逻辑推进——以〈兰亭集序〉教学为例》《在"读到"到"读透"的路上提升学生核心素养——以〈想北平〉教学为例》《语言交锋　思维碰撞　价值思辨——以〈向中国人脱帽致敬〉教学为例》《旖旎慢词，缘情而发——以柳永〈雨霖铃〉教学为例》，等等，均能给同伴以深深的启迪。每名学员均须研究、写作、交流，写作实践能力提升。读书笔记同样有交流平台，整本书阅读后先写体会心得，然后在学员群体中讲述交流。由于阅读后用心写体会写收获，交流时就很有质量，无空泛游移弊病。如《中国哲学简史》《中国文学概论》《文心雕龙》等书籍的阅读均很有自己的独特见解。调查研究报告的撰写，也是写作实践的一项内容。如写作《中学语文写作教学研究综述》《初中学生写作需求问卷调查的研究》《上海市高中学生写作情况调查报告》等。搭建多种多样写作实践平台，锤炼写作的多种本领。

黄：课堂教学、写作实践搭各种各样平台，基地学员也好，青年教师也好，获得了实实在在的锻炼，虽然十分辛苦，但专业从理念到能力都得到发展，成长了，成熟了，能担当更多的重担，这是教育之幸。

于：还有一种平台是"逼上马"，以任务驱动，促专业发展。

（3）自主实践创造的平台

有些青年教师、有些基地学员，专业发展比较成熟，教学经验积累比较丰富，可以用任务驱动，促使他们突破性的进展，在教学业务、师资培训中发挥更多更有影响的作用。做法是因人而异，因任务而异，发挥他们各自的优势、特长，步入专业素养新境地。

如，搭合著专著的平台。请一名教师与我共同写作《于漪与语文教育》，写作内容、写作体例取得共识后，一人写一半，材料取舍，详略处理，观点提炼，结构安排，语言风格等参与写作的教师自主创造，全权处理，不受任何限制。这位青年教师悉心研究，用心创作，取得极佳效果。

又如,放手请几位学员教师担任一套丛书的编者,一人负责一册书,共六册。即《呐喊》、《坚守》、《超越》、《凝望》、《启智》、《反思》,采用主题词方式呈现,每册按内容分三或四个单元。单元前有文中重要观点摘要,单元后有"编者后记",阐述编辑本单元的阅读感受。整册书还有编者的"综论"。搭建这样的平台,让教师进行编书的实践,又突出编辑者的阅读感受与自主创造,视野、格局,独立思考,辨析能力、文字表达能力,在编辑实践中获得了新的发展。

再如,搭建课程开设的平台,有文字的书写,有电视媒体的拍摄,引领学员教师积极参与,自主创造。教师教育系列课程知困书系共五册。请九位老师先熟悉相关资料,占有相关资料,根据要求编写成书:《教育:直面时代的叩问》、《育德:滴灌生命之魂》、《语文:教文育人的沃土》、《办学:追求理想境界》、《教师:让青春在讲台闪光》;然后再拍摄成微课专题片,供培训教师用。

还有郊县"种子教师"培训平台的搭建。从郊县选拔教师作为"种子教师"进行培训,经过理论与实践结合的高度进行某些专题的探讨与课堂教学实践,发挥他们各自的优势、特长,回到本地区对有关教师进行专业培训。培训范围大小不等,有本校的教师,有联校的,有某一学段的,有本郊区、本郊县的。他们自主创造,发挥培训者的作用。

总之,千方百计搭建专业成长展示的平台,给学员,给青年教师创造多种多样的机会,引领他们在实践中学习,实践中锤炼,实践中成长,实践中创造教文育人的生动业绩,其中不少优秀者已被评为特级教师,不少人获得区、市、全国许多教育教学奖。

荀子说:"青,取之于蓝,而胜于蓝。"青年教师要在"胜于"上着力,以青春与智慧创建教育的优质,为了可爱的学生,为了亲爱的祖国。

编后小记

对话，在倾听中启思。它不仅是时代背景下浓缩的教育情境片段，更是贯穿在一次次改革浪潮中的磨砺和前行。

对话，在交流中传承。它不满足于对教育问题零敲碎打般的温柔自省，而追求一次次"临场发挥"时精彩的思维碰撞。

从两代教师的对话中，我们读到了困惑、忧思，读到了尝试、信念。老教师要打破故步自封的经验壁垒，新教师要避免对新生事物的一知半解。溯源明辨，需要重塑教育自信，直面教育现场，回归教育初心，变负担为担当，变功利为情怀。

从两代教师的对话中，我们会发现，教育话题大多烙有时代印记，反映着时代的特征，而一些教育的哲理和规律则经时间检验，能指引方向。教育，总是伴随着生命的成长，育人、育己，育生命的自觉，像极了树的生长，沉着有力，生生不息。

有一点需借小记作说明。原先每一章节末有一段结语，是本人在对话交流后记录所思所想的感悟，个别段落中引用了于漪老师叙述时的原话。在编辑过程中，本书编辑将感悟部分放在对话开始前，并以"聆听心语"为小标题名，作为整个章节的引子，引导正文，这也是一种尝试。

黄音

2019 年 4 月

图书在版编目(CIP)数据

穿行于基础教育森林：教育实践沉思对话录/于漪,黄音著.—上海：华东师范大学出版社,2019
ISBN 978-7-5675-8920-9

Ⅰ.①穿…　Ⅱ.①于…②黄…　Ⅲ.①基础教育－研究－中国
Ⅳ.①G639.2

中国版本图书馆 CIP 数据核字(2019)第 069183 号

穿行于基础教育森林　教育实践沉思对话录

著　者	于漪 黄音	印刷者	上海昌鑫龙印务有限公司
责任编辑	刘佳	开　本	787毫米×1092毫米　1/16
特约审读	陈成江	印　张	16.5
责任校对	张筝	字　数	259千字
装帧设计	晓毅 卢晓红	版　次	2019年6月第1版
		印　次	2025年7月第10次
出版发行	华东师范大学出版社	书　号	ISBN 978-7-5675-8920-9/G・11914
社　址	上海市中山北路3663号	定　价	58.00元
邮　编	200062		
网　址	www.ecnupress.com.cn	出版人	王焰
电　话	021-60821666		
行政传真	021-62572105	如发现本版图书有印订质量问题,请寄回本社客服中心调换
客服电话	021-62865537	或电话021-62865537联系
门市(邮购)电话	021-62869887		
地　址	上海市中山北路3663号		
	华东师范大学校内先锋路口		
网　店	http://hdsdcbs.tmall.com.cn/		